T R A N Z L A T Y

El idioma es para todos

Kieli kuuluu kaikille

El llamado de lo salvaje

Erämaan kutsu

Jack London

Español / Suomi

Hacia lo primitivo
Alkeelliseen maailmaan

Buck no leía los periódicos.

Buck ei lukenut sanomalehtiä.

Si hubiera leído los periódicos habría sabido que se avecinaban problemas.

Jos hän olisi lukenut sanomalehtiä, hän olisi tiennyt, että ongelmia oli kytemässä.

Hubo problemas, no sólo para él sino para todos los perros de la marea.

Ongelmia oli paitsi hänellä itsellään, myös jokaisella vuorovesikoiralla.

Todo perro con músculos fuertes y pelo largo y cálido iba a estar en problemas.

Jokainen lihaksikas ja lämmin, pitkäkarvainen koira joutuisi pulaan.

Desde Puget Bay hasta San Diego ningún perro podía escapar de lo que se avecinaba.

Puget Baystä San Diegoon yksikään koira ei voinut paeta sitä, mitä oli tulossa.

Los hombres, a tientas en la oscuridad del Ártico, encontraron un metal amarillo.

Arktisen pimeyden keskellä hapuillen miehet olivat löytäneet keltaista metallia.

Las compañías navieras y de transporte iban en busca del descubrimiento.

Höyrylaiva- ja kuljetusyhtiöt jahtasivat löytöä.

Miles de hombres se precipitaron hacia el norte.

Tuhannet miehet ryntäsivät Pohjolaan.

Estos hombres querían perros, y los perros que querían eran perros pesados.

Nämä miehet halusivat koiria, ja koirat, joita he halusivat, olivat painavia koiria.

Perros con músculos fuertes para trabajar.

Koirat, joilla on vahvat lihakset raatamiseen.

Perros con abrigos peludos para protegerlos de las heladas.

Koirat, joilla on karvainen turkki suojaksi pakkaselta.

Buck vivía en una casa grande en el soleado valle de Santa Clara.

Buck asui suuressa talossa auringon suutelemassa Santa Claran laaksossa.

El lugar del juez Miller, se llamaba su casa.

Tuomari Millerin paikka, hänen taloaan kutsuttiin.

Su casa estaba apartada de la carretera, medio oculta entre los árboles.

Hänen talonsa seisoi hieman syrjässä tiestä, puoliksi piilossa puiden joukossa.

Se podían ver destellos de la amplia terraza que rodeaba la casa.

Talon ympäri kulkevasta leveästä verannasta saattoi nähdä vilauksia.

Se accedía a la casa mediante caminos de grava.

Taloa lähestyttiin sorapäällysteisiä ajoväyliä pitkin.

Los caminos serpenteaban a través de amplios prados.

Polut kiemurtelivat laajojen nurmikoiden halki.

Allá arriba se veían las ramas entrelazadas de altos álamos.

Yläpuolella lomittuivat korkeiden poppelien oksat.

En la parte trasera de la casa las cosas eran aún más espaciosas.

Talon takaosassa oli vieläkin tilavampaa.

Había grandes establos, donde una docena de mozos de cuadra charlaban.

Siellä oli suuria talleja, joissa tusina sulhasta jutteli

Había hileras de casas de servicio cubiertas de enredaderas.

Siellä oli rivejä viiniköynnösten peittämiä palvelijoiden mökkejä

Y había una interminable y ordenada serie de letrinas.

Ja siellä oli loputon ja järjestetty joukko ulkorakennuksia

Largos parrales, verdes pastos, huertos y campos de bayas.

Pitkät viiniköynnösmetsät, vihreät laitumet, hedelmätarhat ja marjapellot.

Luego estaba la planta de bombeo del pozo artesiano.

Sitten oli arteesisen kaivon pumppaamo.
Y allí estaba el gran tanque de cemento lleno de agua.
Ja siellä oli iso sementtisäiliö täynnä vettä.
Aquí los muchachos del juez Miller dieron su chapuzón matutino.
Tässä tuomari Millerin pojat ottivat aamupulahduksensa.
Y allí también se refrescaron en la calurosa tarde.
Ja ne viilentyivät siellä myös kuumana iltapäivänä.
Y sobre este gran dominio, Buck era quien lo gobernaba todo.
Ja tätä suurta aluetta hallitsi Buck kokonaan.
Buck nació en esta tierra y vivió aquí todos sus cuatro años.
Buck syntyi tällä maalla ja asui täällä kaikki neljä vuotta.
Efectivamente había otros perros, pero realmente no importaban.
Oli kyllä muitakin koiria, mutta niillä ei oikeastaan ollut väliä.
En un lugar tan vasto como éste se esperaban otros perros.
Muita koiria odotettiin näin valtavassa paikassa.
Estos perros iban y venían, o vivían dentro de las concurridas perreras.
Nämä koirat tulivat ja menivät, tai asuivat kiireisissä kenneleissä.
Algunos perros vivían escondidos en la casa, como Toots e Ysabel.
Jotkut koirat asuivat piilossa talossa, kuten Toots ja Ysabel.
Toots era un pug japonés, Ysabel una perra mexicana sin pelo.
Toots oli japanilainen mopsi, Ysabel meksikolainen karvaton koira.
Estas extrañas criaturas rara vez salían de la casa.
Nämä oudot olennot harvoin astuivat ulos talosta.
No tocaron el suelo ni olieron el aire libre del exterior.
Ne eivät koskeneet maahan eivätkä nuuhkineet ulkoilmaa.
También estaban los fox terriers, al menos veinte en número.
Siellä oli myös kettuterriereitä, ainakin kaksikymmentä.
Estos terriers le ladraron ferozmente a Toots y a Ysabel dentro de la casa.

Nämä terrierit haukkuivat rajusti Tootsille ja Ysabelille sisällä.

Toots e Ysabel se quedaron detrás de las ventanas, a salvo de todo daño.

Toots ja Ysabel pysyttelivät ikkunoiden takana turvassa.

Estaban custodiados por criadas con escobas y trapeadores.

Heitä vartioivat kotiapulaiset luudilla ja mopeilla.

Pero Buck no era un perro de casa ni tampoco de perrera.

Mutta Buck ei ollut mikään sisäkoira, eikä se ollut myöskään kennelkoira.

Toda la propiedad pertenecía a Buck como su legítimo reino.

Koko omaisuus kuului Buckille hänen laillisena valtakuntanaan.

Buck nadaba en el tanque o salía a cazar con los hijos del juez.

Buck ui akvaariossa tai kävi metsästämässä tuomarin poikien kanssa.

Caminaba con Mollie y Alice temprano o tarde.

Hän käveli Mollien ja Alicen kanssa aamuvarhain tai myöhään.

En las noches frías yacía junto al fuego de la biblioteca con el juez.

Kylminä öinä hän makasi kirjaston takan ääressä tuomarin kanssa.

Buck llevaba a los nietos del juez en su fuerte espalda.

Buck ratsasti tuomarin pojanpojille vahvalla selällään.

Se revolcó en el césped con los niños, vigilándolos de cerca.

Hän kieriskeli ruohikossa poikien kanssa ja vartioi heitä tarkasti.

Se aventuraron hasta la fuente e incluso pasaron por los campos de bayas.

He uskaltautuivat suihkulähteelle ja jopa marjapeltojen ohi.

Entre los fox terriers, Buck caminaba siempre con orgullo real.

Kettuterrierien joukossa Buck käveli aina kuninkaallisen ylpeänä.

Él ignoró a Toots y Ysabel, tratándolos como si fueran aire.

Hän jätti Tootsin ja Ysabelin huomiotta ja kohteli heitä kuin ilmaa.

Buck reinaba sobre todas las criaturas vivientes en la tierra del juez Miller.

Buck hallitsi kaikkia eläviä olentoja tuomari Millerin mailla.

Él gobernaba a los animales, a los insectos, a los pájaros e incluso a los humanos.

Hän hallitsi eläimiä, hyönteisiä, lintuja ja jopa ihmisiä.

El padre de Buck, Elmo, había sido un San Bernardo enorme y leal.

Buckin isä Elmo oli ollut valtava ja uskollinen bernhardiinikoira.

Elmo nunca se apartó del lado del juez y le sirvió fielmente.

Elmo ei koskaan jättänyt tuomarin viertä ja palveli häntä uskollisesti.

Buck parecía dispuesto a seguir el noble ejemplo de su padre.

Buck näytti olevan valmis seuraamaan isänsä jaloa esimerkkiä.

Buck no era tan grande: pesaba ciento cuarenta libras.

Buck ei ollut aivan yhtä suuri, painoi sata neljäkymmentä paunaa.

Su madre, Shep, había sido una excelente perra pastor escocesa.

Hänen äitinsä, Shep, oli ollut hieno skotlanninpaimenkoira.

Pero incluso con ese peso, Buck caminaba con presencia majestuosa.

Mutta jopa tuosta painosta huolimatta Buck käveli majesteettisesti.

Esto fue gracias a la buena comida y al respeto que siempre recibió.

Tämä johtui hyvästä ruoasta ja siitä kunnioituksesta, jota hän aina sai.

Durante cuatro años, Buck había vivido como un noble mimado.

Neljä vuotta Buck oli elänyt kuin hemmoteltu aatelismies.

Estaba orgulloso de sí mismo y hasta era un poco egoísta.

Hän oli ylpeä itsestään ja jopa hieman itsekeskeinen.

Ese tipo de orgullo era común entre los señores de países remotos.

Tuollainen ylpeys oli yleistä syrjäisten maaseudun herrojen keskuudessa.

Pero Buck se salvó de convertirse en un perro doméstico mimado.

Mutta Buck säästi itsensä joutumasta hemmotelluksi kotikoiraksi.

Se mantuvo delgado y fuerte gracias a la caza y el ejercicio.

Hän pysyi hoikkana ja vahvana metsästyksen ja liikunnan avulla.

Amaba profundamente el agua, como la gente que se baña en lagos fríos.

Hän rakasti vettä syvästi, kuten ihmiset, jotka kylpevät kylmissä järvissä.

Este amor por el agua mantuvo a Buck fuerte y muy saludable.

Tämä rakkaus veteen piti Buckin vahvana ja erittäin terveenä.

Éste era el perro en que se había convertido Buck en el otoño de 1897.

Tämä oli koira, joksi Buckista oli tullut syksyllä 1897.

Cuando la huelga de Klondike arrastró a los hombres hacia el gélido Norte.

Kun Klondiken isku veti miehet jäiseen pohjoiseen.

La gente acudió en masa desde todos los rincones del mundo hacia aquella tierra fría.

Ihmiset ryntäsivät kaikkialta maailmasta kylmään maahan.

Buck, sin embargo, no leía los periódicos ni entendía las noticias.

Buck ei kuitenkaan lukenut lehtiä eikä ymmärtänyt uutisia.

Él no sabía que Manuel era un mal hombre con quien estar.

Hän ei tiennyt, että Manuelin seurassa oli huono olla.

Manuel, que ayudaba en el jardín, tenía un problema profundo.

Manuelilla, joka auttoi puutarhassa, oli syvä ongelma.

Manuel era adicto al juego de la lotería china.

Manuel oli riippuvainen uhkapelaamisesta kiinalaisessa lottopelissä.

También creía firmemente en un sistema fijo para ganar.

Hän uskoi myös vahvasti kiinteään voittojärjestelmään.

Esa creencia hizo que su fracaso fuera seguro e inevitable.

Tuo uskomus teki hänen epäonnistumisestaan varmaa ja väistämätöntä.

Jugar con un sistema exige dinero, del que Manuel carecía.

Systeemin pelaaminen vaatii rahaa, jota Manuelilta puuttui.

Su salario apenas alcanzaba para mantener a su esposa y a sus numerosos hijos.

Hänen palkkansa tuskin riitti elättämään hänen vaimoaan ja monia lapsiaan.

La noche en que Manuel traicionó a Buck, las cosas estaban normales.

Sinä yönä, jona Manuel petti Buckin, kaikki oli normaalia.

El juez estaba en una reunión de la Asociación de Productores de Pasas.

Tuomari oli rusinaviljelijöiden yhdistyksen kokouksessa.

Los hijos del juez estaban entonces ocupados formando un club atlético.

Tuomarin pojat olivat tuolloin kiireisiä perustamassa urheiluseuraa.

Nadie vio a Manuel y Buck salir por el huerto.

Kukaan ei nähnyt Manuelia ja Buckia poistumassa hedelmätarhan kautta.

Buck pensó que esta caminata era simplemente un simple paseo nocturno.

Buck luuli tämän kävelyn olevan vain yksinkertainen yöllinen kävelyretki.

Se encontraron con un solo hombre en la estación de la bandera, en College Park.

He tapasivat vain yhden miehen lippuasemalla College Parkissa.

Ese hombre habló con Manuel y intercambiaron dinero.

Tuo mies puhui Manuelille, ja he vaihtoivat rahaa.

"Envuelva la mercancía antes de entregarla", sugirió.

"Pakkaa tavarat ennen kuin toimitat ne", hän ehdotti.

La voz del hombre era áspera e impaciente mientras hablaba.

Miehen ääni oli käheä ja kärsimätön hänen puhuessaan.

Manuel ató cuidadosamente una cuerda gruesa alrededor del cuello de Buck.

Manuel sitoi varovasti paksun köyden Buckin kaulaan.

"Si retuerces la cuerda, lo estrangularás bastante"

"Väännä köyttä, niin kuristat hänet kunnolla"

El extraño emitió un gruñido, demostrando que entendía bien.

Muukalainen murahti osoittaen ymmärtävänsä hyvin.

Buck aceptó la cuerda con calma y tranquila dignidad ese día.

Buck otti köyden vastaan tyynesti ja hiljaisen arvokkaasti sinä päivänä.

Fue un acto inusual, pero Buck confiaba en los hombres que conocía.

Se oli epätavallinen teko, mutta Buck luotti miehiin, jotka hän tunsi.

Él creía que su sabiduría iba mucho más allá de su propio pensamiento.

Hän uskoi, että heidän viisautensa ylitti hänen oman ajattelunsa rajat.

Pero entonces la cuerda fue entregada a manos del extraño.

Mutta sitten köysi annettiin muukalaisen käsiin.

Buck emitió un gruñido bajo que advertía con una amenaza silenciosa.

Buck murahti matalasti, varoittaen hiljaisella uhkauksella.

Era orgulloso y autoritario y quería mostrar su descontento.

Hän oli ylpeä ja käskevä, ja aikoi osoittaa tyytymättömyytensä.

Buck creyó que su advertencia sería entendida como una orden.

Buck uskoi, että hänen varoituksensa ymmärrettäisiin käskyksi.

Para su sorpresa, la cuerda se tensó rápidamente alrededor de su grueso cuello.

Hänen järkytyksekseen köysi kiristyi tiukasti hänen paksun kaulansa ympärille.

Se quedó sin aire y comenzó a luchar con una furia repentina.

Hänen ilmansa salpautui ja hän alkoi äkillisesti raivoissaan taistella.

Saltó hacia el hombre, quien rápidamente se encontró con Buck en el aire.

Hän hyökkäsi miehen kimppuun, joka kohtasi nopeasti Buckin ilmassa.

El hombre agarró la garganta de Buck y lo retorció hábilmente en el aire.

Mies tarttui Buckin kurkkuun ja väänsi tätä taitavasti ilmassa.

Buck fue arrojado al suelo con fuerza, cayendo de espaldas.

Buck paiskautui kovaa maahan selälleen.

La cuerda ahora lo estrangulaba cruelmente mientras él pateaba salvajemente.

Köysi kuristi häntä nyt julmasti hänen potkiessaan villisti.

Se le cayó la lengua, su pecho se agitó, pero no recuperó el aliento.

Hänen kielensä putosi ulos, rintakehä kohosi, mutta hän ei saanut henkeä.

Nunca había sido tratado con tanta violencia en su vida.

Häntä ei ollut koskaan elämässään kohdeltu niin väkivaltaisesti.

Tampoco nunca antes se había sentido tan lleno de furia.

Hän ei myöskään ollut koskaan aiemmin tuntenut niin syvää raivoa.

Pero el poder de Buck se desvaneció y sus ojos se volvieron vidriosos.

Mutta Buckin voima hiipui ja hänen silmänsä lasittuivat.

Se desmayó justo cuando un tren se detuvo cerca.

Hän pyörtyi juuri kun lähistöllä olevaa junaa pysäytettiin.

Luego los dos hombres lo arrojaron rápidamente al vagón de equipaje.

Sitten kaksi miestä heittivät hänet nopeasti matkatavaravaunuun.

Lo siguiente que sintió Buck fue dolor en su lengua hinchada.

Seuraavaksi Buck tunsi kipua turvonneessa kielellään.

Se desplazaba en un carro tambaleante, apenas consciente.

Hän liikkui tärisevissä kärryissä, vain hämärästi tajuissaan.

El agudo grito del silbato del tren le indicó a Buck su ubicación.

Junan pillin terävä kirkaisu kertoi Buckille hänen sijaintinsa.

Había viajado muchas veces con el Juez y conocía esa sensación.

Hän oli usein ratsastanut Tuomarin kanssa ja tiesi tunteen.

Fue una experiencia única viajar nuevamente en un vagón de equipajes.

Se oli ainutlaatuinen järkytys matkustaa jälleen matkatavaravaunussa.

Buck abrió los ojos y su mirada ardía de rabia.

Buck avasi silmänsä ja hänen katseensa paloi raivosta.

Esta fue la ira de un rey orgulloso destronado.

Tämä oli ylpeän kuninkaan viha, joka syöstiin valtaistuimeltaan.

Un hombre intentó agarrarlo, pero Buck lo atacó primero.

Mies ojensi kätensä tarttuakseen häneen, mutta Buck iski ensin.

Hundió los dientes en la mano del hombre y la sujetó con fuerza.

Hän upotti hampaansa miehen käteen ja puristi sitä lujasti.

No lo soltó hasta que se desmayó por segunda vez.

Hän ei päästänyt irti ennen kuin menetti tajuntansa toisen kerran.

—Sí, tiene ataques —murmuró el hombre al maletero.

"Jep, saa kouristuskohtauksia", mies mutisi matkatavaramiehelle.

El maletero había oído la lucha y se acercó.

Matkatavaramies oli kuullut kamppailun ja tullut lähemmäs.

"Lo llevaré a Frisco para el jefe", explicó el hombre.

– Vien hänet Friscoon pomon luo, mies selitti.

"Allí hay un buen veterinario que dice poder curarlos".

"Siellä on hyvä koiralääkäri, joka sanoo voivansa parantaa ne."
Más tarde esa noche, el hombre dio su propio relato completo.
Myöhemmin samana iltana mies antoi oman täyden kertomuksensa.
Habló desde un cobertizo detrás de un salón en los muelles.
Hän puhui vajasta sataman saluunan takaa.
"Lo único que me dieron fueron cincuenta dólares", se quejó al tabernero.
"Minulle annettiin vain viisikymmentä dollaria", hän valitti saluunanpitäjälle.
"No lo volvería a hacer ni por mil dólares en efectivo".
"En tekisi sitä uudestaan, en edes tuhannesta eurosta käteisenä."
Su mano derecha estaba fuertemente envuelta en un paño ensangrentado.
Hänen oikea kätensä oli tiukasti veriseen kankaaseen kääritty.
La pernera de su pantalón estaba abierta de par en par desde la rodilla hasta el pie.
Hänen housunlahkeensa oli repeytynyt auki polvesta varpaaseen.
— ¿Cuánto le pagaron al otro tipo? —preguntó el tabernero.
"Paljonko se toinen muki sai palkkaa?" kysyi kapakkamies.
"Cien", respondió el hombre, "no aceptaría ni un centavo menos".
– Sata, mies vastasi, hän ei ottaisi senttiäkään vähempää.
—Eso suma ciento cincuenta —dijo el tabernero.
– Se tekee sataviisikymmentä, sanoi kapakkamies.
"Y él lo vale todo, o no soy más que un idiota".
"Ja hän on kaiken sen arvoinen, tai en ole yhtään idioottia parempi."
El hombre abrió los envoltorios para examinar su mano.
Mies avasi kääreet tutkiakseen kättään.
La mano estaba gravemente desgarrada y cubierta de sangre seca.
Käsi oli pahasti repeytynyt ja kuivuneen veren peitossa.
"Si no consigo la hidrofobia..." empezó a decir.

"Jos en saa hydrofobiaa…" hän aloitti sanomaan.

"Será porque naciste para la horca", dijo entre risas.

"Se johtuu siitä, että olet syntynyt hirttäytymään", kuului nauru.

"Ven a ayudarme antes de irte", le pidieron.

"Tule auttamaan minua ennen kuin lähdet", häntä pyydettiin.

Buck estaba aturdido por el dolor en la lengua y la garganta.

Buck oli täysin sekaisin kielen ja kurkun kivusta.

Estaba medio estrangulado y apenas podía mantenerse en pie.

Hän oli puoliksi kuristunut, eikä pystynyt juurikaan seisomaan pystyssä.

Aún así, Buck intentó enfrentar a los hombres que lo habían lastimado.

Silti Buck yritti kohdata miehet, jotka olivat satuttaneet häntä niin paljon.

Pero lo derribaron y lo estrangularon una vez más.

Mutta he heittivät hänet alas ja kuristivat hänet uudelleen.

Sólo entonces pudieron quitarle el pesado collar de bronce.

Vasta sitten he saattoivat sahata irti hänen raskaan messinkikauluksensa.

Le quitaron la cuerda y lo metieron en una caja.

He irrottivat köyden ja työnsivät hänet laatikkoon.

La caja era pequeña y tenía la forma de una tosca jaula de hierro.

Laatikko oli pieni ja muodoltaan kuin karkea rautahäkki.

Buck permaneció allí toda la noche, lleno de ira y orgullo herido.

Buck makasi siinä koko yön, täynnä vihaa ja haavoittunutta ylpeyttä.

No podía ni siquiera empezar a comprender lo que le estaba pasando.

Hän ei voinut alkaa ymmärtää, mitä hänelle tapahtui.

¿Por qué estos hombres extraños lo mantenían en esa pequeña caja?

Miksi nämä oudot miehet pitivät häntä tässä pienessä häkissä?

¿Qué querían de él y por qué este cruel cautiverio?

Mitä he häneltä halusivat, ja miksi hän oli näin julma
vankeudessa?
**Sintió una presión oscura; una sensación de desastre que se
acercaba.**
Hän tunsi synkän paineen; lähestyvän katastrofin tunteen.
**Era un miedo vago, pero que se apoderó pesadamente de su
espíritu.**
Se oli epämääräinen pelko, mutta se painautui voimakkaasti
hänen mieleensä.
Saltó varias veces cuando la puerta del cobertizo vibró.
Useita kertoja hän hyppäsi ylös, kun vajan ovi helisi.
**Esperaba que el juez o los muchachos aparecieran y lo
rescataran.**
Hän odotti tuomarin tai poikien ilmestyvän ja pelastavan
hänet.
Pero cada vez sólo se asomaba el rostro gordo del tabernero.
Mutta joka kerta vain kapakonpitäjän paksu naama kurkisti
sisään.
**El rostro del hombre estaba iluminado por el tenue
resplandor de una vela de sebo.**
Miehen kasvoja valaisi talikynttilän himmeä valo.
**Cada vez, el alegre ladrido de Buck cambiaba a un gruñido
bajo y enojado.**
Joka kerta Buckin iloinen haukunta muuttui matalaksi,
vihaiseksi murahdukseksi.

El tabernero lo dejó solo durante la noche en el cajón.
Kapakanpitäjä jätti hänet yksin yöksi häkkiin
**Pero cuando se despertó por la mañana, venían más
hombres.**
Mutta kun hän aamulla heräsi, lisää miehiä oli tulossa.
**Llegaron cuatro hombres y recogieron la caja con cuidado y
sin decir palabra.**
Neljä miestä tuli ja nosti varovasti laatikon sanomatta
sanaakaan.
Buck supo de inmediato en qué situación se encontraba.
Buck tajusi heti, missä tilanteessa hän oli.

Eran otros torturadores contra los que tenía que luchar y a los que tenía que temer.

Ne olivat lisää kiusaajia, joita vastaan hänen täytyi taistella ja pelätä.

Estos hombres parecían malvados, andrajosos y muy mal arreglados.

Nämä miehet näyttivät ilkeiltä, repaleisilta ja erittäin huonosti hoidetuilta.

Buck gruñó y se abalanzó sobre ellos ferozmente a través de los barrotes.

Buck murahti ja syöksyi raivokkaasti heidän kimppuunsa kaltereiden välistä.

Ellos simplemente se rieron y lo golpearon con largos palos de madera.

He vain nauroivat ja tökkivät häntä pitkillä puisilla kepeillä.

Buck mordió los palos y luego se dio cuenta de que eso era lo que les gustaba.

Buck puri keppejä ja tajusi sitten, että siitä ne pitivät.

Así que se quedó acostado en silencio, hosco y ardiendo de rabia silenciosa.

Niinpä hän makasi hiljaa maassa, synkkänä ja hiljaisesta raivosta hehkuen.

Subieron la caja a un carro y se fueron con él.

He nostivat laatikon vankkureihin ja ajoivat hänen kanssaan pois.

La caja, con Buck encerrado dentro, cambiaba de manos a menudo.

Laatikko, jonka sisällä Buck oli lukittuna, vaihtoi usein omistajaa.

Los empleados de la oficina exprés se hicieron cargo de él y lo atendieron brevemente.

Pikatoimiston virkailijat ottivat ohjat käsiinsä ja hoitivat hänet lyhyesti.

Luego, otro carro transportó a Buck a través de la ruidosa ciudad.

Sitten toiset vankkurit kuljettivat Buckin meluisan kaupungin poikki.

Un camión lo llevó con cajas y paquetes a un ferry.

Kuorma-auto vei hänet laatikoiden ja pakettien kanssa lautalle.

Después de cruzar, el camión lo descargó en una estación ferroviaria.

Ylityksen jälkeen kuorma-auto purki hänet rautatievarikolla.

Finalmente, colocaron a Buck dentro de un vagón expreso que lo esperaba.

Viimein Buck sijoitettiin odottavaan pikajunaan.

Durante dos días y dos noches, los trenes arrastraron el vagón expreso.

Kahden päivän ja yön ajan junat vetivät pikavaunua pois.

Buck no comió ni bebió durante todo el doloroso viaje.

Buck ei syönyt eikä juonut koko tuskallisen matkan aikana.

Cuando los mensajeros expresos intentaron acercarse a él, gruñó.

Kun pikaviestijät yrittivät lähestyä häntä, hän murahti.

Ellos respondieron burlándose de él y molestándolo cruelmente.

He vastasivat pilkkaamalla ja kiusoittelemalla häntä julmasti.

Buck se arrojó contra los barrotes, echando espuma y temblando.

Buck heittäytyi kaltereihin vaahtoaen ja täristen

Se rieron a carcajadas y se burlaron de él como matones del patio de la escuela.

he nauroivat äänekkäästi ja pilkkasivat häntä kuin koulukiusaajat.

Ladraban como perros de caza y agitaban los brazos.

Ne haukkuivat kuin feikkikoirat ja räpyttelivät käsiään.

Incluso cantaron como gallos sólo para molestarlo más.

Ne jopa kiekaisivat kuin kukot vain ärsyttääkseen häntä lisää.

Fue un comportamiento tonto y Buck sabía que era ridículo.

Se oli typerää käytöstä, ja Buck tiesi sen olevan naurettavaa.

Pero eso sólo profundizó su sentimiento de indignación y vergüenza.

Mutta se vain syvensi hänen häpeänsä ja närkästyksensä tunnetta.

Durante el viaje no le molestó mucho el hambre.
Nälkä ei häntä matkan aikana juurikaan vaivannut.
Pero la sed traía consigo un dolor agudo y un sufrimiento insoportable.
Mutta jano toi mukanaan terävää kipua ja sietämätöntä kärsimystä.
Su garganta y lengua secas e inflamadas ardían de calor.
Hänen kuiva, tulehtunut kurkkunsa ja kielensä polttivat kuumuudesta.
Este dolor alimentó la fiebre que crecía dentro de su orgulloso cuerpo.
Tämä kipu ruokki kuumetta, joka nousi hänen ylpeässä ruumiissaan.
Buck estuvo agradecido por una sola cosa durante esta prueba.
Buck oli kiitollinen yhdestä asiasta tämän oikeudenkäynnin aikana.
Le habían quitado la cuerda que le rodeaba el grueso cuello.
Köysi oli poistettu hänen paksun kaulansa ympäriltä.
La cuerda había dado a esos hombres una ventaja injusta y cruel.
Köysi oli antanut noille miehille epäreilun ja julman edun.
Ahora la cuerda había desaparecido y Buck juró que nunca volvería.
Nyt köysi oli poissa, ja Buck vannoi, ettei se koskaan palaisi.
Decidió que nunca más volvería a pasarle una cuerda al cuello.
Hän päätti, ettei hänen kaulansa ympärille enää koskaan kierrettäisi köyttä.
Durante dos largos días y noches sufrió sin comer.
Kaksi pitkää päivää ja yötä hän kärsi ilman ruokaa.
Y en esas horas se fue acumulando en su interior una rabia enorme.
Ja noina tunteina hänessä kasvoi valtava raivo.
Sus ojos se volvieron inyectados en sangre y salvajes por la ira constante.

Hänen silmänsä muuttuivat verestäväksi ja villiksi jatkuvasta vihasta.

Ya no era Buck, sino un demonio con mandíbulas chasqueantes.

Hän ei ollut enää Buck, vaan demoni napsuvine leukoineen.

Ni siquiera el juez habría reconocido a esta loca criatura.

Edes tuomari ei olisi tunnistanut tätä hullua olentoa.

Los mensajeros exprés suspiraron aliviados cuando llegaron a Seattle.

Pikaviestimet huokaisivat helpotuksesta saapuessaan Seattleen

Cuatro hombres levantaron la caja y la llevaron a un patio trasero.

Neljä miestä nosti laatikon ja kantoi sen takapihalle.

El patio era pequeño, rodeado de muros altos y sólidos.

Piha oli pieni, korkeiden ja jykevien muurien ympäröimä.

Un hombre corpulento salió con una camisa roja holgada.

Iso mies astui ulos roikkuvassa punaisessa neulepaidassa.

Firmó el libro de entrega con letra gruesa y atrevida.

Hän allekirjoitti toimituskirjan paksulla ja rohkealla käsialalla.

Buck sintió de inmediato que este hombre era su próximo torturador.

Buck aavisti heti, että tämä mies oli hänen seuraava kiusaajansa.

Se abalanzó violentamente contra los barrotes, con los ojos rojos de furia.

Hän syöksyi rajusti kaltereita kohti, silmät raivosta punaisena.

El hombre simplemente sonrió oscuramente y fue a buscar un hacha.

Mies vain hymyili synkästi ja meni hakemaan kirvestä.

También traía un garrote en su gruesa y fuerte mano derecha.

Hän toi mukanaan myös mailan paksussa ja vahvassa oikeassa kädessään.

"¿Vas a sacarlo ahora?" preguntó preocupado el conductor.

"Aiotko viedä hänet nyt?" kuljettaja kysyi huolestuneena.

—Claro —dijo el hombre, metiendo el hacha en la caja a modo de palanca.

– Totta kai, mies sanoi ja iski kirveen laatikkoon vivuksi.

Los cuatro hombres se dispersaron instantáneamente y saltaron al muro del patio.

Neljä miestä hajaantuivat välittömästi ja hyppäsivät pihan muurille.

Desde sus lugares seguros arriba, esperaban para observar el espectáculo.

Turvallisista paikoistaan ylhäältä he odottivat nähdäkseen näytelmän.

Buck se abalanzó sobre la madera astillada, mordiéndola y sacudiéndola ferozmente.

Buck syöksyi sirpaleisen puun kimppuun purren ja täristen rajusti.

Cada vez que el hacha golpeaba la jaula, Buck estaba allí para atacarla.

Joka kerta, kun kirves osui häkkiin, Buck oli paikalla hyökkäämässä sitä vastaan.

Gruñó y chasqueó los dientes con furia salvaje, ansioso por ser liberado.

Hän murahti ja tiuskaisi villin raivon vallassa, haluten päästä vapaaksi.

El hombre que estaba afuera estaba tranquilo y firme, concentrado en su tarea.

Ulkona oleva mies oli rauhallinen ja vakaa, keskittynyt tehtäväänsä.

"Muy bien, demonio de ojos rojos", dijo cuando el agujero fue grande.

"Niinpä sitten, punasilmäinen paholainen", hän sanoi, kun reikä oli jo suuri.

Dejó caer el hacha y tomó el garrote con su mano derecha.

Hän pudotti kirveen ja otti pailan oikeaan käteensä.

Buck realmente parecía un demonio; con los ojos inyectados en sangre y llameantes.

Buck näytti todellakin paholaiselta; silmät verestävät ja hehkuvat.

Su pelaje se erizó, le salía espuma por la boca y sus ojos brillaban.
Hänen takkinsa pystyi, vaahtoa nousi suussa ja silmät loistivat.
Tensó los músculos y se lanzó directamente hacia el suéter rojo.
Hän jännitti lihaksensa ja ryntäsi suoraan punaisen villapaidan kimppuun.
Ciento cuarenta libras de furia volaron hacia el hombre tranquilo.
Sata neljäkymmentä kiloa raivoa sinkoutui tyyntä miestä kohti.
Justo antes de que sus mandíbulas se cerraran, un golpe terrible lo golpeó.
Juuri ennen kuin hänen leukansa sulkeutuivat, häntä iski hirvittävä isku.
Sus dientes chasquearon al chocar contra nada más que el aire.
Hänen hampaansa napsahtivat yhteen pelkästä ilmasta
Una sacudida de dolor resonó a través de su cuerpo
tuskanjyrähdys kaikui hänen kehossaan
Dio una vuelta en el aire y se estrelló sobre su espalda y su costado.
Hän pyörähti ilmassa ja kaatui selälleen ja kyljelleen.
Nunca antes había sentido el golpe de un garrote y no podía agarrarlo.
Hän ei ollut koskaan ennen tuntenut pailan iskua eikä pystynyt tarttumaan siihen.
Con un gruñido estridente, mitad ladrido, mitad grito, saltó de nuevo.
Kirkuvan murahduksen, osaksi haukkumisen, osaksi kirkaisun saattelemana se hyppäsi uudelleen.
Otro golpe brutal lo alcanzó y lo arrojó al suelo.
Toinen raju isku osui häneen ja paiskasi hänet maahan.
Esta vez Buck lo entendió: era el pesado garrote del hombre.
Tällä kertaa Buck ymmärsi – se oli miehen painava nuija.
Pero la rabia lo cegó y no pensó en retirarse.

Mutta raivo sokaisi hänet, eikä hän ajatellutkaan
perääntymistä.

Doce veces se lanzó y doce veces cayó.

Kaksitoista kertaa hän syöksyi karkuun ja kaksitoista kertaa
putosi.

**El palo de madera lo golpeaba cada vez con una fuerza
despiadada y aplastante.**

Puinen nuija iski häntä joka kerta armottomalla, murskaavalla
voimalla.

**Después de un golpe feroz, se tambaleó hasta ponerse de
pie, aturdido y lento.**

Yhden rajua iskua jälkeen hän horjahti jaloilleen,
hämmentyneenä ja hitaasti.

Le salía sangre de la boca, de la nariz y hasta de las orejas.

Verta valui hänen suustaan, nenästään ja jopa korvistaan.

**Su pelaje, otrora hermoso, estaba manchado de espuma
sanguinolenta.**

Hänen kerran niin kaunis turkkinsa oli tahriintunut verisestä
vaahdosta.

**Entonces el hombre se adelantó y le dio un golpe tremendo
en la nariz.**

Sitten mies astui esiin ja iski ilkeän iskun nenään.

**La agonía fue más aguda que cualquier cosa que Buck
hubiera sentido jamás.**

Tuska oli ankarampaa kuin mikään, mitä Buck oli koskaan
tuntenut.

**Con un rugido más de bestia que de perro, saltó nuevamente
para atacar.**

Karjuen, joka oli enemmän petomainen kuin koiran, hän
hyppäsi jälleen hyökkäämään.

**Pero el hombre se agarró la mandíbula inferior y la torció
hacia atrás.**

Mutta mies otti kiinni alaleuastaan ja käänsi sen taaksepäin.

Buck se dio una vuelta de cabeza y volvió a caer con fuerza.

Buck pyörähti korviaan myöten ja kaatui jälleen rajusti.

**Una última vez, Buck cargó contra él, ahora apenas capaz de
mantenerse en pie.**

Vielä kerran Buck hyökkäsi hänen kimppuunsa, nyt tuskin pystyen seisomaan.

El hombre atacó con una sincronización experta, dando el golpe final.

Mies iski asiantuntevasti ajoitettuna ja antoi viimeisen iskun.

Buck se desplomó en un montón, inconsciente e inmóvil.

Buck lysähti kasaksi, tajuttomana ja liikkumattomana.

"No es ningún inútil a la hora de domar perros, eso es lo que digo", gritó un hombre.

"Hän ei ole mikään laiska koirien rikkomisessa, sitä minä sanon", mies huusi.

"Druther puede quebrar la voluntad de un perro cualquier día de la semana".

"Druther voi murtaa ajokoiran tahdon minä tahansa viikonpäivänä."

"¡Y dos veces el domingo!" añadió el conductor.

"Ja kahdesti sunnuntaina!" kuljettaja lisäsi.

Se subió al carro y tiró de las riendas para partir.

Hän kiipesi vankkureihin ja napsautti ohjaksia lähteäkseen.

Buck recuperó lentamente el control de su conciencia.

Buck sai hitaasti tajuntansa hallintaansa takaisin.

Pero su cuerpo todavía estaba demasiado débil y roto para moverse.

mutta hänen ruumiinsa oli vielä liian heikko ja rikki liikkuakseen.

Se quedó donde había caído, observando al hombre del suéter rojo.

Hän makasi siinä, mihin oli kaatunut, ja katseli punavillaista miestä.

"Responde al nombre de Buck", dijo el hombre, leyendo en voz alta.

– Hän vastaa nimelle Buck, mies sanoi lukiessaan ääneen.

Citó la nota enviada con la caja de Buck y los detalles.

Hän lainasi Buckin laatikon mukana lähetettyä viestiä ja tietoja.

—Bueno, Buck, muchacho —continuó el hombre con tono amistoso—.

"No niin, Buck, poikani", mies jatkoi ystävälliseen sävyyn,

"Hemos tenido nuestra pequeña pelea y ahora todo ha terminado entre nosotros".

"Meillä oli pieni riitamme, ja nyt se on ohi meidän välillämme."

"Tú has aprendido cuál es tu lugar y yo he aprendido cuál es el mío", añadió.

"Sinä olet oppinut paikkasi, ja minä olen oppinut omani", hän lisäsi.

"Sé bueno y todo irá bien y la vida será placentera".

"Ole kiltti, niin kaikki menee hyvin ja elämä on ihanaa."

"Pero si te portas mal, te daré una paliza, ¿entiendes?"

"Mutta ole tuhma, niin hakkaan sinut kuoliaaksi, ymmärrätkö?"

Mientras hablaba, extendió la mano y acarició la cabeza dolorida de Buck.

Puhuessaan hän ojensi kätensä ja taputti Buckin kipeää päätä.

El cabello de Buck se erizó ante el toque del hombre, pero no se resistió.

Buckin hiukset nousivat pystyyn miehen kosketuksesta, mutta hän ei vastustellut.

El hombre le trajo agua, que Buck bebió a grandes tragos.

Mies toi hänelle vettä, jota Buck joi suurin kulauksin.

Luego vino la carne cruda, que Buck devoró trozo a trozo.

Sitten tuli raakaa lihaa, jota Buck ahmi pala palalta.

Sabía que estaba derrotado, pero también sabía que no estaba roto.

Hän tiesi olevansa lyöty, mutta tiesi myös, ettei ollut murtunut.

No tenía ninguna posibilidad contra un hombre armado con un garrote.

Hänellä ei ollut mitään mahdollisuuksia pamppua aseistautunutta miestä vastaan.

Había aprendido la verdad y nunca olvidó esa lección.

Hän oli oppinut totuuden, eikä hän koskaan unohtanut sitä läksyä.

Esa arma fue el comienzo de la ley en el nuevo mundo de Buck.

Tuo ase oli lain alku Buckin uudessa maailmassa.

Fue el comienzo de un orden duro y primitivo que no podía negar.

Se oli alku ankaralle, alkeelliselle järjestykselle, jota hän ei voinut kieltää.

Aceptó la verdad; sus instintos salvajes ahora estaban despiertos.

Hän hyväksyi totuuden; hänen villit vaistonsa olivat nyt hereillä.

El mundo se había vuelto más duro, pero Buck lo afrontó con valentía.

Maailma oli käynyt ankarammaksi, mutta Buck kohtasi sen rohkeasti.

Afrontó la vida con nueva cautela, astucia y fuerza silenciosa.

Hän kohtasi elämän uudella varovaisuudella, oveluudella ja hiljaisella voimalla.

Llegaron más perros, atados con cuerdas o cajas como había estado Buck.

Lisää koiria saapui, köysiin tai laatikoihin sidottuina, kuten Buck oli ollut.

Algunos perros llegaron con calma, otros se enfurecieron y pelearon como bestias salvajes.

Jotkut koirat tulivat rauhallisesti, toiset raivosivat ja taistelivat kuin villipedot.

Todos ellos quedaron bajo el dominio del hombre del suéter rojo.

Heidät kaikki saatettiin punavillaisen miehen vallan alle.

Cada vez, Buck observaba y veía cómo se desarrollaba la misma lección.

Joka kerta Buck katseli ja näki saman opetuksen avautuvan.

El hombre con el garrote era la ley, un amo al que había que obedecer.

Mies pamppuineen oli laki; isäntä, jota piti totella.

No necesitaba ser querido, pero sí obedecido.

Häntä ei tarvinnut pitää, mutta häntä piti totella.

Buck nunca adulaba ni meneaba la cola como lo hacían los perros más débiles.

Buck ei koskaan imarrellut tai heiluttanut itseään niin kuin heikommat koirat tekivät.

Vio perros que estaban golpeados y todavía lamían la mano del hombre.

Hän näki hakattuja koiria, jotka silti nuolivat miehen kättä.

Vio un perro que no obedecía ni se sometía en absoluto.

Hän näki yhden koiran, joka ei totellut eikä alistunut lainkaan.

Ese perro luchó hasta que murió en la batalla por el control.

Tuo koira taisteli, kunnes se kuoli vallasta käydyssä taistelussa.

A veces, desconocidos venían a ver al hombre del suéter rojo.

Muukalaiset tulivat joskus katsomaan punavillaista miestä.

Hablaban en tonos extraños, suplicando, negociando y riendo.

He puhuivat oudolla äänellä, aneleen, neuvotellen ja nauraen.

Cuando se intercambiaba dinero, se iban con uno o más perros.

Kun rahaa vaihdettiin, he lähtivät yhden tai useamman koiran kanssa.

Buck se preguntó a dónde habían ido esos perros, pues ninguno regresaba jamás.

Buck ihmetteli, minne nämä koirat olivat menneet, sillä yksikään ei koskaan palannut.

El miedo a lo desconocido llenaba a Buck cada vez que un hombre extraño se acercaba.

Tuntemattoman pelko täytti Buckin joka kerta, kun vieras mies tuli

Se alegraba cada vez que se llevaban a otro perro en lugar de a él mismo.

Hän oli iloinen joka kerta, kun otettiin joku toinen koira itsensä sijaan.

Pero finalmente, llegó el turno de Buck con la llegada de un hombre extraño.

Mutta lopulta Buckin vuoro koitti oudon miehen saapuessa.
Era pequeño, fibroso y hablaba un inglés deficiente y decía palabrotas.
Hän oli pieni, jäntevä ja puhui murteella englannilla ja kiroili.
—¡Sacredam! —gritó cuando vio el cuerpo de Buck.
"Pyhä päivä!" hän huusi nähdessään Buckin rungon.
—¡Qué perro tan bravucón! ¿Eh? ¿Cuánto? —preguntó en voz alta.
"Onpa tuo yksi pirun kiusaaja! Häh? Paljonko?" hän kysyi ääneen.
"Trescientos, y es un regalo a ese precio".
"Kolmesataa, ja hän on lahja tuolla hinnalla,"
—Como es dinero del gobierno, no deberías quejarte, Perrault.
"Koska kyse on valtion rahasta, sinun ei pitäisi valittaa, Perrault."
Perrault sonrió ante el trato que acababa de hacer con aquel hombre.
Perrault virnisti juuri miehen kanssa tekemälleen sopimukselle.
El precio de los perros se disparó debido a la repentina demanda.
Koirien hinnat olivat nousseet pilviin äkillisen kysynnän vuoksi.
Trescientos dólares no era injusto para una bestia tan bella.
Kolmesataa dollaria ei ollut epäreilua noin hienolle eläimelle.
El gobierno canadiense no perdería nada con el acuerdo
Kanadan hallitus ei menettäisi sopimuksessa mitään
Además sus despachos oficiales tampoco sufrirían demoras en el tránsito.
Eivätkä heidän viralliset lähetyksensä viivästyisi kuljetuksen aikana.
Perrault conocía bien a los perros y podía ver que Buck era algo raro.
Perrault tunsi koirat hyvin ja näki Buckin olevan ainutlaatuinen.

"Uno entre diez diez mil", pensó mientras estudiaba la complexión de Buck.

"Yksi kymmenestä kymmenestätuhannesta", hän ajatteli tarkastellessaan Buckin vartaloa.

Buck vio que el dinero cambiaba de manos, pero no mostró sorpresa.

Buck näki rahojen vaihtavan omistajaa, mutta ei osoittanut yllätystä.

Pronto él y Curly, un gentil Terranova, fueron llevados lejos.

Pian hänet ja Kihara, lempeä newfoundlandinkoira, vietiin pois.

Siguieron al hombrecito desde el patio del suéter rojo.

He seurasivat pientä miestä punaisen villapaidan pihalta.

Esa fue la última vez que Buck vio al hombre con el garrote de madera.

Se oli viimeinen kerta, kun Buck näki puisen kepin miehen.

Desde la cubierta del Narwhal vio cómo Seattle se desvanecía en la distancia.

Narwhalin kannelta hän katseli Seattlen katoavan kaukaisuuteen.

También fue la última vez que vio las cálidas tierras del Sur.

Se oli myös viimeinen kerta, kun hän näki lämpimän Etelän.

Perrault los llevó bajo cubierta y los dejó con François.

Perrault vei heidät kannen alapuolelle ja jätti heidät François'n huostaan.

François era un gigante de cara negra y manos ásperas y callosas.

François oli mustakasvoinen jättiläinen, jolla oli karheat, kovettuneet kädet.

Era oscuro y moreno, un mestizo francocanadiense.

Hän oli tumma ja tummaihoinen; puoliverinen ranskalais-kanadalainen.

Para Buck, estos hombres eran de un tipo que nunca había visto antes.

Buckille nämä miehet olivat sellaisia, joita hän ei ollut koskaan ennen nähnyt.

En los días venideros conocería a muchos hombres así.

Hän tulisi tutustumaan moniin tällaisiin miehiin tulevina
päivinä.

No llegó a encariñarse con ellos, pero llegó a respetarlos.

Hän ei kiintynyt heihin, mutta hän oppi kunnioittamaan heitä.

**Eran justos y sabios, y no se dejaban engañar fácilmente por
ningún perro.**

Ne olivat oikeudenmukaisia ja viisaita, eikä mikään koira
voinut niitä helposti hämätä.

**Juzgaban a los perros con calma y castigaban sólo cuando lo
merecían.**

He tuomitsivat koirat rauhallisesti ja rankaisivat vain
ansaitusti.

**En la cubierta inferior del Narwhal, Buck y Curly se
encontraron con dos perros.**

Narwhalin alakannella Buck ja Kihara tapasivat kaksi koiraa.

**Uno de ellos era un gran perro blanco procedente de la
lejana y gélida región de Spitzbergen.**

Yksi oli suuri valkoinen koira kaukaisesta, jäisestä
Huippuvuorten alueelta.

**Una vez navegó con un ballenero y se unió a un grupo de
investigación.**

Hän oli kerran purjehtinut valaanpyyntialuksen kanssa ja
liittynyt tutkimusryhmään.

Era amigable de una manera astuta, deshonesta y tramposa.

Hän oli ystävällinen ovelalla, salakavalalla ja viekkaalla
tavalla.

**En su primera comida, robó un trozo de carne de la sartén de
Buck.**

Ensimmäisellä aterallaan hän varasti palan lihaa Buckin
pannulta.

**Buck saltó para castigarlo, pero el látigo de François golpeó
primero.**

Buck hyppäsi rangaistakseen häntä, mutta François'n ruoska
osui ensin.

El ladrón blanco gritó y Buck recuperó el hueso robado.

Valkoinen varas kiljaisi, ja Buck sai varastetun luun takaisin.

Esa imparcialidad impresionó a Buck y François se ganó su respeto.
Tuo oikeudenmukaisuus teki vaikutuksen Buckiin, ja François ansaitsi hänen kunnioituksensa.
El otro perro no saludó y no quiso recibir saludos a cambio.
Toinen koira ei tervehtinyt eikä halunnutkaan tervehdystä vastapalvelukseen.
No robaba comida ni olfateaba con interés a los recién llegados.
Hän ei varastanut ruokaa eikä nuuhkinut tulokkaita kiinnostuneena.
Este perro era sombrío y silencioso, melancólico y de movimientos lentos.
Tämä koira oli synkkä ja hiljainen, synkkä ja hidasliikkeinen.
Le advirtió a Curly que se mantuviera alejada simplemente mirándola fijamente.
Hän varoitti Kiharaa pysymään poissa tuijottamalla tätä vihaisesti.
Su mensaje fue claro: déjenme en paz o habrá problemas.
Hänen viestinsä oli selvä: jätä minut rauhaan tai tulee ongelmia.
Se llamaba Dave y apenas se fijaba en su entorno.
Häntä kutsuttiin Daveksi, ja hän tuskin huomasi ympäristöään.
Dormía a menudo, comía tranquilamente y bostezaba de vez en cuando.
Hän nukkui usein, söi hiljaa ja haukotteli silloin tällöin.

El barco zumbaba constantemente con la hélice golpeando debajo.
Laiva humisi jatkuvasti alapuolellaan hakkaavan potkurin kanssa.
Los días pasaron con pocos cambios, pero el clima se volvió más frío.
Päivät kuluivat lähes muuttumattomina, mutta sää kylmeni.
Buck podía sentirlo en sus huesos y notó que los demás también lo sentían.

Buck tunsi sen luissaan ja huomasi muidenkin tekevän niin.

Entonces, una mañana, la hélice se detuvo y todo quedó en silencio.

Sitten eräänä aamuna potkuri pysähtyi ja kaikki oli tyyntä.

Una energía recorrió la nave; algo había cambiado.

Energia pyyhkäisi läpi aluksen; jokin oli muuttunut.

François bajó, les puso las correas y los trajo arriba.

François tuli alas, laittoi ne hihnaan ja nosti ne ylös.

Buck salió y encontró el suelo suave, blanco y frío.

Buck astui ulos ja huomasi maan olevan pehmeä, valkoinen ja kylmä.

Saltó hacia atrás alarmado y resopló totalmente confundido.

Hän hyppäsi taaksepäin säikähtäneenä ja murahti täysin hämmentyneenä.

Una extraña sustancia blanca caía del cielo gris.

Harmaalta taivaalta putosi outoa valkoista ainetta.

Se sacudió, pero los copos blancos seguían cayendo sobre él.

Hän ravisteli itseään, mutta valkoiset hiutaleet laskeutuivat yhä uudelleen hänen päälleen.

Olió con cuidado la sustancia blanca y lamió algunos trocitos helados.

Hän nuuhki valkoista ainetta varovasti ja nuoli muutaman jäisen palan.

El polvo ardió como fuego y luego desapareció de su lengua.

Jauhe poltti kuin tuli ja katosi sitten suoraan hänen kielellään.

Buck lo intentó de nuevo, desconcertado por la extraña frialdad que desaparecía.

Buck yritti uudelleen, hämmentyneenä oudon katoavan kylmyyden vuoksi.

Los hombres que lo rodeaban se rieron y Buck se sintió avergonzado.

Miehet hänen ympärillään nauroivat, ja Buck tunsi olonsa noloksi.

No sabía por qué, pero le avergonzaba su reacción.

Hän ei tiennyt miksi, mutta hän häpesi reaktiotaan.

Fue su primera experiencia con la nieve y le confundió.

Se oli hänen ensimmäinen kokemuksensa lumen kanssa, ja se hämmensi häntä.

La ley del garrote y el colmillo
Keila ja kulmahammas -laki

El primer día de Buck en la playa de Dyea se sintió como una terrible pesadilla.
Buckin ensimmäinen päivä Dyean rannalla tuntui kamalalta painajaiselta.
Cada hora traía nuevas sorpresas y cambios inesperados para Buck.
Jokainen tunti toi Buckille uusia yllätyksiä ja odottamattomia muutoksia.
Lo habían sacado de la civilización y lo habían arrojado a un caos salvaje.
Hänet oli vedetty irti sivilisaatiosta ja heitetty villiin kaaokseen.
Aquella no era una vida soleada y tranquila, llena de aburrimiento y descanso.
Tämä ei ollut aurinkoista, laiskaa elämää tylsistyneenä ja levollisena.
No había paz, ni descanso, ni momento sin peligro.
Ei ollut rauhaa, ei lepoa, eikä hetkeäkään ilman vaaraa.
La confusión lo dominaba todo y el peligro siempre estaba cerca.
Hämmennys hallitsi kaikkea, ja vaara oli aina lähellä.
Buck tuvo que mantenerse alerta porque estos hombres y perros eran diferentes.
Buckin täytyi pysyä valppaana, koska nämä miehet ja koirat olivat erilaisia.
No eran de pueblos; eran salvajes y sin piedad.
He eivät olleet kotoisin kaupungeista; he olivat villejä ja armottomia.

Estos hombres y perros sólo conocían la ley del garrote y el colmillo.

Nämä miehet ja koirat tunsivat vain kepin ja hampaiden lain.

Buck nunca había visto perros pelear como estos salvajes huskies.

Buck ei ollut koskaan nähnyt koirien taistelevan niin kuin nämä villit huskyt.

Su primera experiencia le enseñó una lección que nunca olvidaría.

Ensimmäinen kokemus opetti hänelle läksyn, jota hän ei koskaan unohtaisi.

Tuvo suerte de que no fuera él, o habría muerto también.

Hän oli onnekas, ettei se ollut hän, tai hänkin olisi kuollut.

Curly fue el que sufrió mientras Buck observaba y aprendía.

Kihara kärsi, kun taas Buck katseli ja oppi.

Habían acampado cerca de una tienda construida con troncos.

He olivat pystyttäneet leirin hirsistä rakennetun varaston lähelle.

Curly intentó ser amigable con un husky grande, parecido a un lobo.

Kihara yritti olla ystävällinen suurelle, suden kaltaiselle huskylle.

El husky era más pequeño que Curly, pero parecía salvaje y malvado.

Husky oli Kiharaa pienempi, mutta näytti villiltä ja ilkeältä.

Sin previo aviso, saltó y le abrió el rostro.

Yhtäkkiä hän hyppäsi ja viilsi naisen kasvot auki.

Sus dientes la atravesaron desde el ojo hasta la mandíbula en un solo movimiento.

Hänen hampaansa leikkasivat yhdellä liikkeellä naisen silmästä leukaan.

Así era como peleaban los lobos: golpeaban rápido y saltaban.

Näin sudet taistelivat – iskivät nopeasti ja hyppäsivät karkuun.

Pero había mucho más que aprender de ese único ataque.

Mutta opittavaa oli enemmän kuin vain tuosta yhdestä hyökkäyksestä.

Decenas de huskies entraron corriendo y formaron un círculo silencioso.

Kymmeniä huskyja ryntäsi sisään ja teki hiljaisen piirin.

Observaron atentamente y se lamieron los labios con hambre.

He katselivat tarkasti ja nuolivat huuliaan nälkäisinä.

Buck no entendió su silencio ni sus miradas ansiosas.

Buck ei ymmärtänyt heidän hiljaisuuttaan eikä heidän innokkaita katseitaan.

Curly se apresuró a atacar al husky por segunda vez.

Kihara ryntäsi hyökkäämään huskyn kimppuun toisen kerran.

Él usó su pecho para derribarla con un movimiento fuerte.

Hän käytti rintaansa lyödäkseen hänet kumoon voimakkaalla liikkeellä.

Ella cayó de lado y no pudo levantarse más.

Hän kaatui kyljelleen eikä päässyt enää ylös.

Eso era lo que los demás habían estado esperando todo el tiempo.

Sitähän muut olivat odottaneet koko ajan.

Los perros esquimales saltaron sobre ella, aullando y gruñendo frenéticamente.

Huskyt hyppäsivät hänen kimppuunsa raivokkaasti ulvoen ja muristen.

Ella gritó cuando la enterraron bajo una pila de perros.

Hän huusi, kun hänet haudattiin koirakasan alle.

El ataque fue tan rápido que Buck se quedó paralizado por la sorpresa.

Hyökkäys oli niin nopea, että Buck jähmettyi paikoilleen järkytyksestä.

Vio a Spitz sacar la lengua de una manera que parecía una risa.

Hän näki Spitzin työntävän kieltään ulos tavalla, joka kuulosti naurulta.

François cogió un hacha y corrió directamente hacia el grupo de perros.

François nappasi kirveen ja juoksi suoraan koiraparven kimppuun.

Otros tres hombres usaron palos para ayudar a ahuyentar a los perros esquimales.

Kolme muuta miestä käyttivät nuijia apunaan ajaakseen huskyt pois.

En sólo dos minutos, la pelea terminó y los perros desaparecieron.

Vain kahdessa minuutissa taistelu oli ohi ja koirat olivat poissa.

Curly yacía muerta en la nieve roja y pisoteada, con su cuerpo destrozado.

Kihara makasi kuolleena punaisessa, tallatussa lumessa, hänen ruumiinsa oli revitty kappaleiksi.

Un hombre de piel oscura estaba de pie sobre ella, maldiciendo la brutal escena.

Tummaihoinen mies seisoi hänen yläpuolellaan ja kirosi julmaa näkyä.

El recuerdo permaneció con Buck y atormentó sus sueños por la noche.

Muisto jäi Buckin mieleen ja kummitteli hänen unissaan öisin.

Así era aquí: sin justicia, sin segundas oportunidades.

Näin se täällä oli; ei reilua, ei toista mahdollisuutta.

Una vez que un perro caía, los demás lo mataban sin piedad.

Kun koira kaatui, muut tappoivat sen armotta.

Buck decidió entonces que nunca se permitiría caer.

Buck päätti silloin, ettei hän koskaan antaisi itsensä kaatua.

Spitz volvió a sacar la lengua y se rió de la sangre.

Spitz työnsi taas kielensä ulos ja nauroi verelle.

Desde ese momento, Buck odió a Spitz con todo su corazón.

Siitä hetkestä lähtien Buck vihasi Spitziä koko sydämestään.

Antes de que Buck pudiera recuperarse de la muerte de Curly, sucedió algo nuevo.

Ennen kuin Buck ehti toipua Kiharan kuolemasta, tapahtui jotain uutta.

François se acercó y ató algo alrededor del cuerpo de Buck.

François tuli paikalle ja sitoi jotakin Buckin ympärille.

Era un arnés como los que usaban los caballos en el rancho.

Ne olivat samanlaiset valjaat kuin ne, joita käytetään hevosilla maatilalla.

Así como Buck había visto trabajar a los caballos, ahora él también estaba obligado a trabajar.

Niin kuin Buck oli nähnyt hevosten työskentelevän, nyt hänetkin pakotettiin työskentelemään.

Tuvo que arrastrar a François en un trineo hasta el bosque cercano.

Hänen täytyi vetää François reellä läheiseen metsään.

Después tuvo que arrastrar una carga de leña pesada.

Sitten hänen täytyi vetää takaisin kuorma raskasta polttopuuta.

Buck era orgulloso, por eso le dolía que lo trataran como a un animal de trabajo.

Buck oli ylpeä, joten häntä satutti, että häntä kohdeltiin kuin työeläintä.

Pero él era sabio y no intentó luchar contra la nueva situación.

Mutta hän oli viisas eikä yrittänyt taistella uutta tilannetta vastaan.

Aceptó su nueva vida y dio lo mejor de sí en cada tarea.

Hän hyväksyi uuden elämän ja antoi kaikkensa jokaisessa tehtävässä.

Todo en la obra le resultaba extraño y desconocido.

Kaikki työssä oli hänelle outoa ja tuntematonta.

Francisco era estricto y exigía obediencia sin demora.

François oli tiukka ja vaati tottelevaisuutta viipymättä.

Su látigo garantizaba que cada orden fuera seguida al instante.

Hänen ruoskansa varmisti, että jokaista käskyä noudatettiin välittömästi.

Dave era el que conducía el trineo, el perro que estaba más cerca de él, detrás de Buck.

Dave oli reenkuljettaja, koira lähimpänä rekeä Buckin takana.

Dave mordió a Buck en las patas traseras si cometía un error.

Dave puri Buckia takajalkoihin, jos tämä oli tehnyt virheen.

Spitz era el perro líder, hábil y experimentado en su función.

Spitz oli johtava koira, taitava ja kokenut roolissaan.

Spitz no pudo alcanzar a Buck fácilmente, pero aún así lo corrigió.

Spitz ei päässyt helposti Buckin luo, mutta oikaisi häntä silti.

Gruñó con dureza o tiró del trineo de maneras que le enseñaron a Buck.

Hän murahti karkeasti tai veti rekeä tavoilla, jotka opettivat Buckia.

Con este entrenamiento, Buck aprendió más rápido de lo que cualquiera de ellos esperaba.

Tämän koulutuksen avulla Buck oppi nopeammin kuin kukaan heistä odotti.

Trabajó duro y aprendió tanto de François como de los otros perros.

Hän työskenteli ahkerasti ja oppi sekä François'lta että muilta koirilta.

Cuando regresaron, Buck ya conocía los comandos clave.

Palatessaan Buck oli jo osannut tärkeimmät komennot.

Aprendió a detenerse al oír la palabra "ho" gracias a François.

Hän oppi pysähtymään François'n kuullessa "ho".

Aprendió cuando tenía que tirar del trineo y correr.

Hän oppi, kun hänen piti vetää rekeä ja juosta.

Aprendió a girar abiertamente en las curvas del camino sin problemas.

Hän oppi kääntymään leveälle polun mutkissa ilman vaikeuksia.

También aprendió a evitar a Dave cuando el trineo descendía rápidamente.

Hän oppi myös väistelemään Davea, kun kelkka meni nopeasti alamäkeen.

"Son perros muy buenos", le dijo orgulloso François a Perrault.

– Ne ovat oikein kilttejä koiria, François sanoi ylpeänä Perraultille.

"Ese Buck tira como un demonio. Le enseño rapidísimo".

"Tuo Buck vetää kuin hemmetti – minä opetan hänelle kuin heinänteko."

Más tarde ese día, Perrault regresó con dos perros husky más.

Myöhemmin samana päivänä Perrault palasi kahden muun huskykoiran kanssa.

Se llamaban Billee y Joe y eran hermanos.

Heidän nimensä olivat Billee ja Joe, ja he olivat veljeksiä.

Venían de la misma madre, pero no se parecían en nada.

He tulivat samasta äidistä, mutta eivät olleet lainkaan samanlaisia.

Billee era de carácter dulce y muy amigable con todos.

Billee oli suloinen ja liian ystävällinen kaikkia kohtaan.

Joe era todo lo contrario: tranquilo, enojado y siempre gruñendo.

Joe oli päinvastainen – hiljainen, vihainen ja aina muriseva.

Buck los saludó de manera amigable y se mostró tranquilo con ambos.

Buck tervehti heitä ystävällisesti ja oli rauhallinen molempia kohtaan.

Dave no les prestó atención y permaneció en silencio como siempre.

Dave ei kiinnittänyt heihin huomiota ja pysyi hiljaa kuten tavallista.

Spitz atacó primero a Billee, luego a Joe, para demostrar su dominio.

Spitz hyökkäsi ensin Billeen ja sitten Joen kimppuun osoittaakseen ylivoimansa.

Billee movió la cola y trató de ser amigable con Spitz.

Billee heilutti häntäänsä ja yritti olla ystävällinen Spitzille.

Cuando eso no funcionó, intentó huir.

Kun sekään ei toiminut, hän yritti sen sijaan paeta.

Lloró tristemente cuando Spitz lo mordió fuerte en el costado.

Hän itki surullisesti, kun Spitz puri häntä lujaa kylkeen.

Pero Joe era muy diferente y se negaba a dejarse intimidar.

Mutta Joe oli hyvin erilainen eikä antanut kiusaamisen tulla hoidetuksi.

Cada vez que Spitz se acercaba, Joe giraba rápidamente para enfrentarlo.

Joka kerta kun Spitz tuli lähelle, Joe pyörähti nopeasti häntä kohti.

Su pelaje se erizó, sus labios se curvaron y sus dientes chasquearon salvajemente.

Hänen turkkinsa nousi pystyyn, huulet käpertyivät ja hampaat napsahtivat villisti.

Los ojos de Joe brillaron de miedo y rabia, desafiando a Spitz a atacar.

Joen silmät loistivat pelosta ja raivosta, kun hän uhkasi Spitziä iskemään.

Spitz abandonó la lucha y se alejó, humillado y enojado.

Spitz luovutti taistelun ja kääntyi poispäin, nöyryytettynä ja vihaisena.

Descargó su frustración en el pobre Billee y lo ahuyentó.

Hän purkasi turhautumistaan raukaan Billeeen ja ajoi tämän pois.

Esa noche, Perrault añadió un perro más al equipo.

Sinä iltana Perrault lisäsi joukkueeseen yhden koiran lisää.

Este perro era viejo, delgado y cubierto de cicatrices de batalla.

Tämä koira oli vanha, laiha ja täynnä taisteluarpia.

Le faltaba un ojo, pero el otro brillaba con poder.

Toinen hänen silmästään puuttui, mutta toinen loisti voimakkaasti.

El nombre del nuevo perro era Solleks, que significaba "el enojado".

Uuden koiran nimi oli Solleks, joka tarkoitti Vihaista.

Al igual que Dave, Solleks no pidió nada a los demás y no dio nada a cambio.

Daven tavoin Solleks ei pyytänyt mitään muilta eikä antanut mitään takaisin.

Cuando Solleks entró lentamente al campamento, incluso Spitz se mantuvo alejado.

Kun Solleks käveli hitaasti leiriin, jopa Spitz pysyi poissa.

Tenía un hábito extraño que Buck tuvo la mala suerte de descubrir.

Hänellä oli outo tapa, jonka Buck valitettavasti löysi.

A Solleks le disgustaba que se acercaran a él por el lado donde estaba ciego.

Solleks vihasi sitä, että häntä lähestyttiin siltä puolelta, jolla hän oli sokea.

Buck no sabía esto y cometió ese error por accidente.

Buck ei tiennyt tätä ja teki tuon virheen vahingossa.

Solleks se dio la vuelta y cortó el hombro de Buck profunda y rápidamente.

Solleks pyörähti ympäri ja viilsi Buckin olkapäätä syvään ja nopeasti.

A partir de ese momento, Buck nunca se acercó al lado ciego de Solleks.

Siitä hetkestä lähtien Buck ei koskaan päässyt Solleksin sokkopuolelle.

Nunca volvieron a tener problemas durante el resto del tiempo que estuvieron juntos.

Heillä ei ollut enää koskaan ongelmia loppuaikanaan yhdessä.

Solleks sólo quería que lo dejaran solo, como el tranquilo Dave.

Solleks halusi vain olla rauhassa, kuten hiljainen Dave.

Pero Buck se enteraría más tarde de que cada uno tenía otro objetivo secreto.

Mutta Buck saisi myöhemmin tietää, että heillä molemmilla oli toinen salainen tavoite.

Esa noche, Buck se enfrentó a un nuevo y preocupante desafío: cómo dormir.

Sinä yönä Buck kohtasi uuden ja häiritsevän haasteen – miten nukkua.

La tienda brillaba cálidamente con la luz de las velas en el campo nevado.

Teltta hohti lämpimästi kynttilänvalossa lumisilla niityillä.

Buck entró, pensando que podría descansar allí como antes.

Buck käveli sisään ajatellen, että hän voisi levätä siellä kuten ennenkin.

Pero Perrault y François le gritaron y le lanzaron sartenes.

Mutta Perrault ja François huusivat hänelle ja heittelivät pannuja.

Sorprendido y confundido, Buck corrió hacia el frío helado.

Järkyttyneenä ja hämmentyneenä Buck juoksi ulos jäätävään kylmyyteen.

Un viento amargo le azotó el hombro herido y le congeló las patas.

Karva tuuli kirpaisi hänen haavoittunutta olkapäätään ja jäädytti hänen tassunsa.

Se tumbó en la nieve y trató de dormir al aire libre.

Hän makasi lumessa ja yritti nukkua ulkona.

Pero el frío pronto le obligó a levantarse de nuevo, temblando mucho.

Mutta kylmyys pakotti hänet pian nousemaan takaisin ylös, täristen pahasti.

Deambuló por el campamento intentando encontrar un lugar más cálido.

Hän vaelteli leirin läpi yrittäen löytää lämpimämpää paikkaa.

Pero cada rincón estaba tan frío como el anterior.

Mutta jokainen nurkka oli yhtä kylmä kuin edellinen.

A veces, perros salvajes saltaban sobre él desde la oscuridad.

Joskus villikoirat hyppäsivät hänen kimppuunsa pimeydestä.

Buck erizó su pelaje, mostró los dientes y gruñó en señal de advertencia.

Buck nosti turkkinsa pystyyn, paljasti hampaansa ja murahti varoittavasti.

Estaba aprendiendo rápido y los otros perros se alejaban rápidamente.

Hän oppi nopeasti, ja muut koirat perääntyivät nopeasti.

Aún así, no tenía dónde dormir ni idea de qué hacer.

Silti hänellä ei ollut paikkaa nukkua, eikä aavistustakaan, mitä tehdä.

Por fin se le ocurrió una idea: ver cómo estaban sus compañeros de equipo.

Viimein hänelle tuli mieleen ajatus – tarkistaa joukkuetoverinsa.

Regresó a su zona y se sorprendió al descubrir que habían desaparecido.

Hän palasi heidän alueelleen ja yllättyi huomatessaan heidän lähteneen.

Nuevamente buscó por todo el campamento, pero todavía no pudo encontrarlos.

Hän etsi leiriä uudelleen, mutta ei vieläkään löytänyt heitä.

Sabía que ellos no podían estar en la tienda, o él también lo estaría.

Hän tiesi, etteivät he voisivat olla teltassa, tai hänkin olisi.

Entonces ¿a dónde se habían ido todos los perros en este campamento helado?

Minne kaikki koirat olivat menneet tässä jäätyneessä leirissä?

Buck, frío y miserable, caminó lentamente alrededor de la tienda.

Kylmänä ja kurjana Buck kiersi hitaasti teltan ympäri.

De repente, sus patas delanteras se hundieron en la nieve blanda y lo sobresaltó.

Yhtäkkiä hänen etujalkansa upposivat pehmeään lumeen ja säikäyttivät hänet.

Algo se movió bajo sus pies y saltó hacia atrás asustado.

Jokin värähti hänen jalkojensa alla, ja hän hyppäsi peloissaan taaksepäin.

Gruñó y rugió sin saber qué había debajo de la nieve.

Hän murahti ja ärähti tietämättä, mitä lumen alla oli.

Entonces oyó un ladrido amistoso que alivió su miedo.

Sitten hän kuuli ystävällisen pienen haukun, joka lievitti hänen pelkoaan.

Olfateó el aire y se acercó para ver qué estaba oculto.

Hän nuuhki ilmaa ja tuli lähemmäs nähdäkseen, mitä piilossa oli.

Bajo la nieve, acurrucada en una bola cálida, estaba la pequeña Billee.

Lumen alla, lämpimäksi palloksi käpertyneenä, oli pieni
Billee.

Billee movió la cola y lamió la cara de Buck para saludarlo.
Billee heilutti häntäänsä ja nuoli Buckin kasvoja
tervehtiäkseen tätä.

**Buck vio cómo Billee había hecho un lugar para dormir en la
nieve.**
Buck näki, kuinka Billee oli tehnyt nukkumapaikan lumeen.

**Había cavado y usado su propio calor para mantenerse
caliente.**
Hän oli kaivanut alas ja käyttänyt omaa lämpöään pysyäkseen
lämpimänä.

**Buck había aprendido otra lección: así era como dormían los
perros.**
Buck oli oppinut taas läksyn – näin koirat nukkuivat.

**Eligió un lugar y comenzó a cavar su propio hoyo en la
nieve.**
Hän valitsi paikan ja alkoi kaivaa kuoppaa lumeen.

Al principio, se movía demasiado y desperdiciaba energía.
Aluksi hän liikkui liikaa ja tuhlasi energiaa.

Pero pronto su cuerpo calentó el espacio y se sintió seguro.
Mutta pian hänen kehonsa lämmitti tilan, ja hän tunsi olonsa
turvalliseksi.

**Se acurrucó fuertemente y al poco tiempo estaba
profundamente dormido.**
Hän käpertyi tiukasti kasaan ja unessa pian.

El día había sido largo y duro, y Buck estaba exhausto.
Päivä oli ollut pitkä ja raskas, ja Buck oli uupunut.

**Durmió profundamente y cómodamente, aunque sus sueños
fueron salvajes.**
Hän nukkui sikeästi ja mukavasti, vaikka hänen unensa
olivatkin villejä.

**Gruñó y ladró mientras dormía, retorciéndose mientras
soñaba.**
Hän murisi ja haukkui unissaan, vääntäen itseään unissaan.

Buck no se despertó hasta que el campamento ya estaba cobrando vida.

Buck ei herännyt ennen kuin leiri oli jo heräämässä eloon.

Al principio, no sabía dónde estaba ni qué había sucedido.

Aluksi hän ei tiennyt missä oli tai mitä oli tapahtunut.

Había nevado durante la noche y había enterrado completamente su cuerpo.

Yön aikana satoi lunta, joka hautasi hänen ruumiinsa kokonaan alleen.

La nieve lo apretaba por todos lados.

Lumi painautui tiukasti hänen ympärilleen joka puolelta.

De repente, una ola de miedo recorrió todo el cuerpo de Buck.

Yhtäkkiä pelon aalto pyyhkäisi Buckin läpi koko kehon.

Era el miedo a quedar atrapado, un miedo que provenía de instintos profundos.

Se oli pelko jäädä loukkuun, syvistä vaistoista kumpuava pelko.

Aunque nunca había visto una trampa, el miedo vivía dentro de él.

Vaikka hän ei ollut koskaan nähnyt ansaa, pelko asui hänen sisällään.

Era un perro domesticado, pero ahora sus viejos instintos salvajes estaban despertando.

Hän oli kesy koira, mutta nyt hänen vanhat villit vaistonsa olivat heräämässä.

Los músculos de Buck se tensaron y se le erizó el pelaje por toda la espalda.

Buckin lihakset jännittyivät ja hänen karvansa nousi pystyyn kaikkialle selkään.

Gruñó ferozmente y saltó hacia arriba a través de la nieve.

Hän murahti raivokkaasti ja hyppäsi suoraan ylös lumen läpi.

La nieve voló en todas direcciones cuando estalló la luz del día.

Lumi lensi joka suuntaan hänen syöksyessään päivänvaloon.

Incluso antes de aterrizar, Buck vio el campamento extendido ante él.

Jo ennen maihinnousua Buck näki leirin levittäytyvän edessään.

Recordó todo del día anterior, de repente.

Hän muisti kaiken edelliseltä päivältä, kaikki kerralla.

Recordó pasear con Manuel y terminar en ese lugar.

Hän muisti kävelyretkensä Manuelin kanssa ja päätyneensä tähän paikkaan.

Recordó haber cavado el hoyo y haberse quedado dormido en el frío.

Hän muisti kaivaneensa kuopan ja nukahtaneensa kylmään.

Ahora estaba despierto y el mundo salvaje que lo rodeaba estaba claro.

Nyt hän oli hereillä, ja villi maailma hänen ympärillään oli selkeä.

Un grito de François saludó la repentina aparición de Buck.

François'n huuto tervehti Buckin äkillistä ilmestymistä.

—¿Qué te dije? —gritó en voz alta el conductor del perro a Perrault.

"Mitä minä sanoin?" koirankuljettaja huusi äänekkäästi Perraultille.

"Ese Buck sin duda aprende muy rápido", añadió François.

"Tuo Buck oppii kyllä todella nopeasti", François lisäsi.

Perrault asintió gravemente, claramente satisfecho con el resultado.

Perrault nyökkäsi vakavasti, selvästi tyytyväisenä lopputulokseen.

Como mensajero del gobierno canadiense, transportaba despachos.

Kanadan hallituksen kuriirina hän kuljetti lähetyksiä.

Estaba ansioso por encontrar los mejores perros para su importante misión.

Hän halusi kovasti löytää parhaat koirat tärkeään tehtäväänsä varten.

Se sintió especialmente complacido ahora que Buck era parte del equipo.

Hän oli nyt erityisen iloinen siitä, että Buck oli osa joukkuetta.

Se agregaron tres huskies más al equipo en una hora.

Tunnin sisällä joukkueeseen lisättiin kolme huskya lisää.

Eso elevó el número total de perros en el equipo a nueve.

Tämä nosti joukkueen koirien kokonaismäärän yhdeksään.

En quince minutos todos los perros estaban en sus arneses.

Viidentoista minuutin kuluessa kaikki koirat olivat valjaissaan.

El equipo de trineos avanzaba por el sendero hacia Dyea Cañón.

Rekikunta keinui polkua pitkin kohti Dyea Cañonia.

Buck se sintió contento de partir, incluso si el trabajo que tenía por delante era duro.

Buck oli iloinen päästessään lähtemään, vaikka edessä oleva työ olikin raskasta.

Descubrió que no despreciaba especialmente el trabajo ni el frío.

Hän huomasi, ettei erityisesti halveksinut työtä tai kylmyyttä.

Le sorprendió el entusiasmo que llenaba a todo el equipo.

Hän yllättyi innosta, joka täytti koko joukkueen.

Aún más sorprendente fue el cambio que se produjo en Dave y Solleks.

Vielä yllättävämpää oli muutos, joka oli tapahtunut Davelle ja Solleksille.

Estos dos perros eran completamente diferentes cuando estaban enjaezados.

Nämä kaksi koiraa olivat täysin erilaisia valjaina.

Su pasividad y falta de preocupación habían desaparecido por completo.

Heidän passiivisuutensa ja välinpitämättömyytensä olivat täysin kadonneet.

Estaban alertas y activos, y ansiosos por hacer bien su trabajo.

He olivat valppaita ja aktiivisia ja innokkaita tekemään työnsä hyvin.

Se irritaban ferozmente ante cualquier cosa que causara retraso o confusión.

He ärtyivät rajusti kaikesta, mikä aiheutti viivästystä tai hämmennystä.

El duro trabajo en las riendas era el centro de todo su ser.
Ohjien parissa tehty kova työ oli niiden koko olemuksen keskipiste.

Tirar del trineo parecía ser lo único que realmente disfrutaban.
Pulkanveto tuntui olevan ainoa asia, josta he todella nauttivat.

Dave estaba en la parte de atrás del grupo, más cerca del trineo.
Dave oli ryhmän takana, lähimpänä itse rekeä.

Buck fue colocado delante de Dave, y Solleks se adelantó a Buck.
Buck asetettiin Daven eteen, ja Solleks veti Buckin edelle.

El resto de los perros estaban dispersos adelante, en una sola fila.
Loput koirat ajettiin eteenpäin yhtenä jonona.

La posición de cabeza en la parte delantera quedó ocupada por Spitz.
Johtoaseman eturintamassa täytti Spitz.

Buck había sido colocado entre Dave y Solleks para recibir instrucción.
Buck oli asetettu Daven ja Solleksin väliin opetusta varten.

Él aprendía rápido y sus profesores eran firmes y capaces.
Hän oppi nopeasti, ja he olivat lujia ja kyvykkäitä opettajia.

Nunca permitieron que Buck permaneciera en el error por mucho tiempo.
He eivät koskaan antaneet Buckin pysyä harhakuvitelmissa pitkään.

Enseñaron sus lecciones con dientes afilados cuando era necesario.
He opettivat läksyjään terävillä hampailla tarvittaessa.

Dave era justo y mostraba un tipo de sabiduría tranquila y seria.
Dave oli oikeudenmukainen ja osoitti hiljaista, vakavaa viisautta.

Él nunca mordió a Buck sin una buena razón para hacerlo.
Hän ei koskaan purrut Buckia ilman hyvää syytä.

Pero nunca dejó de morder cuando Buck necesitaba corrección.

Mutta hän puri aina, kun Buck tarvitsi ojennusta.

El látigo de Francisco estaba siempre listo y respaldaba su autoridad.

François'n ruoska oli aina valmiina ja tuki heidän auktoriteettiaan.

Buck pronto descubrió que era mejor obedecer que defenderse.

Buck huomasi pian, että oli parempi totella kuin taistella vastaan.

Una vez, durante un breve descanso, Buck se enredó en las riendas.

Kerran lyhyen lepotauon aikana Buck sotkeutui ohjaksiin.

Retrasó el inicio y confundió los movimientos del equipo.

Hän viivästytti lähtöä ja sekoitti joukkueen liikkeen.

Dave y Solleks se abalanzaron sobre él y le dieron una paliza brutal.

Dave ja Solleks hyökkäsivät hänen kimppuunsa ja antoivat hänelle rajuja selkäsaunoja.

El enredo sólo empeoró, pero Buck aprendió bien la lección.

Tilanne vain paheni, mutta Buck oppi läksynsä hyvin.

A partir de entonces, mantuvo las riendas tensas y trabajó con cuidado.

Siitä lähtien hän piti ohjat kireinä ja työskenteli huolellisesti.

Antes de que terminara el día, Buck había dominado gran parte de su tarea.

Ennen päivän päättymistä Buck oli jo hallinnut suuren osan tehtävästään.

Sus compañeros casi dejaron de corregirlo y morderlo.

Hänen joukkuetoverinsa melkein lakkasivat korjaamasta tai puremasta häntä.

El látigo de François resonaba cada vez con menos frecuencia en el aire.

François'n ruoska rätisi ilmassa yhä harvemmin.

Perrault incluso levantó los pies de Buck y examinó cuidadosamente cada pata.

Perrault jopa nosti Buckin jalat ja tutki huolellisesti jokaista
käpälää.

**Había sido un día de carrera duro, largo y agotador para
todos ellos.**

Se oli ollut rankka juoksupäivä, pitkä ja uuvuttava heille
kaikille.

**Viajaron por el Cañón, atravesando Sheep Camp y pasando
por Scales.**

He kulkivat Cañonia ylös, Sheep Campin läpi ja Scalesin ohi.

**Cruzaron la línea de árboles, luego glaciares y bancos de
nieve de muchos metros de profundidad.**

He ylittivät metsänrajan, sitten jäätiköt ja monien metrien
syvyiset kinokset.

Escalaron la gran, fría y prohibitiva divisoria de Chilkoot.

He kiipesivät suuren kylmän ja luotaantyöntävän Chilkootin
kuilun yli.

**Esa alta cresta se encontraba entre el agua salada y el interior
helado.**

Tuo korkea harjanne seisoi suolaisen veden ja jäätyneen
sisämaan välissä.

**Las montañas custodiaban con hielo y empinadas subidas el
triste y solitario Norte.**

Vuoret vartioivat surullista ja yksinäistä pohjoista jään ja
jyrkkien nousujen avulla.

**Avanzaron a buen ritmo por una larga cadena de lagos
debajo de la divisoria.**

He etenivät hyvää vauhtia pitkää järviketjua pitkin
vedenjakajan alapuolella.

**Esos lagos llenaban los antiguos cráteres de volcanes
extintos.**

Nuo järvet täyttivät sammuneiden tulivuorten muinaiset
kraatterit.

**Tarde esa noche, llegaron a un gran campamento en el lago
Bennett.**

Myöhään sinä iltana he saapuivat suureen leiriin Bennett-
järvellä.

Miles de buscadores de oro estaban allí, construyendo barcos para la primavera.
Tuhansia kullankaivajia oli siellä rakentamassa veneitä kevääksi.
El hielo se rompería pronto y tenían que estar preparados.
Jäät lähtisivät pian, ja heidän oli oltava valmiita.
Buck cavó su hoyo en la nieve y cayó en un sueño profundo.
Buck kaivoi kuoppansa lumeen ja vaipui syvään uneen.
Durmió como un trabajador, exhausto por la dura jornada de trabajo.
Hän nukkui kuin työmies, uupunut raskaan työpäivän jälkeen.
Pero demasiado pronto, en la oscuridad, fue sacado del sueño.
Mutta liian aikaisin pimeydessä hänet revittiin unesta.
Fue enganchado nuevamente con sus compañeros y sujeto al trineo.
Hänet valjastettiin jälleen tovereidensa kanssa ja kiinnitettiin rekeen.
Aquel día hicieron cuarenta millas, porque la nieve estaba muy pisoteada.
Sinä päivänä he kulkivat neljäkymmentä mailia, koska lumi oli hyvin tallattua.
Al día siguiente, y durante muchos días más, la nieve estaba blanda.
Seuraavana päivänä ja monta päivää sen jälkeen lumi oli pehmeää.
Tuvieron que hacer el camino ellos mismos, trabajando más duro y moviéndose más lento.
Heidän täytyi itse kulkea polku, työskennellä kovemmin ja liikkua hitaammin.
Por lo general, Perrault caminaba delante del equipo con raquetas de nieve palmeadas.
Yleensä Perrault käveli joukkueen edellä räpylöillä varustetuissa lumikengissä.
Sus pasos compactaron la nieve, facilitando el movimiento del trineo.

Hänen askeleensa pakkasivat lumen, mikä helpotti kelkan liikkumista.

François, que dirigía el barco desde la dirección, a veces tomaba el relevo.

François, joka ohjasi ohjaustangosta, otti joskus ohjat käsiinsä.

Pero era raro que François tomara la iniciativa.

Mutta oli harvinaista, että François otti johdon

porque Perrault tenía prisa por entregar las cartas y los paquetes.

koska Perraultilla oli kiire toimittaa kirjeet ja paketit.

Perrault estaba orgulloso de su conocimiento de la nieve, y especialmente del hielo.

Perrault oli ylpeä lumen ja erityisesti jään tuntemuksestaan.

Ese conocimiento era esencial porque el hielo en otoño era peligrosamente delgado.

Tuo tieto oli välttämätöntä, koska syksyn jää oli vaarallisen ohutta.

Allí donde el agua fluía rápidamente bajo la superficie, no había hielo en absoluto.

Siellä missä vesi virtasi nopeasti pinnan alla, ei ollut lainkaan jäätä.

Día tras día, la misma rutina se repetía sin fin.

Päivästä toiseen sama rutiini toistui loputtomasti.

Buck trabajó incansablemente en las riendas desde el amanecer hasta la noche.

Buck uurasti loputtomasti ohjaksissa aamusta iltaan.

Abandonaron el campamento en la oscuridad, mucho antes de que saliera el sol.

He lähtivät leiristä pimeässä, kauan ennen auringonnousua.

Cuando amaneció, ya habían recorrido muchos kilómetros.

Päivän koittaessa oli jo monta kilometriä takana päin.

Acamparon después del anochecer, comieron pescado y excavaron en la nieve.

He pystyttivät leirin pimeän tultua, söivät kalaa ja kaivautuivat lumeen.

Buck siempre tenía hambre y nunca estaba realmente satisfecho con su ración.
Buck oli aina nälkäinen eikä koskaan täysin tyytyväinen annokseensa.

Recibía una libra y media de salmón seco cada día.
Hän sai puolitoista paunaa kuivattua lohta joka päivä.

Pero la comida parecía desaparecer dentro de él, dejando atrás el hambre.
Mutta ruoka tuntui haihtuvan hänen sisältä, jättäen jälkeensä nälän.

Sufría constantes dolores de hambre y soñaba con más comida.
Hän kärsi jatkuvasta nälän tunteesta ja haaveili lisää ruoasta.

Los otros perros sólo ganaron una libra, pero se mantuvieron fuertes.
Muut koirat saivat vain puoli kiloa ruokaa, mutta ne pysyivät vahvoina.

Eran más pequeños y habían nacido en la vida del norte.
He olivat pienempiä ja syntyneet pohjoiseen elämään.

Perdió rápidamente la meticulosidad que había caracterizado su antigua vida.
Hän menetti nopeasti sen pikkumaisuuden, joka oli leimannut hänen vanhaa elämäänsä.

Había sido un comensal delicado, pero ahora eso ya no era posible.
Hän oli ollut herkkusuu, mutta nyt se ei ollut enää mahdollista.

Sus compañeros terminaron primero y le robaron su ración sobrante.
Hänen toverinsa söivät ensin ja ryöstivät häneltä hänen keskeneräisen annoksensa.

Una vez que empezaron, no había forma de defender su comida de ellos.
Kun he olivat alkaneet, ei ollut mitään keinoa puolustaa hänen ruokaansa heiltä.

Mientras él luchaba contra dos o tres perros, los otros le robaron el resto.

Hänen torjuessaan kaksi tai kolme koiraa, muut varastivat loput.

Para solucionar esto, comenzó a comer tan rápido como los demás.

Korjatakseen tämän hän alkoi syödä yhtä nopeasti kuin muutkin.

El hambre lo empujó tan fuerte que incluso tomó comida que no era suya.

Nälkä ajoi häntä niin kovasti, että hän otti jopa ruokaa, joka ei ollut hänen omaansa.

Observó a los demás y aprendió rápidamente de sus acciones.

Hän tarkkaili muita ja oppi nopeasti heidän teoistaan.

Vio a Pike, un perro nuevo, robarle una rebanada de tocino a Perrault.

Hän näki Piken, uuden koiran, varastavan pekonisiivun Perraultilta.

Pike había esperado hasta que Perrault se dio la espalda para robarle el tocino.

Pike oli odottanut, kunnes Perrault olisi kääntänyt selkänsä, ennen kuin varasti pekonin.

Al día siguiente, Buck copió a Pike y robó todo el trozo.

Seuraavana päivänä Buck matki Piken ja varasti koko möykyn.

Se produjo un gran alboroto, pero no se sospechó de Buck.

Seurasi suuri meteli, mutta Buckia ei epäilty.

Dub, un perro torpe que siempre era atrapado, fue castigado.

Dub, kömpelö koira, joka aina jäi kiinni, rangaistiin sen sijaan.

Ese primer robo marcó a Buck como un perro apto para sobrevivir en el Norte.

Tuo ensimmäinen varkaus teki Buckin koiraksi, joka selviää Pohjoisessa.

Demostró que podía adaptarse a nuevas condiciones y aprender rápidamente.

Hän osoitti kykynsä sopeutua uusiin olosuhteisiin ja oppia nopeasti.

Sin esa adaptabilidad, habría muerto rápida y gravemente.

Ilman tällaista sopeutumiskykyä hän olisi kuollut nopeasti ja pahasti.

También marcó el colapso de su naturaleza moral y de sus valores pasados.

Se merkitsi myös hänen moraalisen luonteensa ja aiempien arvojensa romahtamista.

En el Sur, había vivido bajo la ley del amor y la bondad.

Etelämaissa hän oli elänyt rakkauden ja ystävällisyyden lain alaisena.

Allí tenía sentido respetar la propiedad y los sentimientos de los otros perros.

Siellä oli järkevää kunnioittaa omaisuutta ja muiden koirien tunteita.

Pero en el Norte se aplicaba la ley del garrote y la ley del colmillo.

Mutta Pohjola noudatti nuijan ja hampaiden lakia.

Quienquiera que respetara los viejos valores aquí sería un tonto y fracasaría.

Se, joka täällä kunnioitti vanhoja arvoja, oli tyhmä ja epäonnistuisi.

Buck no razonó todo esto en su mente.

Buck ei ollut miettinyt kaikkea tätä mielessään.

Estaba en forma y se adaptó sin necesidad de pensar.

Hän oli hyvässä kunnossa, joten hän sopeutui ajattelematta.

Durante toda su vida, nunca había huido de una pelea.

Koko elämänsä aikana hän ei ollut koskaan paennut taistelua.

Pero el garrote de madera del hombre del suéter rojo cambió esa regla.

Mutta punapaitaisen miehen puinen nuija muutti tuon säännön.

Ahora seguía un código más profundo y antiguo escrito en su ser.

Nyt hän noudatti syvempää, vanhempaa olemukseensa kirjoitettua koodia.

No robó por placer sino por el dolor del hambre.

Hän ei varastanut nautinnosta, vaan nälän tuskasta.

Él nunca robaba abiertamente, sino que hurtaba con astucia y cuidado.

Hän ei koskaan ryöstänyt avoimesti, vaan varasti ovelasti ja varovasti.

Actuó por respeto al garrote de madera y por miedo al colmillo.

Hän toimi kunnioituksesta puista nuijaa kohtaan ja pelosta hampaita kohtaan.

En resumen, hizo lo que era más fácil y seguro que no hacerlo.

Lyhyesti sanottuna hän teki sen, mikä oli helpompaa ja turvallisempaa kuin tekemättä jättäminen.

Su desarrollo —o quizás su regreso a los viejos instintos— fue rápido.

Hänen kehityksensä – tai kenties paluunsa vanhoihin vaistoihinsa – oli nopeaa.

Sus músculos se endurecieron hasta sentirse tan fuertes como el hierro.

Hänen lihaksensa kovettuivat, kunnes ne tuntuivat raudan vahvoilta.

Ya no le importaba el dolor, a menos que fuera grave.

Hän ei enää välittänyt kivusta, ellei se ollut vakavaa.

Se volvió eficiente por dentro y por fuera, sin desperdiciar nada.

Hänestä tuli tehokas sekä sisäisesti että ulkoisesti, eikä hän tuhlannut mitään.

Podía comer cosas viles, podridas o difíciles de digerir.

Hän saattoi syödä pahaa, mätää tai vaikeasti sulavaa ruokaa.

Todo lo que comía, su estómago aprovechaba hasta el último vestigio de valor.

Mitä tahansa hän söi, hänen vatsansa käytti loppuun viimeisenkin arvokkaan palan.

Su sangre transportaba los nutrientes a través de su poderoso cuerpo.

Hänen verensä kuljetti ravinteet pitkälle hänen voimakkaassa kehossaan.

Esto creó tejidos fuertes que le dieron una resistencia increíble.

Tämä rakensi vahvoja kudoksia, jotka antoivat hänelle uskomattoman kestävyyden.

Su vista y su olfato se volvieron mucho más sensibles que antes.

Hänen näkönsä ja hajuaistinsa herkistyivät huomattavasti.

Su audición se agudizó tanto que podía detectar sonidos débiles durante el sueño.

Hänen kuulonsa terävöityi niin paljon, että hän pystyi kuulemaan heikkoja ääniä unissaan.

Sabía en sueños si los sonidos significaban seguridad o peligro.

Hän tiesi unissaan, merkitsivätkö äänet turvallisuutta vai vaaraa.

Aprendió a morder el hielo entre los dedos de los pies con los dientes.

Hän oppi puremaan hampaillaan jäätä varpaidensa välissä.

Si un charco de agua se congelaba, rompía el hielo con las piernas.

Jos vesikuoppa jäätyi umpeen, hän rikkoi jään jaloillaan.

Se encabritó y golpeó con fuerza el hielo con sus rígidas patas delanteras.

Hän nousi selkäänsä ja iski jäykillä etujaloillaan lujaa jäätä vasten.

Su habilidad más sorprendente era predecir los cambios del viento durante la noche.

Hänen huomattavin kykynsä oli ennustaa tuulen muutoksia yön aikana.

Incluso cuando el aire estaba quieto, elegía lugares protegidos del viento.

Vaikka ilma oli tyyni, hän valitsi tuulelta suojaisia paikkoja.

Dondequiera que cavaba su nido, el viento del día siguiente lo pasaba de largo.

Minne ikinä hän pesänsä kaivoikin, seuraavan päivän tuuli puhalsi hänen ohitseen.

Siempre acababa abrigado y protegido, a sotavento de la brisa.

Hän päätyi aina mukavaan ja suojaiseen paikkaan, tuulensuojaan.

Buck no sólo aprendió con la experiencia: sus instintos también regresaron.

Buck ei oppinut ainoastaan kokemuksen kautta – myös hänen vaistonsa palasivat.

Los hábitos de las generaciones domesticadas comenzaron a desaparecer.

Kesytettyjen sukupolvien tavat alkoivat hiipua.

De manera vaga, recordaba los tiempos antiguos de su raza.

Hän muisti hämärästi rotunsa menneet ajat.

Recordó cuando los perros salvajes corrían en manadas por los bosques.

Hän muisteli aikaa, jolloin villikoirat juoksivat laumoina metsien halki.

Habían perseguido y matado a su presa mientras la perseguían.

Ne olivat jahdanneet ja tappaneet saaliinsa juostessaan sitä pitkin.

Para Buck fue fácil aprender a pelear con dientes y velocidad.

Buckin oli helppo oppia taistelemaan hampaiden ja nopeuden voimin.

Utilizaba cortes, tajos y chasquidos rápidos igual que sus antepasados.

Hän käytti viiltoja, viiltoja ja nopeita iskuja aivan kuten esi-isänsä.

Aquellos antepasados se agitaron dentro de él y despertaron su naturaleza salvaje.

Nuo esi-isät liikkuivat hänen sisällään ja herättivät hänen villin luontonsa.

Sus antiguas habilidades habían pasado a él a través de la línea de sangre.

Heidän vanhat taitonsa olivat siirtyneet häneen suvun kautta.

Sus trucos ahora eran suyos, sin necesidad de práctica ni esfuerzo.

Heidän temppunsa olivat nyt hänen, ilman harjoittelua tai vaivannäköä.

En las noches frías y quietas, Buck levantaba la nariz y aullaba.

Tyyninä, kylminä öinä Buck nosti kuonoaan ja ulvoi.

Aulló largo y profundamente, como lo hacían los lobos antaño.

Hän ulvoi pitkään ja syvään, aivan kuten sudet olivat tehneet kauan sitten.

A través de él, sus antepasados muertos apuntaron sus narices y aullaron.

Hänen kauttaan hänen kuolleet esi-isänsä osoittivat nenäänsä ja ulvoivat.

Aullaron a través de los siglos con su voz y su forma.

Ne ulvoivat läpi vuosisatojen hänen äänellään ja hahmollaan.

Sus cadencias eran las de ellos, viejos gritos que hablaban de dolor y frío.

Hänen rytminsä oli heidän, vanhoja huutoja, jotka kertoivat surusta ja kylmyydestä.

Cantaron sobre la oscuridad, el hambre y el significado del invierno.

He lauloivat pimeydestä, nälästä ja talven merkityksestä.

Buck demostró cómo la vida está determinada por fuerzas ajenas a uno mismo.

Buck todisti, kuinka elämää muokkaavat ihmisen itsensä ulkopuolella olevat voimat,

La antigua canción se elevó a través de Buck y se apoderó de su alma.

Muinainen laulu kohosi Buckin läpi ja valtasi hänen sielunsa.

Se encontró a sí mismo porque los hombres habían encontrado oro en el Norte.

Hän löysi itsensä, koska miehet olivat löytäneet kultaa pohjoisesta.

Y se encontró porque Manuel, el ayudante del jardinero, necesitaba dinero.

Ja hän huomasi olevansa tässä tilanteessa, koska puutarhurin apulainen Manuel tarvitsi rahaa.

La Bestia Primordial Dominante
Hallitseva alkukantainen peto

La bestia primordial dominante era tan fuerte como siempre en Buck.
Hallitseva alkukantainen peto oli Buckissa yhtä vahva kuin aina ennenkin.
Pero la bestia primordial dominante yacía latente en él.
Mutta hallitseva alkukantainen peto oli uinunut hänessä.
La vida en el camino era dura, pero fortalecía a la bestia que Buck llevaba dentro.
Polkuelämä oli ankaraa, mutta se vahvisti Buckin sisällä olevaa petoa.
En secreto, la bestia se hacía cada día más fuerte.
Salaa peto vahvistui päivä päivältä vahvemmaksi ja vahvemmaksi.
Pero ese crecimiento interior permaneció oculto para el mundo exterior.
Mutta tuo sisäinen kasvu pysyi piilossa ulkomaailmalta.
Una fuerza primordial, tranquila y calmada se estaba construyendo dentro de Buck.
Hiljainen ja tyyni alkukantainen voima rakentui Buckin sisällä.
Una nueva astucia le proporcionó a Buck equilibrio, calma, control y aplomo.
Uusi viekkaus antoi Buckille tasapainoa, tyyneyttä ja itsevarmuutta.
Buck se concentró mucho en adaptarse, sin sentirse nunca totalmente relajado.
Buck keskittyi kovasti sopeutumiseen, eikä koskaan tuntenut oloaan täysin rentoutuneeksi.
Él evitaba los conflictos, nunca iniciaba peleas ni buscaba problemas.
Hän vältti konflikteja, ei koskaan aloittanut tappeluita eikä etsinyt ongelmia.
Una reflexión lenta y constante moldeó cada movimiento de Buck.

Hidas, tasainen harkitsevaisuus muovasi Buckin jokaista liikettä.

Evitó las elecciones precipitadas y las decisiones repentinas e imprudentes.

Hän vältti harkitsemattomia valintoja ja äkkipikaisia, harkitsemattomia päätöksiä.

Aunque Buck odiaba profundamente a Spitz, no le mostró ninguna agresión.

Vaikka Buck vihasi Spitziä syvästi, hän ei osoittanut hänelle aggressiivisuutta.

Buck nunca provocó a Spitz y mantuvo sus acciones moderadas.

Buck ei koskaan provosoinut Spitziä ja piti toimintansa hillittyä.

Spitz, por otro lado, percibió el creciente peligro en Buck.

Spitz puolestaan aisti Buckissa kasvavan vaaran.

Él veía a Buck como una amenaza y un serio desafío a su poder.

Hän näki Buckin uhkana ja vakavana haasteena vallalleen.

Aprovechó cada oportunidad para gruñir y mostrar sus afilados dientes.

Hän käytti jokaisen tilaisuuden murahtaakseen ja näyttääkseen terävät hampaansa.

Estaba tratando de iniciar la pelea mortal que estaba por venir.

Hän yritti aloittaa kuolettavan taistelun, jonka oli määrä tulla.

Al principio del viaje casi se desató una pelea entre ellos.

Matkan alussa heidän välilleen melkein puhkesi tappelu.

Pero un accidente inesperado detuvo la pelea.

Mutta odottamaton onnettomuus esti taistelun.

Esa tarde acamparon en el gélido lago Le Barge.

Sinä iltana he pystyttivät leirin purevan kylmälle Le Barge - järvelle.

La nieve caía con fuerza y el viento cortaba como un cuchillo.

Lunta satoi kovaa ja tuuli viilsi kuin veitsi.

La noche había llegado demasiado rápido y la oscuridad los rodeaba.

Yö oli tullut liian nopeasti, ja pimeys ympäröi heidät.

Difícilmente podrían haber elegido un peor lugar para descansar.

He tuskin olisivat voineet valita huonompaa lepopaikkaa.

Los perros buscaban desesperadamente un lugar donde tumbarse.

Koirat etsivät epätoivoisesti paikkaa, johon voisivat levätä.

Detrás del pequeño grupo se alzaba una alta pared de roca.

Korkea kallioseinämä kohosi jyrkästi pienen ryhmän takana.

La tienda de campaña había sido abandonada en Dyea para aligerar la carga.

Teltta oli jätetty Dyeaan kuorman keventämiseksi.

No les quedó más remedio que hacer el fuego sobre el propio hielo.

Heillä ei ollut muuta vaihtoehtoa kuin tehdä tuli itse jäälle.

Extendieron sus batas para dormir directamente sobre el lago helado.

He levittivät makuuvaatteensa suoraan jäätyneelle järvelle.

Unos cuantos palitos de madera flotante les dieron un poco de fuego.

Muutama ajopuun oksa antoi heille hieman tulta.

Pero el fuego se construyó sobre el hielo y se descongeló a través de él.

Mutta tuli tehtiin jään päälle ja sulatettiin sen läpi.

Al final, estaban comiendo su cena en la oscuridad.

Lopulta he söivät illallistaan pimeässä.

Buck se acurrucó junto a la roca, protegido del viento frío.

Buck käpertyi kallion viereen suojaan kylmältä tuulelta.

El lugar era tan cálido y seguro que Buck odiaba mudarse.

Paikka oli niin lämmin ja turvallinen, että Buck vihasi muuttaa pois.

Pero François había calentado el pescado y estaba repartiendo raciones.

Mutta François oli lämmittänyt kalat ja jakoi annoksia.

Buck terminó de comer rápidamente y regresó a su cama.

Buck söi nopeasti loppuun ja palasi sänkyynsä.

Pero Spitz ahora estaba acostado donde Buck había hecho su cama.

Mutta Spitz makasi nyt siinä paikassa, johon Buck oli tehnyt vuoteensa.

Un gruñido bajo advirtió a Buck que Spitz se negaba a moverse.

Matala murahdus varoitti Buckia, että Spitz kieltäytyi liikkumasta.

Hasta ahora, Buck había evitado esta pelea con Spitz.

Tähän asti Buck oli vältellyt tätä taistelua Spitzin kanssa.

Pero en lo más profundo de Buck la bestia finalmente se liberó.

Mutta syvällä Buckin sisällä peto lopulta pääsi valloilleen.

El robo de su lugar para dormir era algo demasiado difícil de tolerar.

Hänen nukkumapaikkansa varastaminen oli liikaa siedettäväksi.

Buck se lanzó hacia Spitz, lleno de ira y rabia.

Buck syöksyi Spitziä kohti täynnä vihaa ja raivoa.

Hasta ahora Spitz había pensado que Buck era sólo un perro grande.

Siihen asti Spitz oli pitänyt Buckia vain isona koirana.

No creía que Buck hubiera sobrevivido a través de su espíritu.

Hän ei uskonut Buckin selvinneen hengissä.

Esperaba miedo y cobardía, no furia y venganza.

Hän odotti pelkoa ja pelkuruutta, ei raivoa ja kostoa.

François se quedó mirando mientras los dos perros salían del nido en ruinas.

François tuijotti, kun molemmat koirat syöksyivät ulos raunioituneesta pesästä.

Comprendió de inmediato lo que había iniciado la salvaje lucha.

Hän ymmärsi heti, mikä oli aloittanut villin taistelun.

—¡Ah! —gritó François en apoyo del perro marrón.

"Aa-ah!" François huudahti ruskean koiran tueksi.

¡Dale una paliza! ¡Por Dios, castiga a ese ladrón astuto!

"Antakaa hänelle selkäsauna! Jumalan nimeen, rankaiskaa tuota salakavalaa varasta!"

Spitz mostró la misma disposición y un entusiasmo salvaje por luchar.

Spitz osoitti yhtäläistä taisteluvalmiutta ja villiä taisteluintoa.

Gritó de rabia mientras giraba rápidamente en busca de una abertura.

Hän huusi raivoissaan kiertäen nopeasti ympäri etsien aukkoa.

Buck mostró el mismo hambre de luchar y la misma cautela.

Buck osoitti samaa taistelunhalua ja samaa varovaisuutta.

También rodeó a su oponente, intentando obtener la ventaja en la batalla.

Hän kiersi myös vastustajansa ympäri yrittäen saada yliotteen taistelussa.

Entonces sucedió algo inesperado y lo cambió todo.

Sitten tapahtui jotain odottamatonta ja muutti kaiken.

Ese momento retrasó la eventual lucha por el liderazgo.

Tuo hetki viivästytti lopullista taistelua johtajuudesta.

Muchos kilómetros de camino y lucha aún nos esperaban antes del final.

Monta kilometriä polkua ja kamppailua odotti vielä ennen loppua.

Perrault gritó un juramento cuando un garrote impactó contra el hueso.

Perrault kirosi, kun nuija osui luuhun.

Se escuchó un agudo grito de dolor y luego el caos explotó por todas partes.

Seurasi terävä tuskan kiljahdus, minkä jälkeen ympärillä räjähti kaaos.

En el campamento se movían figuras oscuras: perros esquimales salvajes, hambrientos y feroces.

Tummia hahmoja liikkui leirissä; villejä huskyjä, nälkäisiä ja raivokkaita.

Cuatro o cinco docenas de perros esquimales habían olfateado el campamento desde lejos.

Neljä tai viisi tusinaa huskya oli nuuhkinut leirin kaukaa.

Se habían colado sigilosamente mientras los dos perros peleaban cerca.

Ne olivat hiipineet sisään hiljaa kahden koiran tapellessa lähistöllä.

François y Perrault atacaron con garrotes a los invasores.

François ja Perrault hyökkäsivät hyökkääjiä kohti heilutellen nuijia.

Los perros esquimales hambrientos mostraron los dientes y contraatacaron frenéticamente.

Nälkäiset huskyt näyttivät hampaitaan ja taistelivat raivokkaasti takaisin.

El olor a carne y a pan les había hecho perder todo miedo.

Lihan ja leivän tuoksu oli ajanut heidät pois kaikesta pelosta.

Perrault golpeó a un perro que había enterrado su cabeza en el cajón de comida.

Perrault hakkasi koiran, joka oli hautannut päänsä eväslaatikkoon.

El golpe fue muy fuerte y la caja se volcó, derramándose comida.

Isku oli kova, ja laatikko pyörähti ympäri ja ruoka läikkyi ulos.

En cuestión de segundos, una veintena de bestias salvajes destrozaron el pan y la carne.

Sekunneissa kymmenkunta villieläintä repi leipää ja lihaa.

Los garrotes de los hombres asestaron golpe tras golpe, pero ningún perro se apartó.

Miesten mailat laskeutuivat isku iskun perään, mutta yksikään koira ei kääntynyt pois.

Aullaron de dolor, pero lucharon hasta que no quedó comida.

Ne ulvoivat tuskissaan, mutta taistelivat, kunnes ruoka loppui.

Mientras tanto, los perros de trineo habían saltado de sus camas nevadas.

Sillä välin rekikoirat olivat hypänneet lumipeitteisiltä vuoteiltaan.

Fueron atacados instantáneamente por los feroces y hambrientos huskies.

Ilkeät, nälkäiset huskyt hyökkäsivät heidän kimppuunsa välittömästi.

Buck nunca había visto criaturas tan salvajes y hambrientas antes.

Buck ei ollut koskaan ennen nähnyt niin villejä ja nälkäisiä olentoja.

Su piel colgaba suelta, ocultando apenas sus esqueletos.

Heidän ihonsa roikkui löysänä, peittäen tuskin heidän luurankojaan.

Había un fuego en sus ojos, de hambre y locura.

Heidän silmissään oli tuli, nälästä ja hulluudesta

No había manera de detenerlos, de resistirse a su ataque salvaje.

Heitä ei voinut pysäyttää; heidän rajua rynnäkkyttäänsä ei voinut vastustaa.

Los perros de trineo fueron empujados hacia atrás y presionados contra la pared del acantilado.

Rekikoirat työnnettiin taaksepäin ja painautuivat kallioseinämää vasten.

Tres perros esquimales atacaron a Buck a la vez, desgarrando su carne.

Kolme huskyä hyökkäsi Buckin kimppuun kerralla repimällä hänen lihaansa.

La sangre le brotaba de la cabeza y de los hombros, donde había recibido el corte.

Verta valui hänen päästään ja hartioistaan, joihin hän oli haavoittunut.

El ruido llenó el campamento: gruñidos, aullidos y gritos de dolor.

Melu täytti leirin; murinaa, kiljahduksia ja tuskanhuutoja.

Billee gritó fuerte, como siempre, atrapada en la pelea y el pánico.

Billee itki kovaan ääneen, kuten tavallista, hämmennyksen ja paniikin keskellä.

Dave y Solleks estaban uno al lado del otro, sangrando pero desafiantes.
Dave ja Solleks seisoivat vierekkäin verta vuotaen mutta uhmakkaasti.

Joe peleó como un demonio, mordiendo todo lo que se acercaba.
Joe taisteli kuin demoni ja puri kaikkea lähelle tulevaa.

Aplastó la pata de un husky con un brutal chasquido de sus mandíbulas.
Hän murskasi huskyn jalan yhdellä raa'alla leukojen napsautuksella.

Pike saltó sobre el husky herido y le rompió el cuello instantáneamente.
Pike hyppäsi haavoittuneen huskyn selkään ja taitti sen niskansa välittömästi.

Buck agarró a un husky por el cuello y le arrancó la vena.
Buck otti koiran kurkusta kiinni ja repi sen suonen poikki.

La sangre salpicó y el sabor cálido llevó a Buck al frenesí.
Verta suihkusi, ja lämmin maku sai Buckin raivon valtaan.

Se abalanzó sobre otro atacante sin dudarlo.
Hän hyökkäsi epäröimättä toisen hyökkääjän kimppuun.

En ese mismo momento, unos dientes afilados se clavaron en la garganta de Buck.
Samalla hetkellä terävät hampaat iskeytyivät Buckin omaan kurkkuun.

Spitz había atacado desde un costado, sin previo aviso.
Spitz oli iskenyt sivulta hyökännyt varoittamatta.

Perrault y François habían derrotado a los perros robando la comida.
Perrault ja François olivat kukistaneet ruokaa varastaneet koirat.

Ahora se apresuraron a ayudar a sus perros a luchar contra los atacantes.
Nyt he kiiruhtivat auttamaan koiriaan torjumaan hyökkääjät.

Los perros hambrientos se retiraron mientras los hombres blandían sus garrotes.
Nälkäiset koirat perääntyivät miesten heiluttaessa nuijiaan.

Buck se liberó del ataque, pero el escape fue breve.
Buck vapautui hyökkäyksestä, mutta pako oli lyhyt.

Los hombres corrieron a salvar a sus perros, y los huskies volvieron a atacarlos.
Miehet juoksivat pelastamaan koiriaan, ja huskyt parveilivat taas.

Billee, aterrorizado y valiente, saltó hacia la jauría de perros.
Pelästyneenä ja rohkeaksi muuttunut Billee hyppäsi koiralaumaan.

Pero luego huyó a través del hielo, presa del terror y el pánico.
Mutta sitten hän pakeni jään yli, raa'an kauhun ja paniikin vallassa.

Pike y Dub los siguieron de cerca, corriendo para salvar sus vidas.
Pike ja Dub seurasivat aivan perässä juosten henkensä edestä.

El resto del equipo se separó y se dispersó, siguiéndolos.
Loput joukkueesta hajosivat ja seurasivat heitä.

Buck reunió sus fuerzas para correr, pero entonces vio un destello.
Buck keräsi voimansa juostakseen, mutta näki sitten välähdyksen.

Spitz se abalanzó sobre el costado de Buck, intentando derribarlo al suelo.
Spitz syöksyi Buckin viereen ja yritti kaataa hänet maahan.

Bajo esa turba de perros esquimales, Buck no habría tenido escapatoria.
Tuon huskylauman alta Buckilla ei olisi ollut pakomatkaa.

Pero Buck se mantuvo firme y se preparó para el golpe de Spitz.
Mutta Buck seisoi lujana ja valmistautui Spitzin iskuun.

Luego se dio la vuelta y salió corriendo al hielo con el equipo que huía.
Sitten hän kääntyi ja juoksi jäälle pakenevan joukkueen kanssa.

Más tarde, los nueve perros de trineo se reunieron al abrigo del bosque.

Myöhemmin yhdeksän rekikoiraa kokoontui metsän suojaan.

Ya nadie los perseguía, pero estaban maltratados y heridos.

Kukaan ei enää ajanut heitä takaa, mutta he olivat ruhjoutuneita ja haavoittuneita.

Cada perro tenía heridas: cuatro o cinco cortes profundos en cada cuerpo.

Jokaisella koiralla oli haavoja; neljä tai viisi syvää haavaa jokaisen ruumiissa.

Dub tenía una pata trasera herida y ahora le costaba caminar.

Dubilla oli takajalan vamma, ja hän pystyi nyt vaikeasti kävelemään.

Dolly, la perrita más nueva de Dyea, tenía la garganta cortada.

Dollylla, Dyean uusimmalla koiralla, oli viilto kurkku auki.

Joe había perdido un ojo y la oreja de Billee estaba cortada en pedazos.

Joe oli menettänyt silmänsä ja Billeen korva oli palasina

Todos los perros lloraron de dolor y derrota durante toda la noche.

Kaikki koirat itkivät tuskissaan ja tappiostaan läpi yön.

Al amanecer regresaron al campamento doloridos y destrozados.

Aamun koittaessa he hiipivät takaisin leiriin kipeinä ja rikkinäisinä.

Los perros esquimales habían desaparecido, pero el daño ya estaba hecho.

Huskyt olivat kadonneet, mutta vahinko oli jo tapahtunut.

Perrault y François estaban de mal humor ante las ruinas.

Perrault ja François seisoivat pahalla tuulella raunioiden äärellä.

La mitad de la comida había desaparecido, robada por los ladrones hambrientos.

Puolet ruoasta oli mennyt, nälkäiset varkaat olivat ryöstäneet sen.

Los perros esquimales habían destrozado las ataduras y la lona del trineo.

Huskyt olivat repineet auki reen siteet ja purjekankaan.

Todo lo que tenía olor a comida había sido devorado por completo.

Kaikki, missä oli ruoan tuoksua, oli ahmittu täysin.

Se comieron un par de botas de viaje de piel de alce de Perrault.

He söivät parin Perraultin hirvennahkaiset matkasaappaat.

Masticaban correas de cuero y arruinaban las correas hasta dejarlas inservibles.

He pureskelivat nahkareikkejä ja pilasivat hihnat käyttökelvottomiksi.

François dejó de mirar el látigo roto para revisar a los perros.

François lakkasi tuijottamasta revittyä raipannarua tarkistaakseen koirat.

—Ah, amigos míos —dijo en voz baja y llena de preocupación.

– Voi, ystäväni, hän sanoi matalalla ja huolestuneella äänellä.

"Tal vez todas estas mordeduras os conviertan en bestias locas."

"Ehkä kaikki nämä puremat tekevät teistä hulluja petoja."

—¡Quizás todos sean perros rabiosos, sacredam! ¿Qué opinas, Perrault?

"Ehkä kaikki hullut koirat, pyhä Jumala! Mitä mieltä sinä olet, Perrault?"

Perrault meneó la cabeza; sus ojos estaban oscuros por la preocupación y el miedo.

Perrault pudisti päätään, silmät synkkinä huolesta ja pelosta.

Todavía había cuatrocientas millas entre ellos y Dawson.

Heidän ja Dawsonin välillä oli vielä neljäsataa mailia.

La locura canina ahora podría destruir cualquier posibilidad de supervivencia.

Koirahulluus voi nyt tuhota kaikki selviytymismahdollisuudet.

Pasaron dos horas maldiciendo y tratando de arreglar el engranaje.

He kiroilivat ja yrittivät korjata varusteita kaksi tuntia.

El equipo herido finalmente abandonó el campamento, destrozado y derrotado.

Haavoittunut joukkue lähti lopulta leiristä murtuneena ja lyötynä.

Éste fue el camino más difícil hasta ahora y cada paso era doloroso.

Tämä oli tähän mennessä vaikein polku, ja jokainen askel oli tuskallinen.

El río Treinta Millas no se había congelado y su caudal corría con fuerza.

Kolmenkymmenen mailin joki ei ollut jäätynyt ja virtasi villisti.

Sólo en los lugares tranquilos y en los remolinos el hielo logró retenerse.

Jää pysyi pystyssä vain tyynissä paikoissa ja pyörteissä.

Pasaron seis días de duro trabajo hasta recorrer las treinta millas.

Kuusi päivää kovaa työtä kului, kunnes kolmekymmentä mailia oli ajettu.

Cada kilómetro del camino traía consigo peligro y amenaza de muerte.

Jokainen kilometri polulla toi mukanaan vaaran ja kuoleman uhan.

Los hombres y los perros arriesgaban sus vidas con cada doloroso paso.

Miehet ja koirat vaaransivat henkensä jokaisella tuskallisella askeleella.

Perrault rompió delgados puentes de hielo una docena de veces diferentes.

Perrault murtautui ohuiden jääsiltojen läpi kymmenkunta eri kertaa.

Llevó un palo y lo dejó caer sobre el agujero que había hecho su cuerpo.

Hän kantoi seipäätä ja pudotti sen ruumiinsa tekemän reiän yli.

Más de una vez ese palo salvó a Perrault de ahogarse.

Useammin kuin kerran tuo seiväs pelasti Perraultin
hukkumiselta.
**La ola de frío se mantuvo firme y el aire estaba a cincuenta
grados bajo cero.**
Kylmä jakso pysyi voimissaan, ilma oli viisikymmentä astetta
pakkasta.
**Cada vez que se caía, Perrault tenía que encender un fuego
para sobrevivir.**
Joka kerta kun Perrault putosi veteen, hänen täytyi sytyttää
tuli selviytyäkseen.
**La ropa mojada se congelaba rápidamente, por lo que la
secaba cerca del calor abrasador.**
Märät vaatteet jäätyivät nopeasti, joten hän kuivasi ne
paahtavan kuumassa paikassa.
**Ningún miedo afectó jamás a Perrault, y eso lo convirtió en
mensajero.**
Pelko ei koskaan koskettanut Perraultia, ja se teki hänestä
lähetin.
**Fue elegido para el peligro y lo afrontó con tranquila
resolución.**
Hänet valittiin vaaraan, ja hän kohtasi sen hiljaisella
päättäväisyydellä.
Avanzó contra el viento, con el rostro arrugado y congelado.
Hän painautui eteenpäin tuuleen, hänen kurttuiset kasvonsa
paleltuneita.
**Desde el amanecer hasta el anochecer, Perrault los condujo
hacia adelante.**
Heikkosta aamunkoitosta iltaan Perrault johdatti heitä
eteenpäin.
**Caminó sobre un estrecho borde de hielo que se agrietaba
con cada paso.**
Hän käveli kapealla jäänreunalla, joka halkeili joka askeleella.
**No se atrevieron a detenerse: cada pausa suponía el riesgo de
un colapso mortal.**
He eivät uskaltaneet pysähtyä – jokainen tauko uhkasi
kuolettavaa romahdusta.
Una vez, el trineo se abrió paso y arrastró a Dave y Buck.

Kerran reki murtui läpi ja veti Daven ja Buckin sisään.

Cuando los liberaron, ambos estaban casi congelados.

Siihen mennessä, kun heidät saatiin irti, molemmat olivat lähes jäässä.

Los hombres hicieron un fuego rápidamente para mantener con vida a Buck y Dave.

Miehet tekivät nopeasti tulen pitääkseen Buckin ja Daven hengissä.

Los perros estaban cubiertos de hielo desde la nariz hasta la cola, rígidos como madera tallada.

Koirat olivat kuonosta hännänpäähän jään peitossa, jäykkinä kuin veistetty puu.

Los hombres los hicieron correr en círculos cerca del fuego para descongelar sus cuerpos.

Miehet pyörittivät niitä ympyrää tulen lähellä sulattaakseen niiden ruumiit.

Se acercaron tanto a las llamas que su pelaje se quemó.

Ne tulivat niin lähelle liekkejä, että niiden turkki kärventyi.

Luego Spitz rompió el hielo y arrastró al equipo detrás de él.

Seuraavaksi Spitz murtautui jään läpi vetäen joukkueen perässään.

La ruptura llegó hasta donde Buck estaba tirando.

Tauko ulottui aina siihen kohtaan, missä Buck veti.

Buck se reclinó con fuerza hacia atrás, sus patas resbalaron y temblaron en el borde.

Buck nojasi lujaa taaksepäin, tassut lipsuivat ja tärisivät reunalla.

Dave también se esforzó hacia atrás, justo detrás de Buck en la línea.

Dave ponnisteli myös taaksepäin, aivan Buckin taakse linjalla.

François tiró del trineo; sus músculos crujían por el esfuerzo.

François veti rekeä perässään, hänen lihaksensa naksuivat ponnisteluista.

En otra ocasión, el borde del hielo se agrietó delante y detrás del trineo.

Toisella kerralla reunajää halkeili kelkan edessä ja takana.

No tenían otra salida que escalar una pared del acantilado congelado.

Heillä ei ollut muuta pakotietä kuin kiivetä jäätynyttä kallioseinämää pitkin.

De alguna manera Perrault logró escalar el muro; un milagro lo mantuvo con vida.

Perrault jotenkin kiipesi muurin yli; ihme piti hänet hengissä.

François se quedó abajo, rezando por tener la misma suerte.

François pysyi alhaalla ja rukoili samanlaista onnea.

Ataron todas las correas, amarres y tirantes hasta formar una cuerda larga.

He sitoivat jokaisen hihnan, kiinnityslenkin ja narun yhdeksi pitkäksi köydeksi.

Los hombres subieron cada perro, uno a uno, hasta la cima.

Miehet raahasivat koirat yksi kerrallaan ylös.

François subió el último, después del trineo y toda la carga.

François kiipesi viimeisenä, reen ja koko kuorman jälkeen.

Entonces comenzó una larga búsqueda de un camino para bajar de los acantilados.

Sitten alkoi pitkä etsintä polulle alas kallioilta.

Finalmente descendieron usando la misma cuerda que habían hecho.

Lopulta he laskeutuivat käyttäen samaa köyttä, jonka olivat tehneet.

La noche cayó cuando regresaron al lecho del río, exhaustos y doloridos.

Yön laskeutuessa he palasivat joenuomaan uupuneina ja kipeinä.

El día completo les había proporcionado sólo un cuarto de milla de ganancia.

He olivat käyttäneet kokonaisen päivän vain neljännesmailin taittamiseen.

Cuando llegaron a Hootalinqua, Buck estaba agotado.

Siihen mennessä kun he saapuivat Hootalinquaan, Buck oli uupunut.

Los demás perros sufrieron igual de mal las condiciones del sendero.

Muut koirat kärsivät aivan yhtä pahasti polun olosuhteista.
Pero Perrault necesitaba recuperar tiempo y los presionaba cada día.
Mutta Perraultin piti saada lisää aikaa, ja hän painosti heitä eteenpäin joka päivä.
El primer día viajaron treinta millas hasta Big Salmon.
Ensimmäisenä päivänä he matkustivat viisikymmentä mailia Big Salmoniin.
Al día siguiente viajaron treinta y cinco millas hasta Little Salmon.
Seuraavana päivänä he matkustivat viisikymmentäviisi mailia Little Salmoniin.
Al tercer día avanzaron a través de cuarenta largas y heladas millas.
Kolmantena päivänä he puskivat läpi neljäkymmentä pitkää, jäistä mailia.
Para entonces, se estaban acercando al asentamiento de Five Fingers.
Siihen mennessä he olivat lähestymässä Viiden Sormen asutusta.

Los pies de Buck eran más suaves que los duros pies de los huskies nativos.
Buckin jalat olivat pehmeämmät kuin paikallisten huskyjen kovat jalat.
Sus patas se habían vuelto tiernas a lo largo de muchas generaciones civilizadas.
Hänen käpälänsä olivat käyneet herkiksi monien sivistyneiden sukupolvien aikana.
Hace mucho tiempo, sus antepasados habían sido domesticados por hombres del río o cazadores.
Kauan sitten jokimiehet tai metsästäjät olivat kesyttäneet hänen esi-isänsä.
Todos los días Buck cojeaba de dolor, caminando sobre sus patas doloridas y en carne viva.
Joka päivä Buck ontui tuskissa kävellen raaoilla, kipeillä tassuilla.

En el campamento, Buck cayó como un cuerpo sin vida sobre la nieve.

Leiripaikalla Buck kaatui kuin eloton hahmo lumeen.

Aunque estaba hambriento, Buck no se levantó a comer su cena.

Vaikka Buck oli nälkäinen, hän ei noussut syömään iltapalaansa.

François le trajo a Buck su ración, poniendo pescado junto a su hocico.

François toi Buckille annoksensa ja asetti kaloja tämän kuonon kohdalta.

Cada noche, el conductor frotaba los pies de Buck durante media hora.

Joka ilta kuljettaja hieroi Buckin jalkoja puoli tuntia.

François incluso cortó sus propios mocasines para hacer calzado para perros.

François jopa leikkasi omat mokkasiininsa koiran kenkien valmistamiseksi.

Cuatro zapatos cálidos le dieron a Buck un gran y bienvenido alivio.

Neljä lämmintä kenkää toivat Buckille suuren ja tervetulleen helpotuksen.

Una mañana, François olvidó los zapatos y Buck se negó a levantarse.

Eräänä aamuna François unohti kengät, eikä Buck suostunut nousemaan.

Buck yacía de espaldas, con los pies en el aire, agitándolos lastimeramente.

Buck makasi selällään, jalat ilmassa, ja heilutti niitä säälittävästi.

Incluso Perrault sonrió al ver la dramática súplica de Buck.

Perraultkin virnisti nähdessään Buckin dramaattisen pyynnön.

Pronto los pies de Buck se endurecieron y los zapatos pudieron desecharse.

Pian Buckin jalat kovettuivat, ja kengät voitiin heittää pois.

En Pelly, durante el periodo de uso del arnés, Dolly emitió un aullido terrible.

Pellyn luona, valjaiden käyttöaikana, Dolly päästi hirvittävän ulvonnan.

El grito fue largo y lleno de locura, sacudiendo a todos los perros.

Huuto oli pitkä ja täynnä hulluutta, vapisten jokaista koiraa.

Cada perro se erizaba de miedo sin saber el motivo.

Jokainen koira irvisti pelosta tietämättä syytä.

Dolly se volvió loca y se arrojó directamente hacia Buck.

Dolly oli tullut hulluksi ja heittäytynyt suoraan Buckin kimppuun.

Buck nunca había visto la locura, pero el horror llenó su corazón.

Buck ei ollut koskaan nähnyt hulluutta, mutta kauhu täytti hänen sydämensä.

Sin pensarlo, se dio la vuelta y huyó presa del pánico absoluto.

Ajattelematta mitään hän kääntyi ja pakeni täydellisessä paniikissa.

Dolly lo persiguió con los ojos desorbitados y la saliva saliendo de sus mandíbulas.

Dolly ajoi häntä takaa villit silmät, sylki valuen leuoista.

Ella se mantuvo justo detrás de Buck, sin ganar terreno ni quedarse atrás.

Hän pysytteli aivan Buckin takana, ei koskaan saavuttanut eikä perääntynyt.

Buck corrió a través del bosque, bajó por la isla y cruzó el hielo irregular.

Buck juoksi metsien läpi, alas saarta, yli rosoisen jään.

Cruzó hacia una isla, luego hacia otra, dando la vuelta nuevamente hasta el río.

Hän ylitti joen ensin saarelle, sitten toiselle ja kiersi takaisin joelle.

Aún así Dolly lo persiguió, con su gruñido detrás de cada paso.

Dolly ajoi häntä yhä takaa, murina tiukasti kannoilla joka askeleella.

Buck podía oír su respiración y su rabia, aunque no se atrevía a mirar atrás.

Buck kuuli hänen hengityksensä ja raivonsa, vaikka hän ei uskaltanut katsoa taakseen.

François gritó desde lejos y Buck se giró hacia la voz.

François huusi kaukaa, ja Buck kääntyi ääntä kohti.

Todavía jadeando en busca de aire, Buck pasó corriendo, poniendo toda su esperanza en François.

Yhä henkeä haukkoen Buck juoksi ohi pannen kaiken toivonsa Françoisiin.

El conductor del perro levantó un hacha y esperó mientras Buck pasaba volando.

Koira-ajaja nosti kirveen ja odotti Buckin lentävän ohi.

El hacha cayó rápidamente y golpeó la cabeza de Dolly con una fuerza mortal.

Kirves iski nopeasti ja osui Dollyn päähän tappavalla voimalla.

Buck se desplomó cerca del trineo, jadeando e incapaz de moverse.

Buck lyyhistyi reen lähelle, hengitti hengästyneenä ja kykenemättömänä liikkumaan.

Ese momento le dio a Spitz la oportunidad de golpear a un enemigo exhausto.

Tuo hetki antoi Spitzille tilaisuuden iskeä uupuneeseen viholliseen.

Mordió a Buck dos veces, desgarrando la carne hasta el hueso blanco.

Hän puri Buckia kahdesti repien lihaa valkoista luuta myöten.

El látigo de François hizo chasquear el látigo y golpeó a Spitz con toda su fuerza y furia.

François'n ruoska paukahti ja iski Spitziä täydellä, raivokkaalla voimalla.

Buck observó con alegría cómo Spitz recibía la paliza más dura que había recibido hasta entonces.

Buck katseli ilolla, kun Spitz sai ankarimman selkäsaunan tähän mennessä.

"Es un demonio ese Spitz", murmuró Perrault para sí mismo.

"Hän on pirulainen tuo Spitz", mutisi Perrault synkästi itsekseen.

"Algún día, ese maldito perro matará a Buck, lo juro".

"Jonain päivänä pian tuo kirottu koira tappaa Buckin – vannon sen."

—Ese Buck tiene dos demonios dentro —respondió François asintiendo.

– Tuossa Buckissa on kaksi paholaista, François vastasi nyökäten.

"Cuando veo a Buck, sé que algo feroz le aguarda dentro".

"Kun katson Buckia, tiedän, että hänessä odottaa jotain hurjaa."

"Un día se pondrá furioso y destrozará a Spitz".

"Jonain päivänä hän suuttuu kuin tuli ja repii Spitzin kappaleiksi."

"Masticará a ese perro y lo escupirá en la nieve congelada".

"Hän pureskelee koiran ja sylkee sen jäätyneelle lumelle."

"Estoy seguro de que lo sé en lo más profundo de mi ser".

"Tiedän tämän kyllä syvällä sisimmässäni, aivan varmasti."

A partir de ese momento los dos perros quedaron en guerra.

Siitä hetkestä lähtien koirat olivat sodassa keskenään.

Spitz lideró al equipo y mantuvo el poder, pero Buck lo desafió.

Spitz johti joukkuetta ja piti valtaa hallussaan, mutta Buck haastoi sen.

Spitz vio su rango amenazado por este extraño extraño de Southland.

Spitz näki arvovaltansa uhattuna tämän oudon etelämaalaisen muukalaisen vuoksi.

Buck no se parecía a ningún otro perro sureño que Spitz hubiera conocido antes.

Buck oli erilainen kuin mikään etelän koira, jonka Spitz oli aiemmin tuntenut.

La mayoría de ellos fracasaron: eran demasiado débiles para sobrevivir al frío y al hambre.

Useimmat heistä epäonnistuivat – liian heikkoja selviytyäkseen kylmästä ja nälästä.

Murieron rápidamente bajo el trabajo, las heladas y el lento ardor del hambre.

He kuolivat nopeasti työn, pakkasen ja nälänhädän hitaan polttamisen alle.

Buck se destacó: cada día más fuerte, más inteligente y más salvaje.

Buck erottui muista – päivä päivältä vahvempana, älykkäämpänä ja villimpänä.

Prosperó a pesar de las dificultades y creció hasta alcanzar el nivel de los perros esquimales del norte.

Hän viihtyi vaikeuksissa ja kasvoi pohjoisen huskyjen tasolle.

Buck tenía fuerza, habilidad salvaje y un instinto paciente y mortal.

Buckilla oli voimaa, hurjaa taitoa ja kärsivällinen, tappava vaisto.

El hombre con el garrote había golpeado la temeridad de Buck.

Mies pamppu kädessään oli lyönyt Buckin ulos harkitsemattomuudellaan.

La furia ciega desapareció y fue reemplazada por una astucia silenciosa y control.

Sokea raivo oli poissa, tilalle tuli hiljainen oveluus ja itsehillintä.

Esperó, tranquilo y primario, observando el momento adecuado.

Hän odotti, tyynenä ja alkukantaisena, tähyillen oikeaa hetkeä.

Su lucha por el mando se hizo inevitable y clara.

Heidän taistelunsa komennosta kävi väistämättömäksi ja selväksi.

Buck deseaba el liderazgo porque su espíritu lo exigía.

Buck halusi johtajuutta, koska hänen henkensä sitä vaati.

Lo impulsaba el extraño orgullo nacido del camino y del arnés.

Häntä ajoi eteenpäin omituinen ylpeys, joka syntyi polun ja valjaiden synnyttämästä vaelluksesta.

Ese orgullo hizo que los perros tiraran hasta caer sobre la nieve.

Tuo ylpeys sai koirat vetämään, kunnes ne lysähtivät lumeen.
El orgullo los llevó a dar toda la fuerza que tenían.
Ylpeys houkutteli heidät antamaan kaiken voimansa.
El orgullo puede atraer a un perro de trineo incluso hasta el punto de la muerte.
Ylpeys voi houkutella rekikoiran jopa kuolemaan päin.
La pérdida del arnés dejó a los perros rotos y sin propósito.
Valjaiden menettäminen jätti koirat rikkinäisiksi ja tarkoituksettomiksi.
El corazón de un perro de trineo puede quedar aplastado por la vergüenza cuando se retira.
Rekikoiran sydän voi murskata häpeästä, kun se jää eläkkeelle.
Dave vivió con ese orgullo mientras arrastraba el trineo desde atrás.
Dave eli tuon ylpeyden vallassa vetäessään rekeä perässä.
Solleks también lo dio todo con fuerza y lealtad.
Myös Solleks antoi kaikkensa synkän voimalla ja uskollisuudella.
Cada mañana, el orgullo los transformaba de amargados a decididos.
Joka aamu ylpeys muutti heidät katkeruudesta päättäväisiksi.
Empujaron todo el día y luego se quedaron en silencio al final del campamento.
He ponnistavat koko päivän ja hiljenivät sitten leirin päässä.
Ese orgullo le dio a Spitz la fuerza para poner a raya a los evasores.
Tuo ylpeys antoi Spitzille voimaa pakottaa laiskottelijat ehtimään riviin.
Spitz temía a Buck porque Buck tenía ese mismo orgullo profundo.
Spitz pelkäsi Buckia, koska Buckilla oli sama syvä ylpeys.
El orgullo de Buck ahora se agitó contra Spitz, y no se detuvo.
Buckin ylpeys nousi nyt Spitziä vastaan, eikä hän pysähtynyt.
Buck desafió el poder de Spitz y le impidió castigar a los perros.

Buck uhmasi Spitzin valtaa ja esti häntä rankaisemasta koiria.

Cuando otros fallaron, Buck se interpuso entre ellos y su líder.

Kun toiset epäonnistuivat, Buck astui heidän ja heidän johtajansa väliin.

Lo hizo con intención, dejando claro y abierto su desafío.

Hän teki tämän harkitusti, tehden haasteestaan avoimen ja selkeän.

Una noche, una fuerte nevada cubrió el mundo con un profundo silencio.

Yhtenä yönä rankka lumi peitti maailman syvään hiljaisuuteen.

A la mañana siguiente, Pike, perezoso como siempre, no se levantó para ir a trabajar.

Seuraavana aamuna Pike, laiska kuten aina, ei noussut töihin.

Se quedó escondido en su nido bajo una gruesa capa de nieve.

Hän pysytteli piilossa pesässään paksun lumikerroksen alla.

François gritó y buscó, pero no pudo encontrar al perro.

François huusi ja etsi, mutta ei löytänyt koiraa.

Spitz se puso furioso y atravesó furioso el campamento cubierto de nieve.

Spitz raivostui ja ryntäsi läpi lumipeitteisen leirin.

Gruñó y olfateó, cavando frenéticamente con ojos llameantes.

Hän murahti ja nuuhki, kaivaen raivokkaasti liekehtivin silmin.

Su rabia era tan feroz que Pike tembló de miedo bajo la nieve.

Hänen raivonsa oli niin ankara, että Pike vapisi lumen alla pelosta.

Cuando finalmente encontraron a Pike, Spitz se abalanzó sobre él para castigar al perro que estaba escondido.

Kun Pike viimein löydettiin, Spitz hyökkäsi rankaisemaan piileskelevää koiraa.

Pero Buck saltó entre ellos con una furia igual a la de Spitz.

Mutta Buck hyökkäsi heidän väliinsä yhtä raivokkaasti kuin Spitz.

El ataque fue tan repentino e inteligente que Spitz cayó al suelo.

Hyökkäys oli niin äkillinen ja ovela, että Spitz putosi jaloiltaan.

Pike, que estaba temblando, se animó ante este desafío.

Pike, joka oli vapissut, sai rohkeutta tästä uhmakkuudesta.

Saltó sobre el Spitz caído, siguiendo el audaz ejemplo de Buck.

Hän hyppäsi kaatuneen Spitzin selkään seuraten Buckin rohkeaa esimerkkiä.

Buck, que ya no estaba obligado por la justicia, se unió a la huelga de Spitz.

Buck, jota oikeudenmukaisuus ei enää sido, liittyi lakkoon Spitziä vastaan.

François, divertido pero firme en su disciplina, blandió su pesado látigo.

François, huvittuneena mutta kurinalaisesti lujana, heilautti raskasta ruoskaansa.

Golpeó a Buck con todas sus fuerzas para acabar con la pelea.

Hän löi Buckia kaikella voimallaan keskeyttääkseen taistelun.

Buck se negó a moverse y se quedó encima del líder caído.

Buck kieltäytyi liikkumasta ja pysyi kaatuneen johtajan päällä.

François entonces utilizó el mango del látigo y golpeó con fuerza a Buck.

Sitten François käytti ruoskan kahvaa ja löi Buckia lujaa.

Tambaleándose por el golpe, Buck cayó hacia atrás bajo el asalto.

Horjahtaen iskusta Buck kaatui takaisin hyökkäyksen alle.

François golpeó una y otra vez mientras Spitz castigaba a Pike.

François iski yhä uudelleen, kun taas Spitz rankaisi Pikea.

Pasaron los días y Dawson City estaba cada vez más cerca.

Päivät kuluivat, ja Dawson City lähestyi yhä lähemmäksi.

Buck seguía interfiriendo, interponiéndose entre Spitz y otros perros.

Buck puuttui jatkuvasti asiaan ja livahti Spitzin ja muiden koirien väliin.

Elegía bien sus momentos, esperando siempre que François se marchase.

Hän valitsi hetkensä hyvin ja odotti aina François'n lähtöä.

La rebelión silenciosa de Buck se extendió y el desorden se arraigó en el equipo.

Buckin hiljainen kapina levisi, ja epäjärjestys juurtui joukkueeseen.

Dave y Solleks se mantuvieron leales, pero otros se volvieron rebeldes.

Dave ja Solleks pysyivät uskollisina, mutta toiset kävivät kurittomiksi.

El equipo empeoró: se volvió inquieto, pendenciero y fuera de lugar.

Joukkue paheni – levoton, riitaisa ja riveistään poikkeava.

Ya nada funcionaba con fluidez y las peleas se volvieron algo habitual.

Mikään ei enää toiminut ongelmitta, ja tappeluista tuli yleisiä.

Buck permaneció en el corazón del problema, provocando siempre malestar.

Buck pysyi levottomuuksien keskipisteenä ja lietsoi aina levottomuuksia.

François se mantuvo alerta, temeroso de la pelea entre Buck y Spitz.

François pysyi valppaana peläten Buckin ja Spitzin välistä tappelua.

Cada noche, las peleas lo despertaban, temiendo que finalmente llegara el comienzo.

Joka yö kahakat herättivät hänet pelätessään alun koittavan.

Saltó de su túnica, dispuesto a detener la pelea.

Hän hyppäsi viitastaan valmiina lopettamaan taistelun.

Pero el momento nunca llegó y finalmente llegaron a Dawson.

Mutta hetki ei koskaan koittanut, ja he saapuivat viimein Dawsoniin.

El equipo entró en la ciudad una tarde sombría, tensa y silenciosa.

Joukkue saapui kaupunkiin eräänä synkkänä iltapäivänä, jännittyneenä ja hiljaisena.

La gran batalla por el liderazgo todavía estaba suspendida en el aire.

Suuri taistelu johtajuudesta leijui yhä jäätyneessä ilmassa.

Dawson estaba lleno de hombres y perros de trineo, todos ocupados con el trabajo.

Dawson oli täynnä miehiä ja rekikoiria, kaikki kiireisiä työssään.

Buck observó a los perros tirar cargas desde la mañana hasta la noche.

Buck katseli koirien vetävän kuormia aamusta iltaan.

Transportaban troncos y leña y transportaban suministros a las minas.

He kuljettivat tukkeja ja polttopuita, rahtasivat tarvikkeita kaivoksiin.

Donde antes trabajaban los caballos en las tierras del sur, ahora trabajaban los perros.

Siellä, missä hevoset ennen työskentelivät Etelämaassa, koirat tekivät nyt töitä.

Buck vio algunos perros del sur, pero la mayoría eran huskies parecidos a lobos.

Buck näki joitakin etelän koiria, mutta useimmat olivat suden kaltaisia huskyjä.

Por la noche, como un reloj, los perros alzaban sus voces cantando.

Yöllä, kuin kellontarkasti, koirat korottivat äänensä lauluun.

A las nueve, a las doce y de nuevo a las tres, empezó el canto.

Yhdeksältä, keskiyöllä ja uudelleen kolmelta alkoi laulu.

A Buck le encantaba unirse a su canto misterioso, de sonido salvaje y antiguo.

Buck rakasti liittyä heidän aavemaiseen, villiin ja ikivanhaan ääneensä.

La aurora llameó, las estrellas bailaron y la nieve cubrió la tierra.
Revontulet leimahtivat, tähdet tanssivat ja lumi peitti maan.
El canto de los perros se elevó como un grito contra el silencio y el frío intenso.
Koirien laulu kohosi kuin huuto hiljaisuutta ja purevaa kylmyyttä vastaan.
Pero su aullido contenía tristeza, no desafío, en cada larga nota.
Mutta heidän ulvontansa jokaisessa pitkässä sävelessä oli surua, ei uhmaa.
Cada grito lamentable estaba lleno de súplica: el peso de la vida misma.
Jokainen valitushuuto oli täynnä anelemista; itse elämän taakkaa.
Esa canción era vieja, más vieja que las ciudades y más vieja que los incendios.
Tuo laulu oli vanha – vanhempi kuin kaupungit ja vanhempi kuin tulipalot
Aquella canción era más antigua incluso que las voces de los hombres.
Tuo laulu oli jopa vanhempi kuin ihmisten äänet.
Era una canción del mundo joven, cuando todas las canciones eran tristes.
Se oli laulu nuoresta maailmasta, ajasta jolloin kaikki laulut olivat surullisia.
La canción transportaba el dolor de incontables generaciones de perros.
Laulu kantoi mukanaan lukemattomien koirasukupolvien surua.
Buck sintió la melodía profundamente, gimiendo por un dolor arraigado en los siglos.
Buck tunsi melodian syvästi, voihkien ikiajoista tuskasta.
Sollozaba por un dolor tan antiguo como la sangre salvaje en sus venas.
Hän nyyhkytti surusta, joka oli yhtä vanha kuin hänen suonissaan virtaava villi veri.

El frío, la oscuridad y el misterio tocaron el alma de Buck.
Kylmyys, pimeys ja mysteeri koskettivat Buckin sielua.
Esa canción demostró hasta qué punto Buck había regresado a sus orígenes.
Tuo laulu todisti, kuinka pitkälle Buck oli palannut juurilleen.
Entre la nieve y los aullidos había encontrado el comienzo de su propia vida.
Lumen ja ulvonnan läpi hän oli löytänyt oman elämänsä alun.

Siete días después de llegar a Dawson, partieron nuevamente.
Seitsemän päivää Dawsoniin saapumisensa jälkeen he lähtivät jälleen matkaan.
El equipo descendió del cuartel hasta el sendero Yukon.
Joukkue laskeutui kasarmeilta Yukonin reitille.
Comenzaron el viaje de regreso hacia Dyea y Salt Water.
He aloittivat matkan takaisin kohti Dyeaa ja Suolavettä.
Perrault llevaba despachos aún más urgentes que antes.
Perrault kuljetti lähetyksiä entistä kiireellisempiä.
También se sintió dominado por el orgullo por el sendero y se propuso establecer un récord.
Hänet valtasi myös polkuylpeys ja hän pyrki tekemään ennätyksen.
Esta vez, varias ventajas estaban del lado de Perrault.
Tällä kertaa useita etuja oli Perraultin puolella.
Los perros habían descansado durante una semana entera y recuperaron su fuerza.
Koirat olivat levänneet kokonaisen viikon ja keränneet voimansa takaisin.
El camino que ellos habían abierto ahora estaba compactado por otros.
Heidän raivaamansa polun olivat nyt muut tallanneet kovaksi.
En algunos lugares, la policía había almacenado comida tanto para perros como para hombres.
Poliisi oli paikoin varastoinut ruokaa sekä koirille että miehille.

Perrault viajaba ligero, moviéndose rápido y con poco que lo pesara.

Perrault matkusti kevyesti ja nopeasti, eikä hänellä ollut juurikaan painoa mukanaan.

Llegaron a Sixty-Mile, un recorrido de cincuenta millas, en la primera noche.

He saapuivat Sixty-Mileen, viidenkymmenen mailin juoksumatkan, ensimmäisenä yönä.

El segundo día, se apresuraron a subir por el Yukón hacia Pelly.

Toisena päivänä he kiiruhtivat Yukonia pitkin kohti Pellyä.

Pero estos grandes avances implicaron un gran esfuerzo para François.

Mutta tällainen hieno edistyminen toi mukanaan paljon rasitusta Françoisille.

La rebelión silenciosa de Buck había destrozado la disciplina del equipo.

Buckin hiljainen kapinointi oli murskannut joukkueen kurin.

Ya no tiraban juntos como una sola bestia bajo las riendas.

Ne eivät enää vetäytyneet yhteen kuin yksi peto ohjaksissa.

Buck había llevado a otros al desafío mediante su valiente ejemplo.

Buck oli rohkealla esimerkillään johtanut muita uhmaamaan.

La orden de Spitz ya no fue recibida con miedo ni respeto.

Spitzin käskyyn ei enää suhtauduttu pelolla tai kunnioituksella.

Los demás perdieron el respeto que le tenían y se atrevieron a resistirse a su gobierno.

Muut menettivät kunnioituksensa häntä kohtaan ja uskalsivat vastustaa hänen hallintoaan.

Una noche, Pike robó medio pescado y se lo comió bajo la mirada de Buck.

Eräänä yönä Pike varasti puoli kalaa ja söi sen Buckin silmän alla.

Otra noche, Dub y Joe pelearon contra Spitz y quedaron impunes.

Eräänä yönä Dub ja Joe taistelivat Spitzin kanssa rankaisematta.

Incluso Billee se quejó con menos dulzura y mostró una nueva agudeza.

Billeekin valitti vähemmän suloisesti ja osoitti uutta terävyyttä.

Buck le gruñó a Spitz cada vez que se cruzaban.

Buck murahti Spitzille joka kerta, kun heidän tiensä kohtasivat.

La actitud de Buck se volvió audaz y amenazante, casi como la de un matón.

Buckin asenne muuttui rohkeaksi ja uhkaavaksi, melkein kuin kiusaajalla.

Caminó delante de Spitz con arrogancia, lleno de amenaza burlona.

Hän käveli Spitzin edellä rehellisesti ja uhkaavasti.

Ese colapso del orden se extendió también entre los perros de trineo.

Tuo järjestyksen romahdus levisi myös rekikoirien keskuuteen.

Pelearon y discutieron más que nunca, llenando el campamento de ruido.

He tappelivat ja väittelivät enemmän kuin koskaan, täyttäen leirin melulla.

La vida en el campamento se convertía cada noche en un caos salvaje y aullante.

Leirielämä muuttui villiksi, ulvovaksi kaaokseksi joka yö.

Sólo Dave y Solleks permanecieron firmes y concentrados.

Vain Dave ja Solleks pysyivät vakaina ja keskittyneinä.

Pero incluso ellos se enojaron por las peleas constantes.

Mutta jopa heistä tuli äkkipikaisia jatkuvien tappeluiden vuoksi.

François maldijo en lenguas extrañas y pisoteó con frustración.

François kirosi oudoilla kielillä ja tömisteli turhautuneena.

Se tiró del pelo y gritó mientras la nieve volaba bajo sus pies.

Hän repi hiuksiaan ja huusi lumen lentäessä jalkojensa alla.
Su látigo azotó a la manada, pero apenas logró mantenerlos bajo control.
Hänen ruoskansa lensi lauman yli, mutta piti heidät tuskin linjassa.
Cada vez que él le daba la espalda, la lucha estallaba de nuevo.
Aina kun hän käänsi selkänsä, taistelu puhkesi uudelleen.
François utilizó el látigo para azotar a Spitz, mientras Buck lideraba a los rebeldes.
François käytti ruoskaa Spitziä vastaan, kun Buck johti kapinallisia.
Cada uno conocía el papel del otro, pero Buck evitó cualquier culpa.
Kumpikin tiesi toisen roolin, mutta Buck vältti syyllistämistä.
François nunca sorprendió a Buck iniciando una pelea o eludiendo su trabajo.
François ei koskaan nähnyt Buckin aloittavan tappelua tai laiminlyövän työtään.
Buck trabajó duro con el arnés; el trabajo ahora emocionaba su espíritu.
Buck työskenteli ahkerasti valjaissa – uurastus hurmasi nyt hänen sieluaan.
Pero encontró aún más alegría al provocar peleas y caos en el campamento.
Mutta vielä enemmän iloa hän löysi leirissä lietsotuista tappeluista ja kaaoksesta.

Una noche, en la desembocadura del Tahkeena, Dub asustó a un conejo.
Eräänä iltana Dub säikäytti jäniksen Tahkeenan suulla.
Falló el tiro y el conejo con raquetas de nieve saltó lejos.
Hän epäonnistui, ja lumikenkäjänis syöksyi karkuun.
En cuestión de segundos, todo el equipo de trineo los persiguió con gritos salvajes.
Muutamassa sekunnissa koko rekijoukkue lähti takaa-ajoon villien huutojen säestyksellä.

Cerca de allí, un campamento de la Policía del Noroeste albergaba cincuenta perros husky.

Lähistöllä sijaitsevassa Luoteis-Englannin poliisin leirissä oli viisikymmentä huskykoiraa.

Se unieron a la caza y navegaron juntos por el río helado.

He liittyivät metsästykseen ja syöksyivät yhdessä jäätynyttä jokea pitkin alas.

El conejo se desvió del río y huyó hacia el lecho congelado del arroyo.

Kani käänsi joen pois ja pakeni jäätynyttä purouomaa pitkin.

El conejo saltaba suavemente sobre la nieve mientras los perros se abrían paso con dificultad.

Kani hyppi kevyesti lumen yli koirien ponnistellessa sen läpi.

Buck lideró la enorme manada de sesenta perros en cada curva.

Buck johdatti valtavan kuudenkymmenen koiran lauman jokaisen mutkan ympäri.

Avanzó lentamente y con entusiasmo, pero no pudo ganar terreno.

Hän työnsi eteenpäin matalalla ja innokkaasti, mutta ei päässyt etenemään.

Su cuerpo brillaba bajo la pálida luna con cada poderoso salto.

Hänen ruumiinsa välähti kalpean kuun valossa jokaisella voimakkaalla loikalla.

Más adelante, el conejo se movía como un fantasma, silencioso y demasiado rápido para atraparlo.

Edessä kani liikkui kuin haamu, hiljaa ja liian nopeasti kiinniotettavaksi.

Todos esos viejos instintos —el hambre, la emoción— se apoderaron de Buck.

Kaikki nuo vanhat vaistot – nälkä, jännitys – valtasivat Buckin.

Los humanos a veces sienten este instinto y se ven impulsados a cazar con armas de fuego y balas.

Ihmiset tuntevat tämän vaiston ajoittain, ajaen heitä metsästämään aseella ja luodilla.

Pero Buck sintió este sentimiento a un nivel más profundo y personal.
Mutta Buck tunsi tämän tunteen syvemmällä ja henkilökohtaisemmalla tasolla.

No podían sentir lo salvaje en su sangre como Buck podía sentirlo.
He eivät kyenneet tuntemaan villiyttä veressään samalla tavalla kuin Buck.

Persiguió carne viva, dispuesto a matar con los dientes y saborear la sangre.
Hän jahtasi elävää lihaa, valmiina tappamaan hampaillaan ja maistamaan verta.

Su cuerpo se tensó de alegría, queriendo bañarse en la cálida vida roja.
Hänen kehonsa jännittyi ilosta, haluten kylpeä lämpimässä, punaisessa elämässä.

Una extraña alegría marca el punto más alto que la vida puede alcanzar.
Outo ilo merkitsee elämän korkeinta pistettä.

La sensación de una cima donde los vivos olvidan que están vivos.
Huipun tunne, jossa elävät unohtavat edes olevansa elossa.

Esta alegría profunda conmueve al artista perdido en una inspiración ardiente.
Tämä syvä ilo koskettaa liekehtivän inspiraation vallassa olevaa taiteilijaa.

Esta alegría se apodera del soldado que lucha salvajemente y no perdona a ningún enemigo.
Tämä ilo valtaa sotilaan, joka taistelee villisti eikä säästä vihollista.

Esta alegría ahora se apoderó de Buck mientras lideraba la manada con hambre primaria.
Tämä ilo valtasi nyt Buckin, kun hän johti laumaa alkukantaisessa nälkäisyydessä.

Aulló con el antiguo grito del lobo, emocionado por la persecución en vida.

Hän ulvoi muinaisen sudenhuudon säestyksellä, elävän takaa-
ajon riemuittama.

**Buck recurrió a la parte más antigua de sí mismo, perdida en
la naturaleza.**

Buck löysi vanhimman osan itsestään, eksyneenä erämaahan.

**Llegó a lo más profundo, más allá de la memoria, al tiempo
crudo y antiguo.**

Hän kurkotti syvälle sisimpäänsä, muistojen ohi, raa'aan,
muinaiseen aikaan.

Una ola de vida pura recorrió cada músculo y tendón.

Puhtaan elämän aalto virtasi jokaisen lihaksen ja jänteen läpi.

**Cada salto gritaba que vivía, que avanzaba a través de la
muerte.**

Jokainen loikka huusi, että hän eli, että hän kulki kuoleman
läpi.

**Su cuerpo se elevaba alegremente sobre una tierra quieta y
fría que nunca se movía.**

Hänen ruumiinsa kohosi iloisesti liikkumattoman, kylmän
maan yllä, joka ei koskaan liikkunut.

**Spitz se mantuvo frío y astuto, incluso en sus momentos más
salvajes.**

Spitz pysyi kylmänä ja viekkaana jopa villeimpinä hetkinään.

**Dejó el sendero y cruzó el terreno donde el arroyo se
curvaba ampliamente.**

Hän poikkesi polulta ja ylitti maan, jossa puro kaartui
leveäksi.

**Buck, sin darse cuenta de esto, permaneció en el sinuoso
camino del conejo.**

Buck, tietämättömänä tästä, pysyi jäniksen mutkittelevalla
polulla.

**Entonces, cuando Buck dobló una curva, el conejo fantasmal
estaba frente a él.**

Sitten, kun Buck käänsi mutkan, aavemainen kani oli hänen
edessään.

**Vio una segunda figura saltar desde la orilla delante de la
presa.**

Hän näki toisen hahmon hyppäävän rannalta saaliin edellä.

La figura era Spitz, aterrizando justo en el camino del conejo que huía.

Hahmo oli Spitz, joka laskeutui suoraan pakenevan jäniksen tielle.

El conejo no pudo girar y se encontró con las fauces de Spitz en el aire.

Kani ei pystynyt kääntymään ja osui Spitzin leukoihin ilmassa.

La columna vertebral del conejo se rompió con un chillido tan agudo como el grito de un humano moribundo.

Kanin selkäranka katkesi kirkaisusta, joka oli yhtä terävä kuin kuolevan ihmisen itku.

Ante ese sonido, la caída de la vida a la muerte, la manada aulló fuerte.

Tuon äänen – putoamisen elämästä kuolemaan – kuultuaan lauma ulvoi kovaa.

Un coro salvaje se elevó detrás de Buck, lleno de oscuro deleite.

Buckin takaa kohosi raju, synkän ilon täyttämä kuoro.

Buck no emitió ningún grito ni sonido y se lanzó directamente hacia Spitz.

Buck ei huutanut eikä päästänyt ääntäkään, vaan ryntäsi suoraan Spitzin kimppuun.

Apuntó a la garganta, pero en lugar de eso golpeó el hombro.

Hän tähtäsi kurkkuun, mutta osuikin olkapäähän.

Cayeron sobre la nieve blanda; sus cuerpos trabados en combate.

He kahlasivat pehmeässä lumessa, heidän ruumiinsa taistelutahtoisina.

Spitz se levantó rápidamente, como si nunca lo hubieran derribado.

Spitz hyppäsi nopeasti ylös, aivan kuin häntä ei olisi koskaan kaadettukaan.

Cortó el hombro de Buck y luego saltó para alejarse de la pelea.

Hän viilsi Buckin olkapäätä ja hyppäsi sitten pois taistelusta.

Sus dientes chasquearon dos veces como trampas de acero y sus labios se curvaron y fueron feroces.

Kahdesti hänen hampaansa napsahtivat kuin teräsloukut, huulet käpertyneinä ja raivoisina.

Retrocedió lentamente, buscando terreno firme bajo sus pies.

Hän peräntyi hitaasti etsien jalkojensa alle tukevaa maata.

Buck comprendió el momento instantánea y completamente.

Buck ymmärsi hetken heti ja täysin.

Había llegado el momento; la lucha iba a ser una lucha a muerte.

Aika oli koittanut; taistelu tulisi olemaan kuolemaan asti käytävä.

Los dos perros daban vueltas, gruñendo, con las orejas planas y los ojos entrecerrados.

Kaksi koiraa kiersi muristen, korvat litteinä ja silmät siristyneinä.

Cada perro esperaba que el otro mostrara debilidad o un paso en falso.

Kumpikin koira odotti toisen osoittavan heikkoutta tai harha-askelta.

Para Buck, la escena era inquietantemente conocida y recordada profundamente.

Buckille kohtaus tuntui aavemaisen tutulta ja syvästi muistetulta.

El bosque blanco, la tierra fría, la batalla bajo la luz de la luna.

Valkoiset metsät, kylmä maa, taistelu kuunvalossa.

Un pesado silencio llenó la tierra, profundo y antinatural.

Raskas hiljaisuus täytti maan, syvä ja luonnoton.

Ningún viento se agitó, ninguna hoja se movió, ningún sonido rompió la quietud.

Tuuli ei puhaltanut, lehti ei liikkunut, eikä ääni rikkonut hiljaisuutta.

El aliento de los perros se elevaba como humo en el aire helado y silencioso.

Koirien hengitys nousi kuin savu jäisessä, hiljaisessa ilmassa.

El conejo fue olvidado hace mucho tiempo por la manada de bestias salvajes.

Villieläinlauma oli unohtanut kanin kauan sitten.

Estos lobos medio domesticados ahora permanecían quietos formando un amplio círculo.

Nämä puolikesytetyt sudet seisoivat nyt liikkumatta laajassa piirissä.

Estaban en silencio, sólo sus ojos brillantes revelaban su hambre.

He olivat hiljaa, vain heidän hehkuvat silmänsä paljastivat heidän nälkänsä.

Su respiración se elevó mientras observaban cómo comenzaba la pelea final.

Heidän hengityksensä nousi ylöspäin, heidän katsellessaan viimeisen taistelun alkamista.

Para Buck, esta batalla era vieja y esperada, nada extraña.

Buckille tämä taistelu oli vanha ja odotettu, ei lainkaan outo.

Parecía el recuerdo de algo que siempre estuvo destinado a suceder.

Se tuntui kuin muistolta jostakin, jonka oli aina tarkoitus tapahtua.

Spitz era un perro de pelea entrenado, perfeccionado por innumerables peleas salvajes.

Spitz oli koulutettu taistelukoira, jota hiottiin lukemattomilla villillä tappeluilla.

Desde Spitzbergen hasta Canadá, había vencido a muchos enemigos.

Huippuvuorilta Kanadaan hän oli voittanut monia vihollisia.

Estaba lleno de furia, pero nunca dejó controlar la rabia.

Hän oli täynnä raivoa, mutta ei koskaan antanut raivolle valtaa.

Su pasión era aguda, pero siempre templada por un duro instinto.

Hänen intohimonsa oli terävä, mutta aina kovan vaiston hillitsemä.

Nunca atacó hasta que su propia defensa estuvo en su lugar.

Hän ei koskaan hyökännyt ennen kuin oma puolustus oli kunnossa.

Buck intentó una y otra vez alcanzar el vulnerable cuello de Spitz.

Buck yritti yhä uudelleen tavoittaa Spitzin haavoittuvaa kaulaa.

Pero cada golpe era correspondido con un corte de los afilados dientes de Spitz.

Mutta jokainen isku vastasi Spitzin terävien hampaiden viillolla.

Sus colmillos chocaron y ambos perros sangraron por los labios desgarrados.

Niiden hampaat osuivat yhteen, ja molemmat koirat vuotivat verta repeytyneistä huulista.

No importaba cuánto se lanzara Buck, no podía romper la defensa.

Vaikka Buck kuinka hyökkäsi, hän ei pystynyt murtamaan puolustusta.

Se puso más furioso y se abalanzó con salvajes ráfagas de poder.

Hän raivostui entisestään ja ryntäsi kimppuun villeillä voimanpurkauksilla.

Una y otra vez, Buck atacó la garganta blanca de Spitz.

Yhä uudelleen Buck iski Spitzin valkoista kurkkua kohti.

Cada vez que Spitz esquivaba el ataque, contraatacaba con un mordisco cortante.

Joka kerta Spitz väisti ja iski takaisin viiltävällä purennalla.

Entonces Buck cambió de táctica y se abalanzó nuevamente hacia la garganta.

Sitten Buck muutti taktiikkaa ja ryntäsi jälleen ikään kuin kurkkuun.

Pero él retrocedió a mitad del ataque y se giró para atacar desde un costado.

Mutta hän vetäytyi kesken hyökkäyksen ja kääntyi sivulle iskemään.

Le lanzó el hombro a Spitz con la intención de derribarlo.

Hän heitti olkapäänsä Spitziin tarkoituksenaan kaataa hänet.

Cada vez que lo intentaba, Spitz lo esquivaba y contraatacaba con un corte.

Joka kerta kun Spitz yritti, hän väisti ja vastasi viillolla.

El hombro de Buck se enrojeció cuando Spitz saltó después de cada golpe.

Buckin olkapää vihloi, kun Spitz hyppäsi karkuun jokaisen iskun jälkeen.

Spitz no había sido tocado, mientras que Buck sangraba por muchas heridas.

Spitziin ei oltu koskettu, kun taas Buck vuoti verta monista haavoista.

La respiración de Buck era rápida y pesada y su cuerpo estaba cubierto de sangre.

Buckin hengitys oli nopeaa ja raskasta, hänen ruumiinsa oli verestä löysä.

La pelea se volvió más brutal con cada mordisco y embestida.

Taistelu muuttui raa'ammaksi jokaisella puremalla ja rynnäköllä.

A su alrededor, sesenta perros silenciosos esperaban que cayera el primero.

Heidän ympärillään kuusikymmentä hiljaista koiraa odotti ensimmäisen kaatuvan.

Si un perro caía, la manada terminaría la pelea.

Jos yksikin koira kaatuisi, lauma lopettaisi taistelun.

Spitz vio que Buck se estaba debilitando y comenzó a presionar para atacar.

Spitz näki Buckin heikkenevän ja alkoi painostaa hyökkäystä.

Mantuvo a Buck fuera de equilibrio, obligándolo a luchar para mantener el equilibrio.

Hän piti Buckin epätasapainossa pakottaen hänet taistelemaan jalansijasta.

Una vez Buck tropezó y cayó, y todos los perros se levantaron.

Kerran Buck kompastui ja kaatui, ja kaikki koirat nousivat ylös.

Pero Buck se enderezó a mitad de la caída y todos volvieron a caer.

Mutta Buck oikaisi itsensä kesken putoamisen, ja kaikki vajosivat takaisin alas.

Buck tenía algo poco común: una imaginación nacida de un instinto profundo.

Buckilla oli jotakin harvinaista – syvästä vaistosta syntynyt mielikuvitus.

Peleó con impulso natural, pero también peleó con astucia.

Hän taisteli luonnollisella halulla, mutta hän taisteli myös ovelasti.

Cargó de nuevo como si repitiera su truco de ataque con el hombro.

Hän rynnisti uudelleen aivan kuin toistaen olkapäähyökkäystemppuaan.

Pero en el último segundo, se agachó y pasó por debajo de Spitz.

Mutta viime sekunnilla hän vajosi matalalle ja pyyhkäisi Spitzin alta.

Sus dientes se clavaron en la pata delantera izquierda de Spitz con un chasquido.

Hänen hampaansa lukkiutuivat napsahduksella Spitzin vasempaan etujalkaan.

Spitz ahora estaba inestable, con su peso sobre sólo tres patas.

Spitz seisoi nyt horjuen, painonsa vain kolmella jalalla.

Buck atacó de nuevo e intentó derribarlo tres veces.

Buck iski uudelleen ja yritti kolme kertaa kaataa hänet.

En el cuarto intento utilizó el mismo movimiento con éxito.

Neljännellä yrityksellä hän käytti samaa liikettä onnistuneesti

Esta vez Buck logró morder la pata derecha de Spitz.

Tällä kertaa Buck onnistui puremaan Spitzin oikeaa jalkaa.

Spitz, aunque lisiado y en agonía, siguió luchando por sobrevivir.

Vaikka Spitz oli rampa ja tuskissaan, hän jatkoi selviytymiskamppailua.

Vio que el círculo de huskies se estrechaba, con las lenguas afuera y los ojos brillantes.

Hän näki huskyjen piirin kiristyvän, kielet ulkona, silmät hehkumassa.

Esperaron para devorarlo, tal como habían hecho con los otros.

He odottivat saadakseen niellä hänet, aivan kuten olivat tehneet muillekin.

Esta vez, él estaba en el centro; derrotado y condenado.

Tällä kertaa hän seisoi keskellä; lyötynä ja tuhoon tuomittu.

Ya no había opción de escapar para el perro blanco.

Valkoisella koiralla ei ollut enää mitään vaihtoehtoa paeta.

Buck no mostró piedad, porque la piedad no pertenecía a la naturaleza.

Buck ei osoittanut armoa, sillä armo ei kuulunut luontoon.

Buck se movió con cuidado, preparándose para la carga final.

Buck liikkui varovasti valmistautuen viimeiseen hyökkäykseen.

El círculo de perros esquimales se cerró; sintió sus respiraciones cálidas.

Huskyparven piiri sulkeutui; hän tunsi niiden lämpimän hengityksen.

Se agacharon, preparados para saltar cuando llegara el momento.

He kyykistyivät matalalle, valmiina hyppäämään, kun hetki koittaisi.

Spitz temblaba en la nieve, gruñendo y cambiando su postura.

Spitz vapisi lumessa, murahti ja muutti asentoaan.

Sus ojos brillaban, sus labios se curvaron y sus dientes brillaron en una amenaza desesperada.

Hänen silmänsä loistivat, huulet käpertyivät ja hampaat välkkyivät epätoivoisen uhkan merkiksi.

Se tambaleó, todavía intentando contener el frío mordisco de la muerte.

Hän horjahti, yhä yrittäen pidätellä kuoleman kylmää puremaa.

Ya había visto esto antes, pero siempre desde el lado ganador.

Hän oli nähnyt tämän ennenkin, mutta aina voittajan puolelta.

Ahora estaba en el bando perdedor; el derrotado; la presa; la muerte.

Nyt hän oli häviäjien puolella; voitettu; saalis; kuolema.

Buck voló en círculos para asestar el golpe final, mientras el círculo de perros se acercaba cada vez más.

Buck kiersi viimeistä iskua varten, koiraparvi painautui lähemmäksi.

Podía sentir sus respiraciones calientes; listas para matar.

Hän tunsi heidän kuuman hengityksensä; valmiina tappamaan.

Se hizo un silencio absoluto, todo estaba en su lugar, el tiempo se había detenido.

Hiljaisuus laskeutui; kaikki oli paikoillaan; aika oli pysähtynyt.

Incluso el aire frío entre ellos se congeló por un último momento.

Jopa kylmä ilma heidän välillään jäätyi viimeiseksi hetkeksi.

Sólo Spitz se movió, intentando contener su amargo final.

Vain Spitz liikkui yrittäen pidätellä katkeran loppunsa.

El círculo de perros se iba cerrando a su alrededor, tal como era su destino.

Koirien piiri sulkeutui hänen ympärilleen, kuten myös hänen kohtalonsa.

Ahora estaba desesperado, sabiendo lo que estaba a punto de suceder.

Hän oli nyt epätoivoinen, tietäen mitä oli tapahtumassa.

Buck saltó y hombro con hombro chocó una última vez.

Buck hyppäsi esiin, olkapää kosketti olkapäätä viimeisen kerran.

Los perros se lanzaron hacia adelante, cubriendo a Spitz en la oscuridad nevada.

Koirat syöksyivät eteenpäin ja suojasivat Spitziä lumisateessa pimeydessä.

Buck observaba, erguido, vencedor en un mundo salvaje.

Buck katseli, seisten ryhdikkäästi; voittaja raa'assa maailmassa.

La bestia primordial dominante había cometido su asesinato, y fue bueno.

Hallitseva alkukantainen peto oli saanut saaliinsa, ja se oli hyvää.

Aquel que ha alcanzado la maestría
Hän, joka on saavuttanut mestaruuden

¿Eh? ¿Qué dije? Digo la verdad cuando digo que Buck es un demonio.

"Häh? Mitä minä sanoin? Puhun totta sanoessani, että Buck on paholainen."

François dijo esto a la mañana siguiente después de descubrir que Spitz había desaparecido.

François sanoi tämän seuraavana aamuna löydettyään Spitzin kadonneen.

Buck permaneció allí, cubierto de heridas por la feroz pelea.

Buck seisoi siinä, täynnä raivokkaan taistelun haavoja.

François acercó a Buck al fuego y señaló las heridas.

François veti Buckin lähelle tulta ja osoitti vammoja.

"Ese Spitz peleó como Devik", dijo Perrault, mirando los profundos cortes.

– Tuo Spitz taisteli kuin Devik, sanoi Perrault silmäillen syviä haavoja.

—Y ese Buck peleó como dos demonios —respondió François inmediatamente.

– Ja tuo Buck taisteli kuin kaksi paholaista, vastasi François heti.

"Ahora iremos a buen ritmo; no más Spitz, no más problemas".

"Nyt eemme ajoissa; ei enää Spitziä, ei enää ongelmia."

Perrault estaba empacando el equipo y cargando el trineo con cuidado.

Perrault pakkasi varusteita ja lastasi rekeä huolellisesti.

François enjaezó a los perros para prepararlos para la carrera del día.

François valjasti koirat päivän juoksulenkkiä varten.

Buck trotó directamente a la posición de liderazgo que alguna vez ocupó Spitz.

Buck ravasi suoraan Spitzin aiemmin pitämään johtopaikkaan.

Pero François, sin darse cuenta, condujo a Solleks hacia el frente.

Mutta François, huomaamatta sitä, johdatti Solleksin
eteenpäin.

A juicio de François, Solleks era ahora el mejor perro guía.

François'n mielestä Solleks oli nyt paras talutuskoira.

**Buck se abalanzó furioso sobre Solleks y lo hizo retroceder
en protesta.**

Buck hyökkäsi raivoissaan Solleksin kimppuun ja ajoi hänet
vastalauseeksi takaisin.

**Se situó en el mismo lugar que una vez estuvo Spitz,
ocupando la posición de liderazgo.**

Hän seisoi siinä missä Spitz oli aiemmin seissyt, ja otti
johtoaseman itselleen.

**—¿Eh? ¿Eh? —gritó François, dándose palmadas en los
muslos, divertido.**

"Häh? Häh?" huudahti François ja läimäytti huvittuneena
reisiään.

**—Mira a Buck. Mató a Spitz y ahora quiere aceptar el
trabajo.**

"Katsokaa Buckia – hän tappoi Spitzin, ja nyt hän haluaa ottaa
työn!"

—¡Vete, Chook! —gritó, intentando ahuyentar a Buck.

"Mene pois, Chook!" hän huusi yrittäen ajaa Buckin pois.

Pero Buck se negó a moverse y se mantuvo firme en la nieve.

Mutta Buck kieltäytyi liikkumasta ja seisoi lujasti lumessa.

François agarró a Buck por la nuca y lo arrastró a un lado.

François tarttui Buckia niskasta ja veti hänet sivuun.

Buck gruñó bajo y amenazante, pero no atacó.

Buck murahti matalasti ja uhkaavasti, mutta ei hyökännyt.

**François puso a Solleks de nuevo en cabeza, intentando
resolver la disputa.**

François vei Solleksin takaisin johtoon ja yritti ratkaista
kiistan.

El perro viejo mostró miedo de Buck y no quería quedarse.

Vanha koira pelkäsi Buckia eikä halunnut jäädä.

**Cuando François le dio la espalda, Buck expulsó
nuevamente a Solleks.**

Kun François käänsi selkänsä, Buck ajoi Solleksin taas ulos.

Solleks no se resistió y se hizo a un lado silenciosamente una vez más.

Solleks ei vastustellut ja astui jälleen hiljaa sivuun.

François se enojó y gritó: "¡Por Dios, te arreglo!"

François suuttui ja huusi: "Jumalan nimeen, minä parannan sinut!"

Se acercó a Buck sosteniendo un pesado garrote en su mano.

Hän lähestyi Buckia raskas keppi kädessään.

Buck recordaba bien al hombre del suéter rojo.

Buck muisti punaiseen villapaitaan pukeutuneen miehen hyvin.

Se retiró lentamente, observando a François, pero gruñendo profundamente.

Hän perääntyi hitaasti, katsellen Françoisia, mutta muristen syvään.

No se apresuró a regresar, incluso cuando Solleks ocupó su lugar.

Hän ei rynnännyt takaisin, ei edes silloin kun Solleks seisoi hänen paikallaan.

Buck voló en círculos fuera de su alcance, gruñendo con furia y protesta.

Buck kiersi aivan ulottumattomissa, muristen raivosta ja vastalauseista.

Mantuvo la vista fija en el palo, dispuesto a esquivarlo si François lanzaba.

Hän piti katseensa nuijassa valmiina väistämään, jos François heittäisi.

Se había vuelto sabio y cauteloso en cuanto a las costumbres de los hombres con armas.

Hän oli viisastunut ja varovainen aseistettujen miesten tavoissa.

François se dio por vencido y llamó a Buck nuevamente a su antiguo lugar.

François luovutti ja kutsui Buckin takaisin entiselle paikalleen.

Pero Buck retrocedió con cautela, negándose a obedecer la orden.

Mutta Buck astui varovasti taaksepäin kieltäytyen tottelemasta käskyä.

François lo siguió, pero Buck sólo retrocedió unos pasos más.

François seurasi perässä, mutta Buck perääntyi vain muutaman askeleen lisää.

Después de un tiempo, François arrojó el arma al suelo, frustrado.

Jonkin ajan kuluttua François heitti aseen turhautuneena maahan.

Pensó que Buck tenía miedo de que le dieran una paliza y que iba a venir sin hacer mucho ruido.

Hän luuli Buckin pelkäävän selkäsaunaa ja tulevan hiljaa.

Pero Buck no estaba evitando el castigo: estaba luchando por su rango.

Mutta Buck ei vältellyt rangaistusta – hän taisteli arvoasemastaan.

Se había ganado el puesto de perro líder mediante una pelea a muerte.

Hän oli ansainnut johtajakoiran paikan taistelemalla kuolemaan asti

No iba a conformarse con nada menos que ser el líder.

hän ei aikonut tyytyä vähempään kuin johtajan asemaan.

Perrault participó en la persecución para ayudar a atrapar al rebelde Buck.

Perrault osallistui takaa-ajoon auttaakseen kapinallisen Buckin nappaamaan.

Juntos lo hicieron correr alrededor del campamento durante casi una hora.

Yhdessä he juoksentelivat häntä leirin ympäri lähes tunnin ajan.

Le lanzaron garrotes, pero Buck los esquivó hábilmente.

He heittivät häntä nuijilla, mutta Buck väisti jokaisen taitavasti.

Lo maldijeron a él, a sus padres, a sus descendientes y a cada cabello que tenía.

He kirosivat häntä, hänen esi-isiään, hänen jälkeläisiään ja jokaista hänen hiuskarvaansa.

Pero Buck sólo gruñó y se quedó fuera de su alcance.

Mutta Buck vain murahti takaisin ja pysytteli juuri ja juuri heidän ulottumattomissaan.

Nunca intentó huir, sino que rodeó el campamento deliberadamente.

Hän ei koskaan yrittänyt paeta, vaan kiersi leirin ympäri tarkoituksella.

Dejó claro que obedecería una vez que le dieran lo que quería.

Hän teki selväksi, että tottelisi, kun he antaisivat hänelle haluamansa.

François finalmente se sentó y se rascó la cabeza con frustración.

François istuutui lopulta alas ja raapi päätään turhautuneena.

Perrault miró su reloj, maldijo y murmuró algo sobre el tiempo perdido.

Perrault katsoi kelloaan, kirosi ja mutisi menetettyä aikaa.

Ya había pasado una hora cuando debían estar en el sendero.

Tunti oli jo kulunut, kun heidän olisi pitänyt olla polulla.

François se encogió de hombros tímidamente y miró al mensajero, quien suspiró derrotado.

François kohautti olkapäitään nolostuneesti kuriirille, joka huokaisi tappion merkiksi.

Entonces François se acercó a Solleks y llamó a Buck una vez más.

Sitten François käveli Solleksin luo ja huusi Buckille vielä kerran.

Buck se rió como se ríe un perro, pero mantuvo una distancia cautelosa.

Buck nauroi kuin koira, mutta pysytteli varovaisen etäisyyttä.

François le quitó el arnés a Solleks y lo devolvió a su lugar.

François otti Solleksin valjaat pois ja palautti hänet paikalleen.

El equipo de trineo estaba completamente arneses y solo había un lugar libre.

Pulkkavaljakko seisoi täydessä valjastossa, vain yksi paikka oli täyttämättä.

La posición de liderazgo quedó vacía, claramente destinada solo para Buck.

Johtopaikka pysyi tyhjänä, selvästi tarkoitettuna vain Buckille.

François volvió a llamar, y nuevamente Buck rió y se mantuvo firme.

François huusi uudestaan, ja taas Buck nauroi ja piti pintansa.

—Tira el garrote —ordenó Perrault sin dudarlo.

"Heitä pamppu maahan", Perrault määräsi epäröimättä.

François obedeció y Buck inmediatamente trotó hacia adelante orgulloso.

François totteli, ja Buck ravasi heti ylpeänä eteenpäin.

Se rió triunfante y asumió la posición de líder.

Hän nauroi voitonriemuisesti ja astui johtoasemaan.

François aseguró sus correajes y el trineo se soltó.

François varmisti jälkiensä siteet, ja reki päästettiin irti.

Ambos hombres corrieron al lado del equipo mientras corrían hacia el sendero del río.

Molemmat miehet juoksivat rinnakkain, kun joukkue kiiruhti jokipolulle.

François tenía en alta estima a los "dos demonios" de Buck.

François oli pitänyt Buckin "kahdesta paholaisesta" suuresti.

Pero pronto se dio cuenta de que en realidad había subestimado al perro.

mutta pian hän tajusi aliarvioineensa koiran.

Buck asumió rápidamente el liderazgo y trabajó con excelencia.

Buck otti nopeasti johtajuuden ja suoriutui erinomaisesti.

En juicio, pensamiento rápido y acción veloz, Buck superó a Spitz.

Harkintakyvyssä, nopeassa ajattelussa ja nopeassa toiminnassa Buck ylitti Spitzin.

François nunca había visto un perro igual al que Buck mostraba ahora.

François ei ollut koskaan nähnyt koiraa, jollaista Buck nyt esitteli.

Pero Buck realmente sobresalía en imponer el orden e imponer respeto.

Mutta Buck todella loisti järjestyksen valvomisessa ja kunnioituksen herättämisessä.

Dave y Solleks aceptaron el cambio sin preocupación ni protesta.

Dave ja Solleks hyväksyivät muutoksen huoletta tai vastalauseettomatta.

Se concentraron únicamente en el trabajo y en tirar con fuerza de las riendas.

He keskittyivät vain työhön ja ohjasten kovaan vetämiseen.

A ellos les importaba poco quién iba delante, siempre y cuando el trineo siguiera moviéndose.

Heitä ei kiinnostanut kuka johti, kunhan reki pysyi liikkeessä.

Billee, la alegre, podría haber liderado todo lo que a ellos les importaba.

Billee, tuo iloinen, olisi voinut johtaa, vaikka he välittäisivätkin.

Lo que les importaba era la paz y el orden en las filas.

Heille tärkeintä oli rauha ja järjestys riveissä.

El resto del equipo se había vuelto rebelde durante la decadencia de Spitz.

Muu joukkue oli käynyt kurittomaksi Spitzin alamäen aikana.

Se sorprendieron cuando Buck inmediatamente los puso en orden.

He olivat järkyttyneitä, kun Buck heti pakotti heidät järjestykseen.

Pike siempre había sido perezoso y arrastraba los pies detrás de Buck.

Pike oli aina ollut laiska ja laahannut jalkojaan Buckin perässä.

Pero ahora el nuevo liderazgo lo ha disciplinado severamente.

Mutta nyt uusi johto kuritti häntä ankarasti.

Y rápidamente aprendió a aportar su granito de arena en el equipo.

Ja hän oppi nopeasti kantamaan vastuuta joukkueessa.

Al final del día, Pike trabajó más duro que nunca.
Päivän loppuun mennessä Pike työskenteli kovemmin kuin koskaan ennen.

Esa noche en el campamento, Joe, el perro amargado, finalmente fue sometido.
Sinä iltana leirissä Joe, hapan koira, oli vihdoin talttunut.

Spitz no logró disciplinarlo, pero Buck no falló.
Spitz ei ollut onnistunut kurittamaan häntä, mutta Buck ei epäonnistunut.

Utilizando su mayor peso, Buck superó a Joe en segundos.
Suuremmalla painollaan Buck peittosi Joen sekunneissa.

Mordió y golpeó a Joe hasta que gimió y dejó de resistirse.
Hän puri ja hakkasi Joeta, kunnes tämä vinkui ja lakkasi vastustelemasta.

Todo el equipo mejoró a partir de ese momento.
Koko joukkue parani siitä hetkestä lähtien.

Los perros recuperaron su antigua unidad y disciplina.
Koirat saivat takaisin vanhan yhtenäisyytensä ja kurinalaisuuden.

En Rink Rapids, se unieron dos nuevos huskies nativos, Teek y Koona.
Rink Rapidsissa kaksi uutta kotoperäistä huskya, Teek ja Koona, liittyivät mukaan.

El rápido entrenamiento que Buck les dio sorprendió incluso a François.
Buckin nopea koulutus hämmästytti jopa Françoisia.

"¡Nunca hubo un perro como ese Buck!" gritó con asombro.
"Ei ole koskaan ollut tuollaista koiraa kuin tuo Buck!" hän huudahti hämmästyneenä.

¡No, jamás! ¡Vale mil dólares, por Dios!
"Ei, ei koskaan! Hän on tuhannen dollarin arvoinen, jumalauta!"

—¿Eh? ¿Qué dices, Perrault? —preguntó con orgullo.
"Häh? Mitä sanot, Perrault?" hän kysyi ylpeänä.

Perrault asintió en señal de acuerdo y revisó sus notas.
Perrault nyökkäsi myöntävästi ja tarkisti muistiinpanojaan.

Ya vamos por delante del cronograma y ganamos más cada día.
Olemme jo aikataulusta edellä ja saamme lisää joka päivä.
El sendero estaba duro y liso, sin nieve fresca.
Polku oli kovaksi tallattu ja tasainen, eikä uutta lunta ollut satanut.
El frío era constante, rondando los cincuenta grados bajo cero durante todo el tiempo.
Kylmyys oli tasaista, koko ajan viisikymmentä astetta pakkasen puolella.
Los hombres cabalgaban y corrían por turnos para entrar en calor y ganar tiempo.
Miehet ratsastivat ja juoksivat vuorotellen pysyäkseen lämpiminä ja kiirehtiäkseen.
Los perros corrían rápido, con pocas paradas y siempre avanzando.
Koirat juoksivat nopeasti pysähdyksin, aina eteenpäin työntyen.
El río Thirty Mile estaba casi congelado y era fácil cruzarlo.
Kolmekymmentämailin joki oli enimmäkseen jäässä ja helppo ylittää.
Salieron en un día lo que habían tardado diez días en llegar.
He lähtivät yhdessä päivässä, kun taas takaisin tullessa he olivat kuluneet kymmenen päivää.
Hicieron una carrera de sesenta millas desde el lago Le Barge hasta White Horse.
He tekivät kuudenkymmenen mailin mittaisen syöksyn Lake Le Bargesta White Horseen.
A través de los lagos Marsh, Tagish y Bennett se movieron increíblemente rápido.
Marsh-, Tagish- ja Bennett-järvien yli he liikkuivat uskomattoman nopeasti.
El hombre corriendo remolcado detrás del trineo por una cuerda.
Juokseva mies hinattiin köydellä reen perässä.
En la última noche de la segunda semana llegaron a su destino.

Toisen viikon viimeisenä iltana he saapuivat määränpäähänsä.

Habían llegado juntos a la cima del Paso Blanco.

He olivat yhdessä saavuttaneet White Passin huipun.

Descendieron al nivel del mar con las luces de Skaguay debajo de ellos.

He laskeutuivat merenpinnan tasolle Skaguayn valot alapuolellaan.

Había sido una carrera que estableció un récord a través de kilómetros de desierto frío.

Se oli ollut ennätykselliset juoksut kilometrien päässä kylmästä erämaasta.

Durante catorce días seguidos, recorrieron un promedio de cuarenta millas.

Neljäntoista päivän ajan putkeen he kulkivat keskimäärin vahvat neljäkymmentä mailia.

En Skaguay, Perrault y François transportaban mercancías por la ciudad.

Skaguayssa Perrault ja François kuljettivat lastia kaupungin läpi.

Fueron aplaudidos y la multitud admirada les ofreció muchas bebidas.

Ihaileva väkijoukko hurrasi heille ja tarjosi heille paljon juomia.

Los cazadores de perros y los trabajadores se reunieron alrededor del famoso equipo de perros.

Koiranmetsästäjät ja työläiset kokoontuivat kuuluisan koiravaljakon ympärille.

Luego, los forajidos del oeste llegaron a la ciudad y sufrieron una derrota violenta.

Sitten länsimaalaiset lainsuojattomat tulivat kaupunkiin ja kärsivät väkivaltaisen tappion.

La gente pronto se olvidó del equipo y se centró en un nuevo drama.

Ihmiset unohtivat pian joukkueen ja keskittyivät uuteen draamaan.

Luego vinieron las nuevas órdenes que cambiaron todo de golpe.

Sitten tulivat uudet määräykset, jotka muuttivat kaiken
kerralla.

François llamó a Buck y lo abrazó con orgullo entre lágrimas.

François kutsui Buckin luokseen ja halasi tätä kyynelsilmin
silmissä ylpeänä.

**Ese momento fue la última vez que Buck volvió a ver a
François.**

Se hetki oli viimeinen kerta, kun Buck näki Françoisin enää.

**Como muchos hombres antes, tanto François como Perrault
se habían ido.**

Kuten monet miehet ennenkin, sekä François että Perrault
olivat poissa.

**Un mestizo escocés se hizo cargo de Buck y sus compañeros
de equipo de perros de trineo.**

Skotlantilainen puoliverinen otti Buckin ja hänen
rekikoiratoveriensa vastuulle.

**Con una docena de otros equipos de perros, regresaron por
el sendero hasta Dawson.**

Tusinaisen muun koiravaljakon kanssa he palasivat polkua
pitkin Dawsoniin.

**Ya no era una carrera rápida, solo un trabajo duro con una
carga pesada cada día.**

Se ei ollut enää nopeaa juoksua – vain raskasta uurastusta
raskaan taakan kanssa joka päivä.

**Éste era el tren correo que llevaba noticias a los buscadores
de oro cerca del Polo.**

Tämä oli postijuna, joka toi sanan kullanmetsästäjille lähellä
napaa.

**A Buck no le gustaba el trabajo, pero lo soportaba bien y se
enorgullecía de su esfuerzo.**

Buck ei pitänyt työstä, mutta kesti sen hyvin ja oli ylpeä
ponnisteluistaan.

**Al igual que Dave y Solleks, Buck mostró devoción por cada
tarea diaria.**

Kuten Dave ja Solleks, Buck osoitti omistautumista jokaiselle
päivittäiselle tehtävälle.

Se aseguró de que cada uno de sus compañeros hiciera su parte.

Hän varmisti, että kaikki hänen joukkuetoverinsa tekivät oman osansa.

La vida en el sendero se volvió aburrida, repetida con la precisión de una máquina.

Polun elämä muuttui tylsäksi, toistuen koneen tarkkuudella.

Cada día parecía igual, una mañana se fundía con la siguiente.

Jokainen päivä tuntui samalta, yksi aamu sulautui seuraavaan.

A la misma hora, los cocineros se levantaron para hacer fogatas y preparar la comida.

Samalla hetkellä kokit nousivat tekemään nuotioita ja valmistamaan ruokaa.

Después del desayuno, algunos abandonaron el campamento mientras otros enjaezaron los perros.

Aamiaisen jälkeen jotkut lähtivät leiristä, kun taas toiset valjastivat koirat.

Se pusieron en marcha antes de que la tenue señal del amanecer tocara el cielo.

He pääsivät polulle ennen kuin aamunkoiton himmeä varoitus kosketti taivasta.

Por la noche se detenían para acampar, cada hombre con una tarea determinada.

Yöksi he pysähtyivät leiriytymään, ja jokaisella miehellä oli oma tehtävänsä.

Algunos montaron tiendas de campaña, otros cortaron leña y recogieron ramas de pino.

Jotkut pystyttivät teltat, toiset pilkkoivat polttopuita ja keräsivät männynoksia.

Se llevaba agua o hielo a los cocineros para la cena.

Vettä tai jäätä kannettiin takaisin kokeille illallista varten.

Los perros fueron alimentados y esta fue la mejor parte del día para ellos.

Koirat ruokittiin, ja tämä oli niille päivän paras osa.

Después de comer pescado, los perros se relajaron y descansaron cerca del fuego.

Syötyään kalaa koirat rentoutuivat ja makoilivat nuotion lähellä.

Había otros cien perros en el convoy con los que mezclarse.

Saattueessa oli sata muuta koiraa, joiden kanssa seurustella.

Muchos de esos perros eran feroces y rápidos para pelear sin previo aviso.

Monet noista koirista olivat raivokkaita ja nopeasti taistelemaan varoittamatta.

Pero después de tres victorias, Buck dominó incluso a los luchadores más feroces.

Mutta kolmen voiton jälkeen Buck hallitsi jopa kovimmatkin taistelijat.

Cuando Buck gruñó y mostró los dientes, se hicieron a un lado.

Kun Buck nyt murahti ja näytti hampaitaan, he astuivat sivuun.

Quizás lo mejor de todo es que a Buck le encantaba tumbarse cerca de la fogata parpadeante.

Ehkä parasta kaikesta oli se, että Buck rakasti maata lepattavan nuotion lähellä.

Se agachó con las patas traseras dobladas y las patas delanteras estiradas hacia adelante.

Hän kyykistyi takajalat koukussa ja etujalat ojennettuina eteenpäin.

Levantó la cabeza mientras parpadeaba suavemente ante las llamas brillantes.

Hän nosti päätään ja räpytteli silmiään pehmeästi hehkuville liekeille.

A veces recordaba la gran casa del juez Miller en Santa Clara.

Joskus hän muisti tuomari Millerin suuren talon Santa Clarassa.

Pensó en la piscina de cemento, en Ysabel y en el pug llamado Toots.

Hän ajatteli sementtiallasta, Ysabelia ja mopsia nimeltä Toots.

Pero más a menudo recordaba el garrote del hombre del suéter rojo.

Mutta useammin hän muisti punavillaisen miehen nuijan.

Recordó la muerte de Curly y su feroz batalla con Spitz.

Hän muisti Kiharan kuoleman ja ankaran taistelunsa Spitzin kanssa.

También recordó la buena comida que había comido o con la que aún soñaba.

Hän muisteli myös hyvää ruokaa, jota oli syönyt tai josta hän yhä unelmoi.

Buck no sentía nostalgia: el cálido valle era distante e irreal.

Buckilla ei ollut koti-ikävää – lämmin laakso oli kaukainen ja epätodellinen.

Los recuerdos de California ya no ejercían ninguna atracción sobre él.

Kalifornian muistot eivät enää vedättäneet häntä puoleensa.

Más fuertes que la memoria eran los instintos profundos en su linaje.

Muistia vahvempia olivat vaistot syvällä hänen suvussaan.

Los hábitos que una vez se habían perdido habían regresado, revividos por el camino y la naturaleza.

Kerran menetetyt tavat olivat palanneet, polun ja erämaan herättäminä henkiin.

Mientras Buck observaba la luz del fuego, a veces se convertía en otra cosa.

Buckin katsellessa nuotionvaloa siitä tuli joskus jotain muuta.

Vio a la luz del fuego otro fuego, más antiguo y más profundo que el actual.

Hän näki tulenvalossa toisen tulen, vanhemman ja syvemmän kuin nykyinen.

Junto a ese otro fuego se agazapaba un hombre que no se parecía en nada al cocinero mestizo.

Tuon toisen tulen vieressä kyykistyi mies, joka ei ollut samanlainen kuin puoliverinen kokki.

Esta figura tenía piernas cortas, brazos largos y músculos duros y anudados.

Tällä hahmolla oli lyhyet jalat, pitkät käsivarret ja kovat, solmuiset lihakset.

Su cabello era largo y enmarañado, y caía hacia atrás desde los ojos.
Hänen hiuksensa olivat pitkät ja takkuiset, ja ne laskivat taaksepäin silmien alta.

Hizo ruidos extraños y miró con miedo hacia la oscuridad.
Hän päästi outoja ääniä ja tuijotti peloissaan pimeyttä.

Sostenía agachado un garrote de piedra, firmemente agarrado con su mano larga y áspera.
Hän piteli kivistä nuijaa matalalla, tiukasti puristettuna pitkässä, karheassa kädessään.

El hombre vestía poco: sólo una piel carbonizada que le colgaba por la espalda.
Miehellä oli yllään vain vähän vaatteita; vain hiiltynyt iho, joka roikkui hänen selkäänsä pitkin.

Su cuerpo estaba cubierto de espeso vello en los brazos, el pecho y los muslos.
Hänen vartaloaan peitti paksu karva käsivarsissa, rinnassa ja reisissä.

Algunas partes del cabello estaban enredadas en parches de pelaje áspero.
Jotkut hiuksista olivat sotkeutuneet karheiksi turkkilaikuiksi.

No se mantenía erguido, sino inclinado hacia delante desde las caderas hasta las rodillas.
Hän ei seissyt suorassa, vaan oli kumarassa eteenpäin lantiosta polviin.

Sus pasos eran elásticos y felinos, como si estuviera siempre dispuesto a saltar.
Hänen askeleensa olivat joustavat ja kissamaiset, ikään kuin aina valmiina hyppäämään.

Había un estado de alerta agudo, como si viviera con miedo constante.
Hän oli terävän valppaana, aivan kuin hän olisi elänyt jatkuvassa pelossa.

Este hombre anciano parecía esperar el peligro, ya sea que lo viera o no.
Tämä muinainen mies näytti odottavan vaaraa, näkyipä vaaraa tai ei.

A veces, el hombre peludo dormía junto al fuego, con la cabeza metida entre las piernas.

Välillä karvainen mies nukkui tulen ääressä pää jalkojen välissä.

Sus codos descansaban sobre sus rodillas, sus manos entrelazadas sobre su cabeza.

Hänen kyynärpäänsä lepäsivät polvillaan, kädet ristissä pään yläpuolella.

Como un perro, usó sus brazos peludos para protegerse de la lluvia que caía.

Koiran tavoin hän käytti karvaisia käsivarsiaan pudistaakseen pois putoavan sateen.

Más allá de la luz del fuego, Buck vio dos brasas brillando en la oscuridad.

Tulenvalossa Buck näki kaksi hiiliä hehkuvan pimeässä.

Siempre de dos en dos, eran los ojos de las bestias rapaces al acecho.

Aina pareittain, ne olivat vaanivien petoeläinten silmät.

Escuchó cuerpos chocando contra la maleza y ruidos en la noche.

Hän kuuli ruumiiden rysähdyksiä pensaiden läpi ja ääniä yössä.

Acostado en la orilla del Yukón, parpadeando, Buck soñaba junto al fuego.

Makaessaan Yukonin rannalla ja räpytellen silmiään Buck unelmoi nuotion ääressä.

Las vistas y los sonidos de ese mundo salvaje le ponían los pelos de punta.

Tuon villin maailman näkymät ja äänet nostivat hänen hiuksensa pystyyn.

El pelaje se le subió por la espalda, los hombros y el cuello.

Karva nousi pystyyn hänen selkäänsä, hartioitaan ja kaulaansa pitkin.

Él gimió suavemente o emitió un gruñido bajo y profundo en su pecho.

Hän vinkui hiljaa tai murahti matalasti syvällä rinnassaan.

Entonces el cocinero mestizo gritó: "¡Oye, Buck, despierta!"

Sitten puoliverinen kokki huusi: "Hei, Buck, herää!"

El mundo de los sueños desapareció y la vida real regresó a los ojos de Buck.

Unelmamaailma katosi, ja todellinen elämä palasi Buckin silmiin.

Iba a levantarse, estirarse y bostezar, como si acabara de despertar de una siesta.

Hän aikoi nousta ylös, venytellä ja haukotella, aivan kuin olisi herännyt torkuilta.

El viaje fue duro, con el trineo del correo arrastrándose detrás de ellos.

Matka oli raskas, postireen laahatessa perässä.

Las cargas pesadas y el trabajo duro agotaban a los perros cada largo día.

Raskaat kuormat ja kova työ uuvuttivat koiria joka pitkä päivä.

Llegaron a Dawson delgados, cansados y necesitando más de una semana de descanso.

He saapuivat Dawsoniin laihoina, väsyneinä ja yli viikon lepoa tarvitsevina.

Pero sólo dos días después, emprendieron nuevamente el descenso por el Yukón.

Mutta vain kaksi päivää myöhemmin he lähtivät taas matkaan alas Yukonia.

Estaban cargados con más cartas destinadas al mundo exterior.

Ne lastattiin lisää kirjeillä, jotka oli tarkoitettu ulkomaailmaan.

Los perros estaban exhaustos y los hombres se quejaban constantemente.

Koirat olivat uupuneita ja miehet valittivat jatkuvasti.

La nieve caía todos los días, suavizando el camino y ralentizando los trineos.

Lunta satoi joka päivä, pehmentäen polkua ja hidastaen kelkkoja.

Esto provocó que el tirón fuera más difícil y hubo más resistencia para los corredores.

Tämä vaikeutti vetämistä ja lisäsi vastusta jalankulkijoille.

A pesar de eso, los pilotos fueron justos y se preocuparon por sus equipos.
Siitä huolimatta kuljettajat olivat reiluja ja välittivät tiimeistään.

Cada noche, los perros eran alimentados antes de que los hombres pudieran comer.
Joka ilta koirat ruokittiin ennen kuin miehet pääsivät syömään.

Ningún hombre duerme sin antes revisar las patas de su propio perro.
Yksikään mies ei nukkunut tarkistamatta oman koiransa jalkoja.

Aún así, los perros se fueron debilitando a medida que los kilómetros iban desgastando sus cuerpos.
Koirat kuitenkin heikkenivät kilometrien rasittaessa niiden kehoa.

Habían viajado mil ochocientas millas durante el invierno.
He olivat matkustaneet kahdeksansataa mailia läpi talven.

Tiraron de trineos a lo largo de cada milla de esa brutal distancia.
He vetivät kelkkoja jokaisen mailin yli tuolla julmalla matkalla.

Incluso los perros de trineo más resistentes sienten tensión después de tantos kilómetros.
Kovimmatkin rekikoirat tuntevat rasitusta niin monien kilometrien jälkeen.

Buck aguantó, mantuvo a su equipo trabajando y mantuvo la disciplina.
Buck piti pintansa, piti tiiminsä työssä ja säilytti kurin.

Pero Buck estaba cansado, al igual que los demás en el largo viaje.
Mutta Buck oli väsynyt, aivan kuten muutkin pitkällä matkalla.

Billee gemía y lloraba mientras dormía todas las noches sin falta.
Billee valitti ja itki unissaan joka yö taukoamatta.

Joe se volvió aún más amargado y Solleks se mantuvo frío y distante.
Joe katkeroitui entisestään, ja Solleks pysyi kylmänä ja etäisenä.
Pero fue Dave quien sufrió más de todo el equipo.
Mutta koko joukkueesta pahiten kärsi Dave.
Algo había ido mal dentro de él, aunque nadie sabía qué.
Jokin hänen sisällään oli mennyt pieleen, vaikka kukaan ei tiennyt mitä.
Se volvió más malhumorado y les gritaba a los demás con creciente enojo.
Hänestä tuli pahantuulisempi ja hän tiuskaisi toisille kasvavalla vihalla.
Cada noche iba directo a su nido, esperando ser alimentado.
Joka yö hän meni suoraan pesäänsä odottamaan ruokaa.
Una vez que cayó, Dave no se levantó hasta la mañana.
Kun Dave oli kerran laskeutunut maahan, hän ei noussut ylös ennen aamua.
En las riendas, tirones o arranques repentinos le hacían gritar de dolor.
Ohjissa äkilliset nykäykset tai säpsähdykset saivat hänet huutamaan tuskasta.
Su conductor buscó la causa, pero no encontró heridos.
Kuljettaja etsi syytä onnettomuuteen, mutta ei löytänyt miehestä vammoja.
Todos los conductores comenzaron a observar a Dave y discutieron su caso.
Kaikki kuljettajat alkoivat tarkkailla Davea ja keskustella hänen tapauksestaan.
Hablaron durante las comidas y durante el último cigarrillo del día.
He juttelivat aterioilla ja päivän viimeisen savukkeen polttaessaan.
Una noche tuvieron una reunión y llevaron a Dave al fuego.
Eräänä iltana he pitivät kokouksen ja toivat Daven tulen ääreen.
Le apretaron y le palparon el cuerpo, y él gritaba a menudo.

He painoivat ja tutkivat hänen ruumistaan, ja hän huusi usein.

Estaba claro que algo iba mal, aunque no parecía haber ningún hueso roto.

Selvästikin jokin oli vialla, vaikka luita ei näyttänyt olevan murtunut.

Cuando llegaron a Cassiar Bar, Dave se estaba cayendo.

Siihen mennessä kun he saapuivat Cassiar Barille, Dave oli kaatumassa.

El mestizo escocés pidió un alto y eliminó a Dave del equipo.

Skotlantilainen puoliverinen pysäytti valjakon ja poisti Daven valjakosta.

Sujetó a Solleks en el lugar de Dave, más cerca del frente del trineo.

Hän kiinnitti Solleksin Daven paikalle, lähimmäksi reen etuosaa.

Su intención era dejar que Dave descansara y corriera libremente detrás del trineo en movimiento.

Hän aikoi antaa Daven levätä ja juosta vapaana liikkuvan reen perässä.

Pero incluso estando enfermo, Dave odiaba que lo sacaran del trabajo que había tenido.

Mutta sairaanakin Dave vihasi sitä, että hänet erotettiin aiemmin omistamastaan työstä.

Gruñó y gimió cuando le quitaron las riendas del cuerpo.

Hän murahti ja vinkui, kun ohjat vedettiin pois hänen ruumiistaan.

Cuando vio a Solleks en su lugar, lloró con el corazón roto.

Nähdessään Solleksin hänen paikallaan hän itki särkyneestä sydämestä.

El orgullo por el trabajo en los senderos estaba profundamente arraigado en Dave, incluso cuando se acercaba la muerte.

Polkutyön ylpeys oli syvällä Davessa, jopa kuoleman lähestyessä.

Mientras el trineo se movía, Dave se tambaleaba sobre la nieve blanda cerca del sendero.

Kelkan liikkuessa Dave rämpi pehmeässä lumessa lähellä polkua.

Atacó a Solleks, mordiéndolo y empujándolo desde el costado del trineo.

Hän hyökkäsi Solleksin kimppuun puremalla ja työntämällä tätä reen kyljestä.

Dave intentó saltar al arnés y recuperar su lugar de trabajo.

Dave yritti hypätä valjaisiin ja vallata takaisin työpaikkansa.

Gritó, se quejó y lloró, dividido entre el dolor y el orgullo por el trabajo.

Hän huusi, vinkui ja itki, ristitulessa kivun ja synnytysylpeyden välillä.

El mestizo usó su látigo para intentar alejar a Dave del equipo.

Puoliverinen yritti ajaa Daven pois joukkueen luota ruoskallaan.

Pero Dave ignoró el látigo y el hombre no pudo golpearlo más fuerte.

Mutta Dave jätti ruoskan huomiotta, eikä mies voinut lyödä häntä kovemmin.

Dave rechazó el camino más fácil detrás del trineo, donde la nieve estaba acumulada.

Dave kieltäytyi helpommasta polusta reen takana, jossa lunta oli pakkautunut.

En cambio, luchaba en la nieve profunda junto al sendero, en la miseria.

Sen sijaan hän kamppaili kurjuudessa polun vieressä olevassa syvässä lumessa.

Finalmente, Dave se desplomó, quedó tendido en la nieve y aullando de dolor.

Lopulta Dave lyyhistyi makaamaan lumeen ja ulvoi tuskasta.

Gritó cuando el largo tren de trineos pasó a su lado uno por uno.

Hän huudahti, kun pitkä kelkkajono ohitti hänet yksi kerrallaan.

Aún con las fuerzas que le quedaban, se levantó y tropezó tras ellos.

Jäljellä olevilla voimillaan hän kuitenkin nousi ja kompuroi
heidän peräänsä.

**Lo alcanzó cuando el tren se detuvo nuevamente y encontró
su viejo trineo.**

Hän saavutti junan pysähtyessä uudelleen ja löysi vanhan
rekänsä.

**Pasó junto a los otros equipos y se quedó de nuevo al lado
de Solleks.**

Hän lipui rämpimällä muiden joukkueiden ohi ja seisoi taas
Solleksin vieressä.

**Cuando el conductor se detuvo para encender su pipa, Dave
aprovechó su última oportunidad.**

Kun kuljettaja pysähtyi sytyttääkseen piippunsa, Dave käytti
viimeisen tilaisuutensa.

Cuando el conductor regresó y gritó, el equipo no avanzó.

Kun kuljettaja palasi ja huusi, joukkue ei edennyt eteenpäin.

**Los perros habían girado la cabeza, confundidos por la
parada repentina.**

Koirat olivat kääntäneet päätään hämmentyneinä äkillisestä
pysähdyksestä.

**El conductor también estaba sorprendido: el trineo no se
había movido ni un centímetro hacia adelante.**

Kuljettajakin oli järkyttynyt – reki ei ollut liikkunut
tuumaakaan eteenpäin.

**Llamó a los demás para que vinieran a ver qué había
sucedido.**

Hän huusi muille, että he tulisivat katsomaan, mitä oli
tapahtunut.

**Dave había mordido las riendas de Solleks, rompiéndolas
ambas.**

Dave oli pureskellut Solleksin ohjat poikki ja katkaissut
molemmat.

**Ahora estaba de pie frente al trineo, nuevamente en su
posición correcta.**

Nyt hän seisoi reen edessä, takaisin oikealla paikallaan.

**Dave miró al conductor y le rogó en silencio que se
mantuviera en el carril.**

Dave katsoi kuljettajaa ja aneli hiljaa saada pysyä köysissä.

El conductor estaba desconcertado, sin saber qué hacer con el perro que luchaba.

Kuljettaja oli hämmentynyt, eikä tiennyt, mitä tehdä kamppailevalle koiralle.

Los otros hombres hablaron de perros que habían muerto al ser sacados a la calle.

Muut miehet puhuivat koirista, jotka olivat kuolleet ulos otettaessa.

Contaron sobre perros viejos o heridos cuyo corazón se rompió al ser abandonados.

He kertoivat vanhoista tai loukkaantuneista koirista, joiden sydämet särkyivät, kun ne jätettiin taakse.

Estuvieron de acuerdo en que era una misericordia dejar que Dave muriera mientras aún estaba en su arnés.

He olivat yhtä mieltä siitä, että oli armoa antaa Daven kuolla vielä valjaissaan.

Lo volvieron a sujetar al trineo y Dave tiró con orgullo.

Hänet kiinnitettiin takaisin kelkkaan, ja Dave veti ylpeänä.

Aunque a veces gritaba, trabajaba como si el dolor pudiera ignorarse.

Vaikka hän huusi ajoittain, hän työskenteli aivan kuin kipua ei voisi sivuuttaa.

Más de una vez se cayó y fue arrastrado antes de levantarse de nuevo.

Hän kaatui useammin kuin kerran ja joutui raahautumaan ennen kuin nousi uudelleen.

Un día, el trineo pasó por encima de él y desde ese momento empezó a cojear.

Kerran reki pyörähti hänen ylitseen, ja hän ontui siitä hetkestä lähtien.

Aún así, trabajó hasta llegar al campamento y luego se acostó junto al fuego.

Silti hän työskenteli, kunnes leiri saavutti, ja sitten makasi nuotion ääressä.

Por la mañana, Dave estaba demasiado débil para viajar o incluso mantenerse en pie.

Aamuun mennessä Dave oli liian heikko matkustaakseen tai edes seistäkseen pystyssä.

En el momento de preparar el arnés, intentó alcanzar a su conductor con un esfuerzo tembloroso.

Valjaiden kiinnittämisen hetkellä hän yritti vapisevin voimin tavoittaa kuljettajaansa.

Se obligó a levantarse, se tambaleó y se desplomó sobre el suelo nevado.

Hän nousi ylös, horjahti ja lysähti lumipeitteiselle maalle.

Utilizando sus patas delanteras, arrastró su cuerpo hacia el área del arnés.

Etujalkojaan käyttäen hän raahasi ruumistaan kohti valjaiden kiinnitysaluetta.

Avanzó poco a poco, centímetro a centímetro, hacia los perros de trabajo.

Hän hiipi eteenpäin, tuuma tuumalta, työkoiria kohti.

Sus fuerzas se acabaron, pero siguió avanzando en su último y desesperado esfuerzo.

Hänen voimansa pettivät, mutta hän jatkoi viimeistä epätoivoista ponnistustaan.

Sus compañeros de equipo lo vieron jadeando en la nieve, todavía deseando unirse a ellos.

Hänen joukkuetoverinsa näkivät hänen haukkovan henkeään lumessa, yhä kaipaavan liittyä heidän seuraansa.

Lo oyeron aullar de dolor mientras dejaban atrás el campamento.

He kuulivat hänen ulvovan surusta lähtiessään leiristä taakseen.

Cuando el equipo desapareció entre los árboles, el grito de Dave resonó detrás de ellos.

Kun joukkue katosi puiden sekaan, Daven huuto kaikui heidän takanaan.

El tren de trineos se detuvo brevemente después de cruzar un tramo de bosque junto al río.

Rekijuna pysähtyi hetkeksi ylitettyään jokimetsän.

El mestizo escocés caminó lentamente de regreso hacia el campamento que estaba detrás.

Skotlantilainen puoliverinen käveli hitaasti takaisin kohti takanaan olevaa leiriä.

Los hombres dejaron de hablar cuando lo vieron salir del tren de trineos.

Miehet lopettivat puhumisen nähdessään hänen poistuvan rekijunasta.

Entonces un único disparo se oyó claro y nítido en el camino.

Sitten yksi ainoa laukaus kajahti selvästi ja terävästi polun poikki.

El hombre regresó rápidamente y ocupó su lugar sin decir palabra.

Mies palasi nopeasti takaisin ja istuutui paikalleen sanomatta sanaakaan.

Los látigos crujieron, las campanas tintinearon y los trineos rodaron por la nieve.

Ruoskat pauhasivat, kellot kilisivät ja reet vierivät eteenpäin lumen läpi.

Pero Buck sabía lo que había sucedido... y todos los demás perros también.

Mutta Buck tiesi, mitä oli tapahtunut – ja niin tiesivät kaikki muutkin koirat.

El trabajo de las riendas y el sendero
Ohjien ja polun vaivannäkö

Treinta días después de salir de Dawson, el Salt Water Mail llegó a Skaguay.
Kolmekymmentä päivää Dawsonista lähdön jälkeen Salt Water Mail saapui Skaguayhin.

Buck y sus compañeros tomaron la delantera, llegando en lamentables condiciones.
Buck ja hänen joukkuetoverinsa ottivat johdon saapuessaan paikalle surkeassa kunnossa.

Buck había bajado de ciento cuarenta a ciento quince libras.
Buck oli pudonnut sadasta neljästäkymmenestä kilosta sataan viiteentoista paunaan.

Los otros perros, aunque más pequeños, habían perdido aún más peso corporal.
Muut koirat, vaikkakin pienempiä, olivat laihtuneet vielä enemmän.

Pike, que antes fingía cojear, ahora arrastraba tras él una pierna realmente herida.
Pike, joka aiemmin teeskenteli ontuvan, raahasi nyt todella loukkaantunutta jalkaansa perässään.

Solleks cojeaba mucho y Dub tenía un omóplato torcido.
Solleks ontui pahasti, ja Dubin lapaluu oli vääntynyt.

Todos los perros del equipo tenían las patas doloridas por las semanas que pasaron en el sendero helado.
Jokaisen joukkueen koiran jalat olivat kipeät viikkojen jäätyneellä polulla vietettyään.

Ya no tenían resorte en sus pasos, sólo un movimiento lento y arrastrado.
Heidän askeleissaan ei ollut enää lainkaan joustavuutta, vain hidas, laahustava liike.

Sus pies golpeaban el sendero con fuerza y cada paso añadía más tensión a sus cuerpos.
Heidän jalkansa osuivat lujaa polkuun, ja jokainen askel lisäsi rasitusta heidän kehoilleen.

No estaban enfermos, sólo agotados más allá de toda recuperación natural.
He eivät olleet sairaita, vain uupuneita luonnollisen toipumisen yli.
No era el cansancio de un día duro que se curaba con una noche de descanso.
Tämä ei ollut yhden raskaan päivän aiheuttamaa väsymystä, joka olisi parantunut yöunilla.
Fue un agotamiento acumulado lentamente a lo largo de meses de esfuerzo agotador.
Se oli uupumusta, joka rakentui hitaasti kuukausien uuvuttavan ponnistelun tuloksena.
No quedaban reservas de fuerza: habían agotado todas las que tenían.
Ei ollut enää reservivoimaa – he olivat käyttäneet kaiken jäljellä olevan.
Cada músculo, fibra y célula de sus cuerpos estaba gastado y desgastado.
Jokainen lihas, kuitu ja solu heidän kehoissaan oli kulunut loppuun.
Y había una razón: habían recorrido dos mil quinientas millas.
Ja siihen oli syy – he olivat kulkeneet kaksituhatta viisisataa mailia.
Habían descansado sólo cinco días durante las últimas mil ochocientas millas.
He olivat levänneet vain viisi päivää viimeisten kahdeksantoistasadan mailin aikana.
Cuando llegaron a Skaguay, parecían apenas capaces de mantenerse en pie.
Skaguayhin saapuessaan he näyttivät tuskin pystyvän seisomaan pystyssä.
Se esforzaron por mantener las riendas tensas y permanecer delante del trineo.
Heillä oli vaikeuksia pitää ohjat tiukasti ja pysyä reen edellä.
En las bajadas sólo lograron evitar ser atropellados.
Alamäissä he onnistuivat vain välttämään yliajon.

"Sigan adelante, pobres pies doloridos", dijo el conductor mientras cojeaban.

"Marssia eteenpäin, raukat kipeät jalat", kuljettaja sanoi heidän ontuessaan eteenpäin.

"Este es el último tramo, luego todos tendremos un largo descanso, seguro".

"Tämä on viimeinen osuus, ja sitten me kaikki saamme varmasti yhden pitkän lepotauon."

"Un descanso verdaderamente largo", prometió mientras los observaba tambalearse hacia adelante.

"Yksi todella pitkä lepo", hän lupasi katsellen heidän horjuvan eteenpäin.

Los conductores esperaban que ahora tuvieran un descanso largo y necesario.

Kuljettajat odottivat saavansa nyt pitkän ja tarpeellisen tauon.

Habían recorrido mil doscientas millas con sólo dos días de descanso.

He olivat matkustaneet kaksisataa kilometriä vain kahden päivän lepotauolla.

Por justicia y razón, sintieron que se habían ganado tiempo para relajarse.

Kohtuullisuuden ja oikeudenmukaisuuden nimissä he kokivat ansainneensa aikaa rentoutua

Pero eran demasiados los que habían llegado al Klondike y muy pocos los que se habían quedado en casa.

Mutta liian monet olivat tulleet Klondikeen, ja liian harvat olivat jääneet kotiin.

Las cartas de las familias llegaron en masa, creando montañas de correo retrasado.

Kirjeitä perheiltä tulvi sisään, mikä loi kasoja viivästyneitä postilähetyksiä.

Llegaron órdenes oficiales: nuevos perros de la Bahía de Hudson tomarían el control.

Viralliset määräykset saapuivat – uudet Hudson Bayn koirat ottaisivat vallan.

Los perros exhaustos, ahora llamados inútiles, debían ser eliminados.

Uupuneet koirat, joita nyt kutsuttiin arvottomiksi, oli tarkoitus hävittää.

Como el dinero importaba más que los perros, los iban a vender a bajo precio.

Koska raha merkitsi enemmän kuin koirat, ne myytäisiin halvalla.

Pasaron tres días más antes de que los perros sintieran lo débiles que estaban.

Kului vielä kolme päivää ennen kuin koirat tunsivat, kuinka heikkoja ne olivat.

En la cuarta mañana, dos hombres de Estados Unidos compraron todo el equipo.

Neljäntenä aamuna kaksi miestä Yhdysvalloista ostivat koko joukkueen.

La venta incluía todos los perros, además de sus arneses usados.

Myyntiin sisältyivät kaikki koirat sekä niiden kuluneet valjaat.

Los hombres se llamaban entre sí "Hal" y "Charles" mientras completaban el trato.

Miehet kutsuivat toisiaan "Haliksi" ja "Charlesiksi" tehdessään kaupat.

Charles era un hombre de mediana edad, pálido, con labios flácidos y puntas de bigote feroces.

Charles oli keski-ikäinen, kalpea, veltoilla huulilla ja voimakkailla viiksenpäillä.

Hal era un hombre joven, de unos diecinueve años, que llevaba un cinturón lleno de cartuchos.

Hal oli nuori mies, ehkä yhdeksäntoista, ja hänellä oli patruunoilla täytetty vyö.

El cinturón contenía un gran revólver y un cuchillo de caza, ambos sin usar.

Vyöllä oli iso revolveri ja metsästysveitsi, molemmat käyttämättömiä.

Esto demostró lo inexperto e inadecuado que era para la vida en el norte.

Se osoitti, kuinka kokematon ja sopimaton hän oli pohjoiseen elämään.

Ninguno de los dos pertenecía a la naturaleza; su presencia desafiaba toda razón.

Kumpikaan mies ei kuulunut luontoon; heidän läsnäolonsa uhmasi kaikkea järkeä.

Buck observó cómo el dinero intercambiaba manos entre el comprador y el agente.

Buck katseli, kuinka rahat vaihtoivat omistajaa ja välittäjää.

Sabía que los conductores de trenes correos abandonaban su vida como el resto.

Hän tiesi, että postijunankuljettajat olivat jättämässä hänen elämänsä kuten muutkin.

Siguieron a Perrault y a François, ahora desaparecidos sin posibilidad de recuperación.

He seurasivat Perraultia ja Françoisia, jotka olivat nyt menettäneet asemansa.

Buck y el equipo fueron conducidos al descuidado campamento de sus nuevos dueños.

Buck ja tiimi johdatettiin uusien omistajiensa huolimattomaan leiriin.

La tienda se hundía, los platos estaban sucios y todo estaba desordenado.

Teltta painui alas, astiat olivat likaisia ja kaikki oli epäjärjestyksessä.

Buck también notó que había una mujer allí: Mercedes, la esposa de Charles y hermana de Hal.

Buck huomasi siellä myös naisen – Mercedesin, Charlesin vaimon ja Halin sisaren.

Formaban una familia completa, aunque no eran aptos para el recorrido.

He muodostivat täydellisen perheen, vaikkakaan eivät läheskään sopivia polulle.

Buck observó nervioso cómo el trío comenzó a empacar los suministros.

Buck katseli hermostuneesti, kun kolmikko alkoi pakata tarvikkeita.

Trabajaron duro, pero sin orden: sólo alboroto y esfuerzos desperdiciados.

He työskentelivät ahkerasti, mutta ilman järjestystä – pelkkää hässäkkää ja hukkaan heitettyä vaivaa.

La tienda estaba enrollada hasta formar un volumen demasiado grande para el trineo.

Teltta oli rullattu kömpelöksi, aivan liian suureksi reelle.

Los platos sucios se empaquetaron sin limpiarlos ni secarlos.

Likaiset astiat pakattiin ilman pesua tai kuivausta.

Mercedes revoloteaba por todos lados, hablando, corrigiendo y entrometiéndose constantemente.

Mercedes lepatteli ympäriinsä, puhuen, korjaillen ja sekaantuen jatkuvasti asioihin.

Cuando le ponían un saco en el frente, ella insistía en que lo pusieran en la parte de atrás.

Kun säkki pantiin eteen, hän vaati sen menevän taakse.

Metió la bolsa en el fondo y al siguiente momento la necesitó.

Hän pakkasi säkin pohjalle, ja seuraavassa hetkessä hän tarvitsi sitä.

De esta manera, el trineo fue desempaquetado nuevamente para alcanzar la bolsa específica.

Niinpä reki purettiin uudelleen, jotta pääsisimme käsiksi yhteen tiettyyn laukkuun.

Cerca de allí, tres hombres estaban parados afuera de una tienda de campaña, observando cómo se desarrollaba la escena.

Lähellä teltan ulkopuolella seisoi kolme miestä katselemassa tapahtumia.

Sonrieron, guiñaron el ojo y sonrieron ante la evidente confusión de los recién llegados.

He hymyilivät, iskivät silmää ja virnistivät tulokkaiden ilmeiselle hämmennykselle.

"Ya tienes una carga bastante pesada", dijo uno de los hombres.

"Sinulla on jo melkoinen taakka", sanoi yksi miehistä.

"No creo que debas llevar esa tienda de campaña, pero es tu elección".

"En usko, että sinun pitäisi kantaa sitä telttaa, mutta se on
sinun valintasi."

**"¡Inimaginable!", exclamó Mercedes levantando las manos
con desesperación.**

"Olipa unelmoitu!" huudahti Mercedes ja heitti kätensä
epätoivoisena ilmaan.

**"¿Cómo podría viajar sin una tienda de campaña donde
refugiarme?"**

"Kuinka ihmeessä voisin matkustaa ilman telttaa, jonka alla
yöpyä?"

**"Es primavera, ya no volverás a ver el frío", respondió el
hombre.**

– On kevät, ette tule enää näkemään kylmää säätä, mies
vastasi.

**Pero ella meneó la cabeza y ellos siguieron apilando objetos
en el trineo.**

Mutta hän pudisti päätään, ja he jatkoivat tavaroiden
kasaamista rekeen.

**La carga se elevó peligrosamente a medida que añadían los
últimos elementos.**

Kuorma kohosi vaarallisen korkealle, kun he lisäsivät
viimeisiä tavaroita.

**"¿Crees que el trineo se deslizará?" preguntó uno de los
hombres con mirada escéptica.**

"Luuletko, että reki kulkee?" kysyi yksi miehistä epäilevästi.

"¿Por qué no debería?", replicó Charles con gran fastidio.

"Miksipä ei?" Charles tiuskaisi terävän ärsyyntyneenä.

**—Está bien —dijo rápidamente el hombre, alejándose un
poco de la ofensa.**

– No, se on ihan okei, mies sanoi nopeasti ja perääntyi
loukkaantumisesta.

**"Solo me preguntaba, me pareció que tenía la parte superior
demasiado pesada".**

"Mietin vain – se näytti minusta vähän liian raskaalta."

Charles se dio la vuelta y ató la carga lo mejor que pudo.

Charles kääntyi poispäin ja sitoi kuorman niin hyvin kuin
pystyi.

Pero las ataduras estaban sueltas y el embalaje en general estaba mal hecho.

Mutta sidokset olivat löysät ja pakkaus kaiken kaikkiaan huonosti tehty.

"Claro, los perros tirarán de eso todo el día", dijo otro hombre con sarcasmo.

– Totta kai koirat vetävät sitä koko päivän, sanoi toinen mies sarkastisesti.

—Por supuesto —respondió Hal con frialdad, agarrando el largo palo del trineo.

"Totta kai", Hal vastasi kylmästi ja tarttui kelkan pitkään ohjaustankoon.

Con una mano en el poste, blandía el látigo con la otra.

Toisella kädellä seipään päällä hän heilutti ruoskaa toisella.

"¡Vamos!", gritó. "¡Muévanse!", instando a los perros a empezar.

"Mennään!" hän huusi. "Liikkukaa!" ja kehotti koiria liikkeelle.

Los perros se inclinaron hacia el arnés y se tensaron durante unos instantes.

Koirat nojasivat valjaisiin ja ponnistelivat hetken.

Entonces se detuvieron, incapaces de mover ni un centímetro el trineo sobrecargado.

Sitten he pysähtyivät, kykenemättä liikauttamaan ylikuormitettua rekeä tuumaakaan.

—¡Esos brutos perezosos! —gritó Hal, levantando el látigo para golpearlos.

"Laiskakrot!" Hal huusi ja nosti ruoskan lyödäkseen heitä.

Pero Mercedes entró corriendo y le arrebató el látigo de las manos a Hal.

Mutta Mercedes ryntäsi sisään ja nappasi ruoskan Halin käsistä.

—Oh, Hal, no te atrevas a hacerles daño —gritó alarmada.

"Voi Hal, älä uskalla satuttaa heitä", hän huusi säikähtäneenä.

"Prométeme que serás amable con ellos o no daré un paso más".

"Lupaa olla heille kiltti, tai en astu askeltakaan enää."

—No sabes nada de perros —le espetó Hal a su hermana.

"Et tiedä koirista yhtään mitään", Hal tiuskaisi sisarelleen.

"Son perezosos y la única forma de moverlos es azotándolos".

"Ne ovat laiskoja, ja ainoa tapa liikuttaa niitä on ruoskia niitä."

"Pregúntale a cualquiera, pregúntale a uno de esos hombres de allí si dudas de mí".

"Kysy keneltä tahansa – kysy joltain noista miehistä tuolla, jos epäilet minua."

Mercedes miró a los espectadores con ojos suplicantes y llorosos.

Mercedes katsoi katsojia anelevin, kyynelten täyttämin silmin.

Su rostro mostraba lo profundamente que odiaba ver cualquier dolor.

Hänen kasvoillaan näkyi, kuinka syvästi hän vihasi kaiken kivun näkemistä.

"Están débiles, eso es todo", dijo un hombre. "Están agotados".

– He ovat heikkoja, siinä kaikki, sanoi eräs mies. – He ovat kuluneet loppuun.

"Necesitan descansar, han trabajado demasiado tiempo sin descansar".

"He tarvitsevat lepoa – heitä on työskennelty liian kauan tauotta."

—Maldito sea el resto —murmuró Hal con el labio curvado.

"Loput olkoot kirotut", Hal mutisi huuli rypistettynä.

Mercedes jadeó, visiblemente dolida por la grosera palabra que pronunció.

Mercedes haukkoi henkeään, selvästi tuskallisena hänen karkeista sanoistaan.

Aún así, ella se mantuvo leal y defendió instantáneamente a su hermano.

Silti hän pysyi uskollisena ja puolusti veljeään välittömästi.

—No le hagas caso a ese hombre —le dijo a Hal—. Son nuestros perros.

– Älä välitä tuosta miehestä, hän sanoi Halille. – Ne ovat meidän koiria.

"Los conduces como mejor te parezca, haz lo que creas correcto".

"Aja niitä niin kuin parhaaksi näet – tee niin kuin itse näet oikeaksi."

Hal levantó el látigo y volvió a golpear a los perros sin piedad.

Hal nosti ruoskan ja löi koiria uudelleen armotta.

Se lanzaron hacia adelante, con el cuerpo agachado y los pies hundidos en la nieve.

He syöksyivät eteenpäin, vartalot matalana, jalat lumessa.

Ponían toda su fuerza en tirar, pero el trineo no se movía.

Kaikki heidän voimansa meni vetämiseen, mutta reki ei liikkunut.

El trineo quedó atascado, como un ancla congelada en la nieve compacta.

Kelkka pysyi jumissa kuin pakkautuneeseen lumeen jäätynyt ankkuri.

Tras un segundo esfuerzo, los perros se detuvieron de nuevo, jadeando con fuerza.

Toisen yrityksen jälkeen koirat pysähtyivät uudelleen läähättäen kovasti.

Hal levantó el látigo una vez más, justo cuando Mercedes interfirió nuevamente.

Hal nosti ruoskan jälleen kerran juuri kun Mercedes puuttui asiaan.

Ella cayó de rodillas frente a Buck y abrazó su cuello.

Hän polvistui Buckin eteen ja halasi tämän kaulaa.

Las lágrimas llenaron sus ojos mientras le suplicaba al perro exhausto.

Kyyneleet täyttivät hänen silmänsä, kun hän aneli uupunutta koiraa.

"Pobres queridos", dijo, "¿por qué no tiran más fuerte?"

– Te raukat, hän sanoi, – miksette vain vedä kovemmin?

"Si tiras, no te azotarán así".

"Jos vedät, et saa tällaista ruoskintaa."

A Buck no le gustaba Mercedes, pero estaba demasiado cansado para resistirse a ella ahora.

Buck ei pitänyt Mercedesistä, mutta hän oli liian väsynyt
vastustaakseen häntä nyt.

**Él aceptó sus lágrimas como una parte más de ese día
miserable.**

Hän hyväksyi naisen kyyneleet vain yhtenä osana kurjaa
päivää.

**Uno de los hombres que observaban finalmente habló
después de contener su ira.**

Yksi miehistä puhui vihdoin pidäteltyään vihansa.

**"No me importa lo que les pase a ustedes, pero esos perros
importan".**

"Minua ei kiinnosta, mitä teille tapahtuu, mutta nuo koirat
ovat tärkeitä."

**"Si quieres ayudar, suelta ese trineo: está congelado hasta la
nieve".**

"Jos haluat auttaa, päästä kelkka irti – se on jäätynyt lumeen."

**"Presiona con fuerza el polo G, derecha e izquierda, y rompe
el sello de hielo".**

"Työnnä lujaa vipuvartta oikealle ja vasemmalle ja murra
jäätiiviste."

**Se hizo un tercer intento, esta vez siguiendo la sugerencia
del hombre.**

Kolmas yritys tehtiin, tällä kertaa miehen ehdotuksesta.

**Hal balanceó el trineo de un lado a otro, soltando los
patines.**

Hal keinutti kelkkaa puolelta toiselle jalakset irtosivat.

**El trineo, aunque sobrecargado y torpe, finalmente avanzó
con dificultad.**

Vaikka reki oli ylikuormitettu ja kömpelö, se horjahti lopulta
eteenpäin.

**Buck y los demás tiraron salvajemente, impulsados por una
tormenta de latigazos.**

Buck ja muut vetivät villisti, myrskyn lailla ajamina niskaan.

**Cien metros más adelante, el sendero se curvaba y descendía
hacia la calle.**

Sadan metrin päässä polku kaartui ja vietti kadulle.

Se hubiera necesitado un conductor habilidoso para mantener el trineo en posición vertical.

Reen pystyssä pitäminen olisi vaatinut taitavan kuljettajan.

Hal no era hábil y el trineo se volcó al girar en la curva.

Hal ei ollut taitava, ja kelkka kallistui kääntyessään mutkan ympäri.

Las ataduras sueltas cedieron y la mitad de la carga se derramó sobre la nieve.

Löysät sidontaköydet pettivät, ja puolet kuormasta valui lumelle.

Los perros no se detuvieron; el trineo, más ligero, siguió volando de lado.

Koirat eivät pysähtyneet; kevyempi reki lensi kyljellään.

Enojados por el abuso y la pesada carga, los perros corrieron más rápido.

Vihaisina kaltoinkohtelusta ja raskaasta taakasta koirat juoksivat nopeammin.

Buck, furioso, echó a correr, con el equipo siguiéndolo detrás.

Raivostuneena Buck lähti juoksemaan, ja joukkue seurasi perässä.

Hal gritó "¡Guau! ¡Guau!", pero el equipo no le hizo caso.

Hal huusi "Vau! Vau!", mutta joukkue ei kiinnittänyt häneen huomiota.

Tropezó, cayó y fue arrastrado por el suelo por el arnés.

Hän kompastui, kaatui ja valjaat raahasivat häntä pitkin maata.

El trineo volcado saltó sobre él mientras los perros corrían delante.

Kaatunut reki töyssyi hänen ylitseen koirien kiitäessä edellä.

El resto de los suministros se dispersaron por la concurrida calle de Skaguay.

Loput tarvikkeet olivat hajallaan Skaguayn vilkkaan kadun varrella.

La gente bondadosa se apresuró a detener a los perros y recoger el equipo.

Hyväsydämiset ihmiset kiiruhtivat pysäyttämään koiria ja keräämään varusteet.

También dieron consejos, contundentes y prácticos, a los nuevos viajeros.

He antoivat myös uusille matkailijoille suoria ja käytännöllisiä neuvoja.

"Si quieres llegar a Dawson, lleva la mitad de la carga y el doble de perros".

"Jos haluatte päästä Dawsoniin, ottakaa puolet kuormasta ja tuplasti koiria."

Hal, Charles y Mercedes escucharon, aunque no con entusiasmo.

Hal, Charles ja Mercedes kuuntelivat, vaikkakaan eivät innokkaasti.

Instalaron su tienda de campaña y comenzaron a clasificar sus suministros.

He pystyttivät telttansa ja alkoivat lajitella tavaroitaan.

Salieron alimentos enlatados, lo que hizo reír a carcajadas a los espectadores.

Ulos tuli säilykkeitä, jotka saivat katsojat nauramaan ääneen.

"¿Enlatado en el camino? Te morirás de hambre antes de que se derrita", dijo uno.

"Säilykettä polulla? Nälkä kuolee ennen kuin se sulaa", yksi sanoi.

¿Mantas de hotel? Mejor tíralas todas.

"Hotellihuovat? Heitä ne kaikki pois, niin on parempi."

"Si también deshazte de la tienda de campaña, aquí nadie lava los platos".

"Jätä telttakin pois, niin kukaan ei pese täällä astioita."

¿Crees que estás viajando en un tren Pullman con sirvientes a bordo?

"Luuletko matkustavasi Pullman-junassa, jossa on palvelijoita kyydissä?"

El proceso comenzó: todos los objetos inútiles fueron arrojados a un lado.

Prosessi alkoi – jokainen turha esine heitettiin sivuun.

Mercedes lloró cuando sus maletas fueron vaciadas en el suelo nevado.

Mercedes itki, kun hänen laukut tyhjennettiin lumivalle maalle.

Ella sollozaba por cada objeto que tiraba, uno por uno, sin pausa.

Hän itki jokaista pois heitettyä esinettä, yksi kerrallaan tauotta.

Ella juró no dar un paso más, ni siquiera por diez Charleses.

Hän vannoi, ettei menisi askeltakaan enempää – ei edes kymmenen Charlesen takia.

Ella le rogó a cada persona cercana que le permitiera conservar sus cosas preciosas.

Hän pyysi jokaista lähellä olevaa henkilöä antamaan hänen pitää arvoesinensä.

Por último, se secó los ojos y comenzó a arrojar incluso la ropa más importante.

Viimein hän pyyhki silmänsä ja alkoi heitellä pois jopa elintärkeitä vaatteita.

Cuando terminó con los suyos, comenzó a vaciar los suministros de los hombres.

Kun hän oli tyhjentänyt omansa, hän alkoi tyhjentää miesten tarvikkeita.

Como un torbellino, destrozó las pertenencias de Charles y Hal.

Kuin pyörretuuli hän repi Charlesin ja Halin tavaroita.

Aunque la carga se redujo a la mitad, todavía era mucho más pesada de lo necesario.

Vaikka kuorma puolittui, se oli silti paljon painavampi kuin olisi tarvinnut.

Esa noche, Charles y Hal salieron y compraron seis perros nuevos.

Sinä iltana Charles ja Hal menivät ulos ja ostivat kuusi uutta koiraa.

Estos nuevos perros se unieron a los seis originales, además de Teek y Koona.

Nämä uudet koirat liittyivät alkuperäisten kuuden koiran joukkoon, sekä Teekin ja Koonan.

Juntos formaron un equipo de catorce perros enganchados al trineo.

Yhdessä he muodostivat neljäntoista koiran valjakon, jotka oli kytketty rekeen.

Pero los nuevos perros no eran aptos y estaban mal entrenados para el trabajo con trineos.

Mutta uudet koirat olivat sopimattomia ja huonosti koulutettuja rekityöhön.

Tres de los perros eran pointers de pelo corto y uno era un Terranova.

Kolme koirista oli lyhytkarvaisia seisojia ja yksi oli newfoundlandinkoira.

Los dos últimos perros eran mestizos, sin ninguna raza ni propósito claros.

Kaksi viimeistä koiraa olivat sekarotuisia, joilla ei ollut lainkaan selkeää rotua tai käyttötarkoitusta.

No entendieron el camino y no lo aprendieron rápidamente.

He eivät ymmärtäneet polkua eivätkä oppineet sitä nopeasti.

Buck y sus compañeros los miraron con desprecio y profunda irritación.

Buck ja hänen toverinsa katselivat heitä halveksien ja syvän ärtymyksen vallassa.

Aunque Buck les enseñó lo que no debían hacer, no podía enseñarles cuál era el deber.

Vaikka Buck opetti heille, mitä ei pidä tehdä, hän ei voinut opettaa heille velvollisuudentuntoa.

No se adaptaron bien a la vida en senderos ni al tirón de las riendas y los trineos.

Ne eivät pitäneet elämän perässä juoksemisesta eivätkä ohjasten ja rekien vedosta.

Sólo los mestizos intentaron adaptarse, e incluso a ellos les faltó espíritu de lucha.

Vain sekarotuiset yrittivät sopeutua, ja jopa heiltä puuttui taistelutahtoa.

Los demás perros estaban confundidos, debilitados y destrozados por su nueva vida.
Muut koirat olivat hämmentyneitä, heikentyneitä ja murtuneita uudesta elämästään.

Con los nuevos perros desorientados y los viejos exhaustos, la esperanza era escasa.
Uusien koirien ollessa tietämättömiä ja vanhojen uupuneita, toivo oli hiipumassa.

El equipo de Buck había recorrido dos mil quinientas millas de senderos difíciles.
Buckin joukkue oli kulkenut kaksituhattatuhatta kilometriä karua polkua.

Aún así, los dos hombres estaban alegres y orgullosos de su gran equipo de perros.
Silti kaksi miestä olivat iloisia ja ylpeitä suuresta koiravaljakostaan.

Creían que viajaban con estilo, con catorce perros enganchados.
He luulivat matkustavansa tyylikkäästi neljäntoista koiran kanssa.

Habían visto trineos partir hacia Dawson y otros llegar desde allí.
He olivat nähneet rekien lähtevän Dawsoniin ja toisten saapuvan sieltä.

Pero nunca habían visto uno tirado por tantos catorce perros.
Mutta he eivät olleet koskaan nähneet sellaista, jota olisi vetänyt jopa neljätoista koiraa.

Había una razón por la que equipos como ese eran raros en el desierto del Ártico.
Oli syynsä siihen, miksi tällaiset joukkueet olivat harvinaisia arktisella erämaalla.

Ningún trineo podría transportar suficiente comida para alimentar a catorce perros durante el viaje.
Yksikään reki ei voinut kuljettaa tarpeeksi ruokaa neljälletoista koiralle koko matkan ajaksi.

Pero Charles y Hal no lo sabían: habían hecho los cálculos.

Mutta Charles ja Hal eivät tienneet sitä – he olivat tehneet laskelmat.

Planificaron la comida: tanta cantidad por perro, tantos días, y listo.

He lyijykynällä laativat ruoan: niin paljon koiraa kohden, niin monta päivää, tehty.

Mercedes miró sus figuras y asintió como si tuviera sentido.

Mercedes katsoi heidän lukujaan ja nyökkäsi ikään kuin ne olisivat olleet järkeenkäypiä.

Todo le parecía muy sencillo, al menos en el papel.

Kaikki tuntui hänestä hyvin yksinkertaiselta, ainakin paperilla.

A la mañana siguiente, Buck guió al equipo lentamente por la calle nevada.

Seuraavana aamuna Buck johdatti joukkuetta hitaasti lumista katua pitkin.

No había energía ni espíritu en él ni en los perros detrás de él.

Hänessä eikä hänen takanaan olevissa koirissa ollut energiaa tai henkeä.

Estaban muertos de cansancio desde el principio: no les quedaban reservas.

He olivat alusta asti kuoliaaksi väsyneitä – ei ollut enää yhtään varaa jäljellä.

Buck ya había hecho cuatro viajes entre Salt Water y Dawson.

Buck oli jo tehnyt neljä matkaa Salt Waterin ja Dawsonin välillä.

Ahora, enfrentado nuevamente el mismo desafío, no sentía nada más que amargura.

Nyt, samaa polkua jälleen kohti katsoen, hän ei tuntenut muuta kuin katkeruutta.

Su corazón no estaba en ello, ni tampoco el corazón de los otros perros.

Hänen sydämensä ei ollut siinä mukana, eivätkä muidenkaan koirien sydämet.

Los nuevos perros eran tímidos y los huskies carecían de confianza.

Uudet koirat olivat arkoja, ja huskyiltä puuttui kaikki luottamus.

Buck sintió que no podía confiar en estos dos hombres ni en su hermana.

Buck tunsi, ettei hän voinut luottaa näihin kahteen mieheen tai heidän sisareensa.

No sabían nada y no mostraron señales de aprender en el camino.

He eivät tienneet mitään eivätkä osoittaneet oppimisen merkkejä matkalla.

Estaban desorganizados y carecían de cualquier sentido de disciplina.

He olivat epäjärjestyksessä ja heiltä puuttui kaikenlainen kurinalaisuus.

Les tomó media noche montar un campamento descuidado cada vez.

Heillä kesti puoli yötä pystyttää huolimaton leiri joka kerta.

Y la mitad de la mañana siguiente la pasaron otra vez jugueteando con el trineo.

Ja puolet seuraavasta aamusta he viettivät taas näprähtelyä reen kanssa.

Al mediodía, a menudo se detenían simplemente para arreglar la carga desigual.

Keskipäivään mennessä he usein pysähtyivät vain korjatakseen epätasaisen kuorman.

Algunos días, viajaron menos de diez millas en total.

Joinakin päivinä he matkustivat yhteensä alle kymmenen mailia.

Otros días ni siquiera conseguían salir del campamento.

Muina päivinä he eivät päässeet ollenkaan pois leiristä.

Nunca llegaron a cubrir la distancia alimentaria planificada.

He eivät koskaan päässeet lähellekään suunniteltua ruokamatkaa.

Como era de esperar, muy rápidamente se quedaron sin comida para los perros.

Kuten odotettua, koirien ruoka loppui nopeasti.

Empeoró las cosas sobrealimentándolos en los primeros días.

He pahensivat asioita yliruokimalla alkuaikoina.

Esto acercaba la hambruna con cada ración descuidada.

Tämä lähensi nälänhätää jokaisen huolimattoman annoksen myötä.

Los nuevos perros no habían aprendido a sobrevivir con muy poco.

Uudet koirat eivät olleet oppineet selviytymään aivan vähällä.

Comieron con hambre, con apetitos demasiado grandes para el camino.

He söivät nälkäisinä, ruokahalunsa liian suurena polulle.

Al ver que los perros se debilitaban, Hal creyó que la comida no era suficiente.

Nähdessään koirien heikkenevän Hal uskoi, ettei ruoka riittänyt.

Duplicó las raciones, empeorando aún más el error.

Hän kaksinkertaisti ruoka-annokset, mikä pahensi virhettä entisestään.

Mercedes añadió más problemas con lágrimas y suaves súplicas.

Mercedes pahensi ongelmaa kyyneleillään ja hiljaisilla aneluillaan.

Cuando no pudo convencer a Hal, alimentó a los perros en secreto.

Kun hän ei saanut Halia vakuutettua, hän ruokki koiria salaa.

Ella robó de los sacos de pescado y se lo dio a sus espaldas.

Hän varasti kalasäkeistä ja antoi ne heille miehen selän takana.

Pero lo que los perros realmente necesitaban no era más comida: era descanso.

Mutta koirat eivät todellakaan tarvinneet lisää ruokaa – ne tarvitsivat lepoa.

Iban a poca velocidad, pero el pesado trineo aún seguía avanzando.

Heillä oli heikkoa aikaa, mutta raskas reki veti silti eteenpäin.

Ese peso solo les quitaba las fuerzas que les quedaban cada día.

Jo tuo paino kulutti heidän jäljellä olevat voimansa joka päivä.

Luego vino la etapa de desalimentación ya que los suministros escasearon.

Sitten tuli aliravitsemusvaihe, kun tarvikkeet olivat vähissä.

Una mañana, Hal se dio cuenta de que la mitad de la comida para perros ya había desaparecido.

Eräänä aamuna Hal huomasi, että puolet koiranruoasta oli jo loppu.

Sólo habían recorrido una cuarta parte de la distancia total del recorrido.

He olivat kulkeneet vain neljänneksen koko matkasta.

No se podía comprar más comida por ningún precio que se ofreciera.

Ruokaa ei voinut enää ostaa, oli hinta mikä tahansa.

Redujo las raciones de los perros por debajo de la ración diaria estándar.

Hän pienensi koirien annoksia alle päivittäisen normaalin annoksen.

Al mismo tiempo, exigió viajes más largos para compensar las pérdidas.

Samalla hän vaati pidempiä matkoja korvatakseen tappiot.

Mercedes y Carlos apoyaron este plan, pero fracasaron en su ejecución.

Mercedes ja Charles tukivat tätä suunnitelmaa, mutta epäonnistuivat toteutuksessa.

Su pesado trineo y su falta de habilidad hicieron que el avance fuera casi imposible.

Heidän raskas rekensä ja taitomattomuudensa tekivät etenemisen lähes mahdottomaksi.

Era fácil dar menos comida, pero imposible forzar más esfuerzo.

Oli helppo antaa vähemmän ruokaa, mutta mahdotonta pakottaa ponnistelemaan enemmän.

No podían salir temprano ni tampoco viajar horas extras.

He eivät voineet aloittaa aikaisin eivätkä matkustaa ylitöitä.

No sabían cómo trabajar con los perros, ni tampoco ellos mismos.

He eivät osanneet käyttää koiria, eivätkä oikeastaan itseäänkään.

El primer perro que murió fue Dub, el desafortunado pero trabajador ladrón.

Ensimmäinen kuollut koira oli Dub, epäonninen mutta ahkera varas.

Aunque a menudo lo castigaban, Dub había hecho su parte sin quejarse.

Vaikka Dubia rangaistiin usein, hän oli kantanut puolensa valittamatta.

Su hombro lesionado empeoró sin cuidados ni necesidad de descanso.

Hänen loukkaantunut olkapäänsä paheni ilman hoitoa tai lepoa.

Finalmente, Hal usó el revólver para acabar con el sufrimiento de Dub.

Lopulta Hal käytti revolveria lopettaakseen Dubin kärsimykset.

Un dicho común afirma que los perros normales mueren con raciones para perros esquimales.

Yleinen sanonta väitti, että normaalit koirat kuolevat huskyjen rehulla.

Los seis nuevos compañeros de Buck tenían sólo la mitad de la porción de comida del husky.

Buckin kuudella uudella toverilla oli vain puolet huskyn annoksesta ruokaa.

Primero murió el Terranova y después los tres bracos de pelo corto.

Newfoundlandinkoira kuoli ensin, sitten kolme lyhytkarvaista seisojaa.

Los dos mestizos resistieron más tiempo pero finalmente perecieron como el resto.

Kaksi sekarotuista pysyivät pystyssä kauemmin, mutta lopulta he menehtyivät kuten muutkin.

Para entonces, todas las comodidades y la dulzura de Southland habían desaparecido.

Tähän mennessä kaikki Etelän mukavuudet ja lempeys olivat kadonneet.

Las tres personas habían perdido los últimos vestigios de su educación civilizada.

Kolme ihmistä olivat karistaneet viimeisetkin sivistyneen kasvatuksensa jäljet.

Despojado de glamour y romance, el viaje al Ártico se volvió brutalmente real.

Riisuttuina loistosta ja romantiikasta arktisesta matkailusta tuli brutaalin todellista.

Era una realidad demasiado dura para su sentido de masculinidad y feminidad.

Se oli todellisuus, joka oli liian karu heidän mieheyden ja naiseuden käsityksilleen.

Mercedes ya no lloraba por los perros, ahora lloraba sólo por ella misma.

Mercedes ei enää itkenyt koiria, vaan nyt vain itseään.

Pasó su tiempo llorando y peleando con Hal y Charles.

Hän vietti aikansa itkien ja riidellen Halin ja Charlesin kanssa.

Pelear era lo único que nunca estaban demasiado cansados para hacer.

Riitely oli ainoa asia, johon he eivät koskaan olleet liian väsyneitä.

Su irritabilidad surgió de la miseria, creció con ella y la superó.

Heidän ärtymys johtui kurjuudesta, kasvoi sen mukana ja ylitti sen.

La paciencia del camino, conocida por quienes trabajan y sufren con bondad, nunca llegó.

Polun kärsivällisyys, jonka tuntevat ne, jotka uurastaa ja kärsivät ystävällisesti, ei koskaan tullut.

Esa paciencia que conserva dulce la palabra a pesar del dolor les era desconocida.

Tuo kärsivällisyys, joka pitää puheen makeana tuskan läpi, oli heille tuntematonta.

No tenían ni un ápice de paciencia ni la fuerza que suponía sufrir con gracia.

Heillä ei ollut häivääkään kärsivällisyydestä, ei voimaa, joka ammentuisi kärsimyksestä armossa.

Estaban rígidos por el dolor: les dolían los músculos, los huesos y el corazón.

He olivat jäykkiä tuskasta – heidän lihaksiaan, luitaan ja sydäntään särki.

Por eso se volvieron afilados de lengua y rápidos para usar palabras ásperas.

Tämän vuoksi heidän kielellään oli teräviä ja he olivat nopeita lausumaan ankaria sanoja.

Cada día comenzaba y terminaba con voces enojadas y amargas quejas.

Jokainen päivä alkoi ja päättyi vihaisiin ääniin ja katkeriin valituksiin.

Charles y Hal discutían cada vez que Mercedes les daba una oportunidad.

Charles ja Hal riitelivät aina kun Mercedes antoi heille mahdollisuuden.

Cada hombre creía que hacía más de lo que le correspondía en el trabajo.

Jokainen mies uskoi tehneensä enemmän kuin oman osuutensa työstä kuului.

Ninguno de los dos perdió la oportunidad de decirlo una y otra vez.

Kumpikaan ei koskaan jättänyt käyttämättä tilaisuutta sanoa sitä yhä uudelleen ja uudelleen.

A veces Mercedes se ponía del lado de Charles, a veces del lado de Hal.

Joskus Mercedes oli Charlesin, joskus Halin puolella.

Esto dio lugar a una gran e interminable disputa entre los tres.

Tämä johti suureen ja loputtomaan riitaan kolmikon kesken.

Una disputa sobre quién debería cortar leña se salió de control.

Kiista siitä, kuka saisi pilkkoa polttopuut, riistäytyi käsistä.

Pronto se nombraron padres, madres, primos y parientes muertos.

Pian isien, äitien, serkkujen ja kuolleiden sukulaisten nimet mainittiin.

Las opiniones de Hal sobre el arte o las obras de su tío se convirtieron en parte de la pelea.

Halin näkemykset taiteesta tai setänsä näytelmistä nousivat osaksi taistelua.

Las creencias políticas de Charles también entraron en el debate.

Myös Charlesin poliittiset näkemykset nousivat keskusteluun.

Para Mercedes, incluso los chismes de la hermana de su marido parecían relevantes.

Mercedesille jopa hänen miehensä sisaren juorut tuntuivat merkityksellisiltä.

Ella expresó sus opiniones sobre eso y sobre muchos de los defectos de la familia de Charles.

Hän ilmaisi mielipiteitään siitä ja monista Charlesin perheen puutteista.

Mientras discutían, el fuego permaneció apagado y el campamento medio montado.

Heidän väitellessään nuotio pysyi sammuneena ja leiri puolivalmiina.

Mientras tanto, los perros permanecieron fríos y sin comida.

Samaan aikaan koirat pysyivät kylmissä ja ilman ruokaa.

Mercedes tenía un motivo de queja que consideraba profundamente personal.

Mercedesillä oli valituksen aihe, jota hän piti syvästi henkilökohtaisena.

Se sintió maltratada como mujer, negándole sus privilegios de gentileza.

Hän tunsi itsensä kohdelluksi kaltoin naisena, häneltä evättiin hänen lempeät etuoikeutensa.

Ella era bonita y dulce, y acostumbrada a la caballerosidad toda su vida.

Hän oli kaunis ja pehmeä ja tottunut ritarillisuuteen koko elämänsä ajan.

Pero su marido y su hermano ahora la trataban con impaciencia.

Mutta hänen miehensä ja veljensä kohtelivat häntä nyt kärsimättömästi.

Su costumbre era actuar con impotencia y comenzaron a quejarse.

Hänellä oli tapana käyttäytyä avuttomasti, ja he alkoivat valittaa.

Ofendida por esto, les hizo la vida aún más difícil.

Tästä loukkaantuneena hän teki heidän elämästään entistä vaikeampaa.

Ella ignoró a los perros e insistió en montar ella misma el trineo.

Hän jätti koirat huomiotta ja halusi ehdottomasti itse ajaa reellä.

Aunque parecía ligera de aspecto, pesaba ciento veinte libras.

Vaikka hän oli ulkonäöltään kevyt, hän painoi sata kaksikymmentä kiloa.

Esa carga adicional era demasiado para los perros hambrientos y débiles.

Tuo lisätaakka oli liikaa nälkäisille, heikoille koirille.

Aún así, ella cabalgó durante días, hasta que los perros se desplomaron en las riendas.

Silti hän ratsasti päiväkausia, kunnes koirat pettivät ohjat.

El trineo se detuvo y Charles y Hal le rogaron que caminara.

Reki seisoi paikallaan, ja Charles ja Hal pyysivät häntä kävelemään.

Ellos suplicaron y rogaron, pero ella lloró y los llamó crueles.

He pyysivät ja hartaasti hartaasti, mutta hän itki ja haukkui heitä julmiksi.

En una ocasión la sacaron del trineo con pura fuerza y enojo.

Kerran he vetivät hänet pois kelkasta pelkällä voimalla ja vihalla.

Nunca volvieron a intentarlo después de lo que pasó aquella vez.

He eivät koskaan yrittäneet uudelleen tuon tapahtuman jälkeen.

Ella se quedó flácida como un niño mimado y se sentó en la nieve.

Hän veltostui kuin hemmoteltu lapsi ja istui lumeen.

Ellos siguieron adelante, pero ella se negó a levantarse o seguirlos.

He jatkoivat matkaa, mutta hän kieltäytyi nousemasta tai seuraamasta perässä.

Después de tres millas, se detuvieron, regresaron y la llevaron de regreso.

Kolmen mailin jälkeen he pysähtyivät, palasivat ja kantoivat hänet takaisin.

La volvieron a cargar en el trineo, nuevamente usando la fuerza bruta.

He lastasivat hänet uudelleen kelkkaan, jälleen raakaa voimaa käyttäen.

En su profunda miseria, fueron insensibles al sufrimiento de los perros.

Syvässä kurjuudessaan he olivat välinpitämättömiä koirien kärsimystä kohtaan.

Hal creía que uno debía endurecerse y forzar esa creencia a los demás.

Hal uskoi, että ihmisen täytyy paaduttaa itseään, ja pakotti tämän uskomuksen muille.

Primero intentó predicar su filosofía a su hermana.

Hän yritti ensin saarnata filosofiaansa sisarelleen

y luego, sin éxito, le predicó a su cuñado.

ja sitten hän saarnasi tuloksetta lankolleen.

Tuvo más éxito con los perros, pero sólo porque los lastimaba.

Hän onnistui paremmin koirien kanssa, mutta vain siksi, että hän satutti niitä.

En Five Fingers, la comida para perros se quedó completamente sin comida.

Five Fingersissä koiranruoka loppui kokonaan.

Una vieja india desdentada vendió unas cuantas libras de cuero de caballo congelado

Hampaaton vanha squaw myi muutaman kilon pakastettua hevosennahkaa

Hal cambió su revólver por la piel de caballo seca.

Hal vaihtoi revolverinsa kuivattuun hevosennahkaan.

La carne había procedido de caballos hambrientos de ganaderos meses antes.

Liha oli peräisin nälkäisistä karjankasvattajien hevosista kuukausia aiemmin.

Congelada, la piel era como hierro galvanizado: dura y incomestible.

Jäätynyt nahka oli kuin galvanoitua rautaa; sitkeää ja syötäväksi kelpaamatonta.

Los perros tenían que masticar sin parar la piel para poder comérsela.

Koirien täytyi pureskella nahkaa loputtomasti saadakseen sen syötyä.

Pero las cuerdas correosas y el pelo corto no constituían apenas alimento.

Mutta nahkaiset nauhat ja lyhyet hiukset eivät juurikaan ravinnoksi kelvanneet.

La mayor parte de la piel era irritante y no era alimento en ningún sentido estricto.

Suurin osa nahasta oli ärsyttävää, eikä varsinaista ruokaa.

Y durante todo ese tiempo, Buck se tambaleaba al frente, como en una pesadilla.

Ja kaiken tämän ajan Buck horjahti eturintamassa kuin painajaisessa.

Tiraba cuando podía, y cuando no, se quedaba tendido hasta que un látigo o un garrote lo levantaban.

Hän veti kun pystyi; kun ei pystynyt, hän makasi, kunnes ruoska tai keppi nosti hänet.

Su fino y brillante pelaje había perdido toda la rigidez y brillo que alguna vez tuvo.

Sen hieno, kiiltävä turkki oli menettänyt kaiken entisen jäykkyyden ja kiillon.

Su cabello colgaba lacio, enmarañado y cubierto de sangre seca por los golpes.

Hänen hiuksensa roikkuivat veltoina, takkuisina ja iskujen kuivuneesta verestä hyytyneinä.

Sus músculos se encogieron hasta convertirse en cuerdas y sus almohadillas de carne estaban todas desgastadas.

Hänen lihaksensa kutistuivat naruiksi ja hänen ihonaluspehmusteensa olivat kuluneet pois.

Cada costilla, cada hueso se veía claramente a través de los pliegues de la piel arrugada.

Jokainen kylkiluu, jokainen luu näkyi selvästi ryppyisten ihopoimujen välistä.

Fue desgarrador, pero el corazón de Buck no podía romperse.

Se oli sydäntäsärkevää, mutta Buckin sydän ei voinut särkyä.

El hombre del suéter rojo lo había probado y demostrado hacía mucho tiempo.

Punainen villapaitainen mies oli testannut ja todistanut sen jo kauan sitten.

Tal como sucedió con Buck, sucedió con el resto de sus compañeros de equipo.

Kuten Buckin laita, niin oli kaikkien hänen jäljellä olevien joukkuetovereidensa laita.

Eran siete en total, cada uno de ellos un esqueleto andante de miseria.

Niitä oli yhteensä seitsemän, jokainen kävelevä kurjuuden luuranko.

Se habían vuelto insensibles a los latigazos y solo sentían un dolor distante.

He olivat turtuneet ruoskimiselle, tuntien vain kaukaista kipua.

Incluso la vista y el sonido les llegaban débilmente, como a través de una espesa niebla.

Jopa näky ja ääni kantautuivat heille heikosti, kuin sakean sumun läpi.

No estaban ni medio vivos: eran huesos con tenues chispas en su interior.

He eivät olleet puoliksikaan elossa – he olivat luita, joiden sisällä välkkyi himmeä kipinä.

Al detenerse, se desplomaron como cadáveres y sus chispas casi desaparecieron.

Pysähtyneinä ne romahtivat kuin ruumiit, kipinät melkein sammuneina.

Y cuando el látigo o el garrote volvían a golpear, las chispas revoloteaban débilmente.

Ja kun ruoska tai keppi iski uudelleen, kipinät lepattivat heikosti.

Entonces se levantaron, se tambalearon hacia adelante y arrastraron sus extremidades hacia delante.

Sitten he nousivat, horjahtivat eteenpäin ja raahasivat raajojaan eteenpäin.

Un día el amable Billee se cayó y ya no pudo levantarse.

Eräänä päivänä kiltti Billee kaatui eikä pystynyt enää ollenkaan nousemaan.

Hal había cambiado su revólver, por lo que utilizó un hacha para matar a Billee.

Hal oli vaihtanut revolverinsa, joten hän käytti kirvestä tappaakseen Billeen.

Lo golpeó en la cabeza, luego le cortó el cuerpo y se lo llevó arrastrado.

Hän löi tätä päähän, sitten viilsi ruumiin irti ja raahasi sen pois.

Buck vio esto, y también los demás; sabían que la muerte estaba cerca.

Buck näki tämän, ja niin näkivät muutkin; he tiesivät kuoleman olevan lähellä.

Al día siguiente Koona se fue, dejando sólo cinco perros en el equipo hambriento.

Seuraavana päivänä Koona lähti jättäen nälkäiseen joukkueeseen jäljelle vain viisi koiraa.

Joe, que ya no era malo, estaba demasiado perdido como para darse cuenta de gran cosa.

Joe, joka ei enää ollut ilkeä, oli liian pitkälle eksynyt ollakseen juurikaan tietoinen mistään.

Pike, que ya no fingía su lesión, estaba apenas consciente.

Pike, joka ei enää teeskennellyt vammaansa, oli tuskin tajuissaan.

Solleks, todavía fiel, lamentó no tener fuerzas para dar.

Yhä uskollinen Solleks suri, ettei hänellä ollut voimia antaa.

Teek fue el que más perdió porque estaba más fresco, pero su rendimiento se estaba agotando rápidamente.

Teek hävisi eniten, koska hän oli virkeämpi, mutta hiipumassa nopeasti.

Y Buck, todavía a la cabeza, ya no mantenía el orden ni lo hacía cumplir.

Ja Buck, yhä johdossa, ei enää pitänyt yllä järjestystä eikä valvonut sitä.

Medio ciego por la debilidad, Buck siguió el rastro sólo por el tacto.

Puolisokeana heikkoudesta, Buck seurasi polkua yksin tunnolla.

Era un hermoso clima primaveral, pero ninguno de ellos lo notó.

Oli kaunis kevätsää, mutta kukaan heistä ei huomannut sitä.

Cada día el sol salía más temprano y se ponía más tarde que el anterior.

Joka päivä aurinko nousi aikaisemmin ja laski myöhemmin kuin ennen.

A las tres de la mañana ya había amanecido; el crepúsculo duró hasta las nueve.

Kolmelta aamulla oli jo aamunkoitto; hämärä kesti yhdeksään asti.

Los largos días estuvieron llenos del resplandor del sol primaveral.

Pitkät päivät olivat täynnä kevään auringonpaistetta.

El silencio fantasmal del invierno se había transformado en un cálido murmullo.

Talven aavemainen hiljaisuus oli muuttunut lämpimäksi huminaksi.

Toda la tierra estaba despertando, viva con la alegría de los seres vivos.

Koko maa heräsi eloon, täynnä elävien olentojen iloa.

El sonido provenía de lo que había permanecido muerto e inmóvil durante el invierno.

Ääni tuli jostakin, mikä oli maannut kuolleena ja liikkumattomana läpi talven.

Ahora, esas cosas se movieron nuevamente, sacudiéndose el largo sueño helado.

Nyt nuo asiat liikkuivat taas, ravistellen pois pitkän pakkasunen.

La savia subía a través de los oscuros troncos de los pinos que esperaban.

Mahla nousi odottavien mäntyjen tummien runkojen välistä.

Los sauces y los álamos brotan brillantes y jóvenes brotes en cada ramita.

Pajut ja haavat puhkaisevat kirkkaan nuoria silmuja jokaiseen oksaan.

Los arbustos y las enredaderas se vistieron de un verde fresco a medida que el bosque cobraba vida.

Pensaat ja köynnökset saivat raikkaan vihreän väriloiston metsän herätessä eloon.

Los grillos cantaban por la noche y los insectos se arrastraban bajo el sol del día.

Sirkat sirittivät yöllä ja ötökät ryömivät päivänvalossa auringossa.

Las perdices graznaban y los pájaros carpinteros picoteaban en lo profundo de los árboles.

Peltopyyt jyrisivät ja tikat koputtivat syvällä puissa.

Las ardillas parloteaban, los pájaros cantaban y los gansos graznaban al hablarles a los perros.

Oravat lörpöttelivät, linnut lauloivat ja hanhet torivat koirien yli.

Las aves silvestres llegaron en grupos afilados, volando desde el sur.

Villilinnut tulivat terävinä parvina lentäen etelästä.

De cada ladera llegaba la música de arroyos ocultos y caudalosos.

Jokaiselta rinteeltä kuului piilossa olevien, kohisevien purojen musiikkia.

Todas las cosas se descongelaron y se rompieron, se doblaron y volvieron a ponerse en movimiento.

Kaikki suli ja napsahti, taipui ja lähti taas liikkeelle.

El Yukón se esforzó por romper las frías cadenas del hielo congelado.

Yukon ponnisteli murtaakseen jäätyneen jään kylmät ketjut.

El hielo se derritió desde abajo, mientras que el sol lo derritió desde arriba.

Jää suli alta, kun aurinko sulatti sen ylhäältä.

Se abrieron agujeros de aire, se abrieron grietas y algunos trozos cayeron al río.

Ilmareikiä avautui, halkeamat levisivät ja lohkareet putosivat jokeen.

En medio de toda esta vida frenética y llameante, los viajeros se tambaleaban.

Kaiken tämän purkautuvan ja roihuavan elämän keskellä matkalaiset horjahtivat.

Dos hombres, una mujer y una jauría de perros esquimales caminaban como muertos.

Kaksi miestä, nainen ja lauma huskyja kävelivät kuin kuolleet.

Los perros caían, Mercedes lloraba, pero seguía montando el trineo.

Koirat kaatuivat, Mercedes itki, mutta ajoi silti reellä.

Hal maldijo débilmente y Charles parpadeó con los ojos llorosos.

Hal kirosi heikosti, ja Charles räpytteli silmiään vetisten.

Se toparon con el campamento de John Thornton junto a la desembocadura del río Blanco.

He kompuroivat John Thorntonin leiriin White Riverin suulla.

Cuando se detuvieron, los perros cayeron al suelo, como si todos hubieran muerto.

Kun ne pysähtyivät, koirat lysähtivät maahan, ikään kuin ne olisivat kaikki kuolleet.

Mercedes se secó las lágrimas y miró a John Thornton.

Mercedes pyyhki kyyneleensä ja katsoi John Thorntonia.

Charles se sentó en un tronco, lenta y rígidamente, dolorido por el camino.

Charles istui tukin päällä hitaasti ja jäykästi, polun aiheuttamien kipujen kourissa.

Hal habló mientras Thornton tallaba el extremo del mango de un hacha.

Hal puhui Thorntonin veistäessä kirveenvarren päätä.

Él tallaba madera de abedul y respondía con respuestas breves y firmes.

Hän veisteli koivupuuta ja vastasi lyhyin, mutta päättäväisin vastauksin.

Cuando se le preguntó, dio consejos, seguro de que no serían seguidos.

Kun häneltä kysyttiin, hän antoi neuvon, varmana siitä, ettei sitä noudatettaisiin.

Hal explicó: "Nos dijeron que el hielo del sendero se estaba desprendiendo".

Hal selitti: "He kertoivat meille, että jääpeite oli sulamassa pois."

Dijeron que nos quedáramos allí, pero llegamos a White River.

"He sanoivat, että meidän pitäisi pysyä paikoillamme – mutta pääsimme White Riveriin."

Terminó con un tono burlón, como para proclamar la victoria en medio de las dificultades.

Hän lopetti puheensa ivallisesti, ikään kuin julistaakseen voiton vaikeuksissa.

—Y te dijeron la verdad —respondió John Thornton a Hal en voz baja.

– Ja he puhuivat sinulle totta, John Thornton vastasi Halille hiljaa.

"El hielo puede ceder en cualquier momento; está a punto de desprenderse".

"Jää voi antaa periksi minä hetkenä hyvänsä – se on valmis putoamaan pois."

"Solo la suerte ciega y los tontos pudieron haber llegado tan lejos con vida".

"Vain sokea onni ja hölmöt olisivat voineet selvitä näin pitkälle hengissä."

"Te lo digo directamente: no arriesgaría mi vida ni por todo el oro de Alaska".

"Sanon teille suoraan, en vaarantaisi henkeäni koko Alaskan kullasta."

—Supongo que es porque no eres tonto —respondió Hal.

– Se johtuu kai siitä, ettet ole hölmö, Hal vastasi.

—De todos modos, seguiremos hasta Dawson. —Desenrolló el látigo.

"Siitä huolimatta menemme Dawsoniin." Hän avasi ruoskansa.

—¡Sube, Buck! ¡Hola! ¡Sube! ¡Vamos! —gritó con dureza.

"Nouse ylös, Buck! Hei! Nouse ylös! Mene!" hän huusi käheästi.

Thornton siguió tallando madera, sabiendo que los tontos no escucharían razones.

Thornton jatkoi vehrelyä tietäen, etteivät hölmöt kuuntele järkeä.

Detener a un tonto era inútil, y dos o tres tontos no cambiaban nada.

Typeryksen pysäyttäminen oli turhaa – ja kaksi tai kolme typerystä eivät muuttaneet mitään.

Pero el equipo no se movió ante la orden de Hal.

Mutta joukkue ei liikkunut Halin käskystä.

A estas alturas, sólo los golpes podían hacerlos levantarse y avanzar.

Nyt vain iskut saivat heidät nousemaan ja vetämään eteenpäin.

El látigo golpeó una y otra vez a los perros debilitados.

Ruoska napsahti yhä uudelleen heikentyneiden koirien yli.

John Thornton apretó los labios con fuerza y observó en silencio.

John Thornton puristi huulensa tiukasti ja katseli hiljaa.

Solleks fue el primero en ponerse de pie bajo el látigo.

Solleks ryömi ensimmäisenä jaloilleen ruoskan alla.

Entonces Teek lo siguió, temblando. Joe gritó al tambalearse.

Sitten Teek seurasi vapisten perässä. Joe kiljaisi kompastelun jälkeen.

Pike intentó levantarse, falló dos veces y finalmente se mantuvo en pie, tambaleándose.

Pike yritti nousta ylös, epäonnistui kahdesti ja seisoi sitten lopulta horjuen.

Pero Buck yacía donde había caído, sin moverse en absoluto este momento.

Mutta Buck makasi siinä, mihin oli kaatunut, eikä liikkunut lainkaan tällä kertaa.

El látigo lo golpeaba una y otra vez, pero él no emitía ningún sonido.

Ruoska viilsi häntä yhä uudelleen ja uudelleen, mutta hän ei päästänyt ääntäkään.

Él no se inmutó ni se resistió, simplemente permaneció quieto y en silencio.

Hän ei värähtänyt eikä vastustellut, vaan pysyi hiljaa ja liikkumatta.

Thornton se movió más de una vez, como si fuera a hablar, pero no lo hizo.

Thornton liikahti useammin kuin kerran, ikään kuin puhuakseen, mutta ei tehnyt niin.

Sus ojos se humedecieron y el látigo siguió golpeando contra Buck.

Hänen silmänsä kostuivat, ja ruoska paukahti yhä Buckia vasten.

Finalmente, Thornton comenzó a caminar lentamente, sin saber qué hacer.

Viimein Thornton alkoi kävellä hitaasti edestakaisin, epävarmana siitä, mitä tehdä.

Era la primera vez que Buck fallaba y Hal se puso furioso.

Se oli ensimmäinen kerta, kun Buck oli epäonnistunut, ja Hal raivostui.

Dejó el látigo y en su lugar tomó el pesado garrote.

Hän heitti ruoskan alas ja poimi sen sijaan raskaan pampun.

El palo de madera cayó con fuerza, pero Buck todavía no se levantó para moverse.

Puinen nuija putosi kovaa, mutta Buck ei vieläkään noussut liikkuakseen.

Al igual que sus compañeros de equipo, era demasiado débil, pero más que eso.

Kuten joukkuetoverinsa, hän oli liian heikko – mutta enemmänkin kuin vain.

Buck había decidido no moverse, sin importar lo que sucediera después.

Buck oli päättänyt olla liikkumatta, tapahtuipa seuraavaksi mitä tahansa.

Sintió algo oscuro y seguro flotando justo delante.

Hän tunsi edessään jonkin synkän ja varman leijuvan.

Ese miedo se apoderó de él tan pronto como llegó a la orilla del río.

Tuo kauhu valtasi hänet heti joen rannalle päästyään.

La sensación no lo había abandonado desde que sintió el hielo fino bajo sus patas.

Tunne ei ollut lähtenyt hänestä siitä lähtien, kun hän oli tuntenut jään ohuena tassujensa alla.

Algo terrible lo esperaba; lo sintió más allá del camino.

Jotain kamalaa odotti – hän tunsi sen aivan polun varrella.

No iba a caminar hacia esa cosa terrible que había delante.

Hän ei aikonut kävellä kohti sitä kauheaa asiaa edessään

Él no iba a obedecer ninguna orden que lo llevara a esa cosa.

Hän ei aikonut totella mitään käskyä, joka veisi hänet tuon luo.

El dolor de los golpes apenas lo afectaba ahora: estaba demasiado lejos.

Iskujen kipu tuskin kosketti häntä enää – hän oli liian kaukana.

La chispa de la vida parpadeaba débilmente y se apagaba bajo cada golpe cruel.

Elämän kipinä lepatti himmeästi, himmeni jokaisen julman iskun alla.

Sus extremidades se sentían distantes; su cuerpo entero parecía pertenecer a otro.

Hänen raajansa tuntuivat etäisiltä; koko hänen kehonsa näytti kuuluvan toiselle.

Sintió un extraño entumecimiento mientras el dolor desapareció por completo.

Hän tunsi oudon tunnottomuuden kivun hävitessä kokonaan.

Desde lejos, sentía que lo golpeaban, pero apenas lo sabía.

Kaukaa hän aisti joutuvansa lyödyksi, mutta tuskin tiesi sitä.

Podía oír los golpes débilmente, pero ya no dolían realmente.

Hän kuuli tömähdykset heikosti, mutta ne eivät enää oikeasti satuttaneet.

Los golpes dieron en el blanco, pero su cuerpo ya no parecía el suyo.

Iskut osuivat, mutta hänen ruumiinsa ei enää tuntunut omalta.

Entonces, de repente y sin previo aviso, John Thornton lanzó un grito salvaje.

Sitten yhtäkkiä, ilman varoitusta, John Thornton päästi villin huudon.

Era un grito inarticulado, más el grito de una bestia que el de un hombre.

Se oli epäselvää, enemmän eläimen kuin ihmisen huutoa.

Saltó hacia el hombre con el garrote y tiró a Hal hacia atrás.

Hän hyppäsi pamppumiehen kimppuun ja löi Halin taaksepäin.

Hal voló como si lo hubiera golpeado un árbol y aterrizó con fuerza en el suelo.

Hal lensi kuin puu olisi iskenyt häneen ja laskeutui kovaa maahan.

Mercedes gritó en pánico y se llevó las manos a la cara.

Mercèdes huusi paniikissa ääneen ja tarttui kasvoihinsa.

Charles se limitó a mirar, se secó los ojos y permaneció sentado.

Charles vain katseli, pyyhki silmiään ja jäi istumaan.

Su cuerpo estaba demasiado rígido por el dolor para levantarse o ayudar en la pelea.

Hänen ruumiinsa oli kivusta liian jäykkä noustakseen ylös tai auttaakseen taistelussa.

Thornton se quedó de pie junto a Buck, temblando de furia, incapaz de hablar.

Thornton seisoi Buckin yllä, raivosta vapisten, kykenemättä puhumaan.

Se estremeció de rabia y luchó por encontrar su voz a través de ella.

Hän tärisi raivosta ja yritti löytää äänensä sen läpi.

—Si vuelves a golpear a ese perro, te mataré —dijo finalmente.

"Jos lyöt koiraa uudelleen, tapan sinut", hän sanoi lopulta.

Hal se limpió la sangre de la boca y volvió a avanzar.

Hal pyyhki veren suustaan ja astui taas eteenpäin.

—Es mi perro —murmuró—. ¡Quítate del medio o te curaré!

– Se on minun koirani, hän mutisi. – Pois tieltä, tai korjaan sinut.

"Voy a Dawson y no me lo vas a impedir", añadió.

"Minä menen Dawsoniin, etkä sinä estä minua", hän lisäsi.

Thornton se mantuvo firme entre Buck y el joven enojado.

Thornton seisoi lujasti Buckin ja vihaisen nuoren miehen välissä.

No tenía intención de hacerse a un lado o dejar pasar a Hal.

Hänellä ei ollut aikomustakaan astua sivuun tai päästää Halia menemään.

Hal sacó su cuchillo de caza, largo y peligroso en la mano.

Hal veti esiin metsästysveitsensä, pitkän ja vaarallisen kädessään.

Mercedes gritó, luego lloró y luego rió con una histeria salvaje.

Mercedes kirkaisi, sitten itki ja sitten nauroi villisti hysteriassa.

Thornton golpeó la mano de Hal con el mango de su hacha, fuerte y rápido.

Thornton iski Halin kättä kirveenvarrella lujaa ja nopeasti.

El cuchillo se soltó del agarre de Hal y voló al suelo.

Veitsi irtosi Halin otteesta ja lensi maahan.

Hal intentó recoger el cuchillo y Thornton volvió a golpearle los nudillos.

Hal yritti nostaa veistä, ja Thornton löi rystysiään uudelleen.

Entonces Thornton se agachó, agarró el cuchillo y lo sostuvo.
Sitten Thornton kumartui, otti veitsen ja piteli sitä.

Con dos rápidos golpes del mango del hacha, cortó las riendas de Buck.
Kahdella nopealla kirveenvarren iskulla hän katkaisi Buckin ohjat.

Hal ya no tenía fuerzas para luchar y se apartó del perro.
Halilla ei ollut enää taistelutahtoa jäljellä ja hän astui taaksepäin koiran luota.

Además, Mercedes necesitaba ahora ambos brazos para mantenerse erguida.
Sitä paitsi Mercedes tarvitsi nyt molemmat käsivartensa pysyäkseen pystyssä.

Buck estaba demasiado cerca de la muerte como para volver a ser útil para tirar de un trineo.
Buck oli liian lähellä kuolemaa ollakseen enää hyödyllinen reen vetämiseen.

Unos minutos después, se marcharon y se dirigieron río abajo.
Muutaman minuutin kuluttua he lähtivät liikkeelle ja suuntasivat jokea pitkin alas.

Buck levantó la cabeza débilmente y los observó mientras salían del banco.
Buck nosti heikosti päätään ja katseli heidän poistuvan pankista.

Pike lideró el equipo, con Solleks en la parte trasera, al volante.
Pike johti joukkuetta, Solleksin ollessa takana ratin takana.

Joe y Teek caminaron entre ellos, ambos cojeando por el cansancio.
Joe ja Teek kävelivät välissä, molemmat ontuen uupumuksesta.

Mercedes se sentó en el trineo y Hal agarró el largo palo.
Mercedes istui kelkassa ja Hal tarttui pitkään ohjaustankoon.

Charles se tambaleó detrás, sus pasos torpes e inseguros.
Charles kompuroi taakse, hänen askeleensa kömpelöt ja epävarmat.

Thornton se arrodilló junto a Buck y buscó con delicadeza los huesos rotos.

Thornton polvistui Buckin viereen ja tunnusteli varovasti murtuneita luita.

Sus manos eran ásperas pero se movían con amabilidad y cuidado.

Hänen kätensä olivat karheat, mutta liikkuivat ystävällisesti ja huolella.

El cuerpo de Buck estaba magullado pero no mostraba lesiones duraderas.

Buckin ruumis oli mustelmilla, mutta pysyviä vammoja ei näkynyt.

Lo que quedó fue un hambre terrible y una debilidad casi total.

Jäljelle jäi hirvittävä nälkä ja lähes täydellinen heikkous.

Cuando esto quedó claro, el trineo ya había avanzado mucho río abajo.

Siihen mennessä, kun tämä oli selvä, kelkka oli mennyt pitkälle alavirtaan.

El hombre y el perro observaron cómo el trineo se deslizaba lentamente sobre el hielo agrietado.

Mies ja koira katselivat reen hidasta ryömimistä halkeilevan jään yli.

Luego vieron que el trineo se hundía en un hueco.

Sitten he näkivät kelkan vajoavan onkaloon.

El mástil voló hacia arriba, con Hal todavía aferrándose a él en vano.

Geppikeppi lensi ilmaan, ja Hal tarrasi siitä yhä turhaan kiinni.

El grito de Mercedes les llegó a través de la fría distancia.

Mercedeksen huuto kantautui heidän eteensä kylmän matkan takaa.

Charles se giró y dio un paso atrás, pero ya era demasiado tarde.

Charles kääntyi ja astui taaksepäin – mutta hän oli liian myöhässä.

Una capa de hielo entera cedió y todos ellos cayeron al suelo.

Koko jääpeite antoi periksi, ja he kaikki putosivat läpi.

Los perros, los trineos y las personas desaparecieron en el agua negra que había debajo.

Koirat, reki ja ihmiset katosivat alapuolella olevaan mustaan veteen.

En el hielo por donde habían pasado sólo quedaba un amplio agujero.

Jäähän oli jäänyt vain leveä reikä siitä kohdasta, josta he olivat ohittaneet.

El sendero se había hundido por completo, tal como Thornton había advertido.

Polun pohja oli pudonnut – aivan kuten Thornton varoitti.

Thornton y Buck se miraron el uno al otro y guardaron silencio por un momento.

Thornton ja Buck katsoivat toisiaan hetken hiljaa.

—Pobre diablo —dijo Thornton suavemente, y Buck le lamió la mano.

– Voi raukkaa, sanoi Thornton hiljaa, ja Buck nuoli hänen kättään.

Por el amor de un hombre
Miehen rakkaudesta

John Thornton se congeló los pies en el frío del diciembre anterior.

John Thornton palelsi jalkansa edellisen joulukuun kylmyydessä.

Sus compañeros lo hicieron sentir cómodo y lo dejaron recuperarse solo.

Hänen kumppaninsa tekivät hänestä mukavan olon ja jättivät hänet toipumaan yksin.

Subieron al río para recoger una balsa de troncos para aserrar para Dawson.

He menivät jokea ylös keräämään lauttaa sahatukkeja Dawsonille.

Todavía cojeaba ligeramente cuando rescató a Buck de la muerte.

Hän ontui vielä hieman pelastaessaan Buckin kuolemalta.

Pero como el clima cálido continuó, incluso esa cojera desapareció.

Mutta lämpimän sään jatkuessa jopa tuo ontuminen katosi.

Durante los largos días de primavera, Buck descansaba a orillas del río.

Buck lepäsi pitkinä kevätpäivinä joenrannalla maaten.

Observó el agua fluir y escuchó a los pájaros y a los insectos.

Hän katseli virtaavaa vettä ja kuunteli lintujen ja hyönteisten laulua.

Lentamente, Buck recuperó su fuerza bajo el sol y el cielo.

Hitaasti Buck sai takaisin voimansa auringon ja taivaan alla.

Un descanso fue maravilloso después de viajar tres mil millas.

Lepo tuntui ihanalta kolmentuhannen mailin matkustamisen jälkeen.

Buck se volvió perezoso a medida que sus heridas sanaban y su cuerpo se llenaba.

Buckista tuli laiska haavansa parantuessa ja hänen kehonsa täyttyessä.

Sus músculos se reafirmaron y la carne volvió a cubrir sus huesos.

Hänen lihaksensa kiinteytyivät ja liha palasi peittämään hänen luunsa.

Todos estaban descansando: Buck, Thornton, Skeet y Nig.

He kaikki lepäsivät – Buck, Thornton, Skeet ja Nig.

Esperaron la balsa que los llevaría a Dawson.

He odottivat lauttaa, joka veisi heidät alas Dawsoniin.

Skeet era un pequeño setter irlandés que se hizo amigo de Buck.

Skeet oli pieni irlanninsetteri, joka ystävystyi Buckin kanssa.

Buck estaba demasiado débil y enfermo para resistirse a ella en su primer encuentro.

Buck oli liian heikko ja sairas vastustaakseen häntä heidän ensimmäisessä kohtaamisessaan.

Skeet tenía el rasgo de sanador que algunos perros poseen naturalmente.

Skeetillä oli parantajan ominaisuus, joka joillakin koirilla on luonnostaan.

Como una gata madre, lamió y limpió las heridas abiertas de Buck.

Kuin emokissa, hän nuoli ja puhdisti Buckin raakoja haavoja.

Todas las mañanas, después del desayuno, repetía su minucioso trabajo.

Joka aamu aamiaisen jälkeen hän toisti huolellisen työnsä.

Buck llegó a esperar su ayuda tanto como la de Thornton.

Buck alkoi odottaa hänen apuaan yhtä paljon kuin Thorntonin.

Nig también era amigable, pero menos abierto y menos cariñoso.

Nig oli myös ystävällinen, mutta vähemmän avoin ja vähemmän hellyydenkipeä.

Nig era un perro grande y negro, mitad sabueso y mitad lebrel.

Nig oli iso musta koira, osaksi verikoira ja osaksi hirvikoira.

Tenía ojos sonrientes y un espíritu bondadoso sin límites.

Hänellä oli nauravat silmät ja loputtoman hyvä luonne
hengessä.

**Para sorpresa de Buck, ninguno de los perros mostró celos
hacia él.**

Buckin yllätykseksi kumpikaan koira ei osoittanut
mustasukkaisuutta häntä kohtaan.

**Tanto Skeet como Nig compartieron la amabilidad de John
Thornton.**

Sekä Skeet että Nig jakoivat John Thorntonin ystävällisyyden.

**A medida que Buck se hacía más fuerte, lo atrajeron hacia
juegos de perros tontos.**

Buckin vahvistuessa he houkuttelivat hänet mukaan tyhmiin
koiraleikkeihin.

**Thornton también jugaba a menudo con ellos, incapaz de
resistirse a su alegría.**

Thorntonkin usein leikki heidän kanssaan, kykenemättä
vastustamaan heidän iloaan.

**De esta manera lúdica, Buck pasó de la enfermedad a una
nueva vida.**

Tällä leikkisällä tavalla Buck siirtyi sairaudesta uuteen
elämään.

**El amor, el amor verdadero, ardiente y apasionado,
finalmente era suyo.**

Rakkaus – tosi, palava ja intohimoinen rakkaus – oli vihdoin
hänen.

Nunca había conocido ese tipo de amor en la finca de Miller.

Hän ei ollut koskaan tuntenut tällaista rakkautta Millerin
kartanossa.

Con los hijos del Juez había compartido trabajo y aventuras.

Tuomarin poikien kanssa hän oli jakanut työn ja seikkailun.

En los nietos vio un orgullo rígido y jactancioso.

Pojanpoikien luona hän näki jäykkää ja kerskuvaa ylpeyttä.

Con el propio juez Miller mantuvo una amistad respetuosa.

Tuomari Millerin kanssa hänellä oli kunnioittava ystävyys.

**Pero el amor que era fuego, locura y adoración llegó con
Thornton.**

Mutta rakkaus, joka oli tulta, hulluutta ja palvontaa, tuli
Thorntonin mukana.

**Este hombre había salvado la vida de Buck, y eso solo
significaba mucho.**

Tämä mies oli pelastanut Buckin hengen, ja se yksinään
merkitsi paljon.

**Pero más que eso, John Thornton era el tipo de maestro
ideal.**

Mutta ennen kaikkea John Thornton oli ihanteellinen mestari.

**Otros hombres cuidaban perros por obligación o necesidad
laboral.**

Toiset miehet hoitivat koiria velvollisuuden tai liiketoiminnan
välttämättömyyden vuoksi.

John Thornton cuidaba a sus perros como si fueran sus hijos.

John Thornton huolehti koiristaan kuin lapsistaan.

**Él se preocupaba por ellos porque los amaba y simplemente
no podía evitarlo.**

Hän välitti heistä, koska rakasti heitä eikä yksinkertaisesti
voinut sille mitään.

**John Thornton vio incluso más lejos de lo que la mayoría de
los hombres lograron ver.**

John Thornton näki jopa kauemmas kuin useimmat miehet
koskaan kykenivät näkemään.

**Nunca se olvidó de saludarlos amablemente o decirles
alguna palabra de aliento.**

Hän ei koskaan unohtanut tervehtiä heitä ystävällisesti tai
sanoa rohkaisevaa sanaa.

**Le encantaba sentarse con los perros para tener largas
charlas, o "gases", como él decía.**

Hän rakasti istua koirien kanssa pitkiä keskusteluja varten tai
"kaasupäissään", kuten hän itse sanoi.

**Le gustaba agarrar bruscamente la cabeza de Buck entre sus
fuertes manos.**

Hän tarttui mielellään Buckin päähän rajusti vahvojen
käsiensä väliin.

**Luego apoyó su cabeza contra la de Buck y lo sacudió
suavemente.**

Sitten hän nojasi päätään Buckin päätä vasten ja ravisteli tätä kevyesti.

Mientras tanto, él llamaba a Buck con nombres groseros que significaban amor para Buck.

Koko ajan hän haukkui Buckia töykein nimin, jotka merkitsivät Buckille rakkautta.

Para Buck, ese fuerte abrazo y esas palabras le trajeron una profunda alegría.

Buckille tuo karkea halaus ja nuo sanat toivat syvää iloa.

Su corazón parecía latir con fuerza de felicidad con cada movimiento.

Hänen sydämensä tuntui vapisevan onnesta joka liikkeellä.

Cuando se levantó de un salto, su boca parecía como si se estuviera riendo.

Kun hän hyppäsi ylös jälkeenpäin, hänen suunsa näytti siltä kuin se olisi nauranut.

Sus ojos brillaban intensamente y su garganta temblaba con una alegría tácita.

Hänen silmänsä loistivat kirkkaasti ja hänen kurkkunsa vapisi sanoin kuvaamattomasta ilosta.

Su sonrisa se detuvo en ese estado de emoción y afecto resplandeciente.

Hänen hymynsä pysähtyi tuossa liikutuksen ja hehkuvan kiintymyksen tilassa.

Entonces Thornton exclamó pensativo: "¡Dios! ¡Casi puede hablar!"

Sitten Thornton huudahti mietteliäästi: "Voi luoja! Hän melkein osaa puhua!"

Buck tenía una extraña forma de expresar amor que casi causaba dolor.

Buckilla oli outo tapa ilmaista rakkautta, joka melkein aiheutti tuskaa.

A menudo apretaba muy fuerte la mano de Thornton entre los dientes.

Hän puristi usein Thorntonin kättä tiukasti hampaillaan.

La mordedura iba a dejar marcas profundas que permanecerían durante algún tiempo.

Purema jätti syvät jäljet, jotka pysyivät jonkin aikaa.

**Buck creía que esos juramentos eran de amor y Thornton lo
sabía también.**

Buck uskoi noiden valaiden olevan rakkautta, ja Thornton tiesi
saman.

**La mayoría de las veces, el amor de Buck se demostraba en
una adoración silenciosa, casi silenciosa.**

Useimmiten Buckin rakkaus ilmeni hiljaisena, lähes
äänettömänä ihailuna.

**Aunque se emocionaba cuando lo tocaban o le hablaban, no
buscaba atención.**

Vaikka hän ilahtui kosketuksesta tai puhuttelusta, hän ei
hakenut huomiota.

**Skeet empujó su nariz bajo la mano de Thornton hasta que
él la acarició.**

Skeet työnsi kuonoaan Thorntonin käden alle, kunnes tämä
silitti tätä.

**Nig se acercó en silencio y apoyó su gran cabeza en la rodilla
de Thornton.**

Nig käveli hiljaa Thorntonin luo ja laski suuren päänsä tämän
polvelle.

**Buck, por el contrario, se conformaba con amar desde una
distancia respetuosa.**

Buck sitä vastoin tyytyi rakastamaan kunnioittavan
etäisyyden päästä.

**Durante horas permaneció tendido a los pies de Thornton,
alerta y observando atentamente.**

Hän makasi tuntikausia Thorntonin jalkojen juuressa,
valppaana ja tarkkaillen.

**Buck estudió cada detalle del rostro de su amo y su más
mínimo movimiento.**

Buck tutki isäntänsä kasvojen jokaista yksityiskohtaa ja
pienintäkin liikettä.

**O yacía más lejos, estudiando la figura del hombre en
silencio.**

Tai valehteli kauempana, tutkien miehen hahmoa hiljaa.

Buck observó cada pequeño movimiento, cada cambio de postura o gesto.

Buck tarkkaili jokaista pientä liikettä, jokaista asennon tai eleen muutosta.

Tan poderosa era esta conexión que a menudo atraía la mirada de Thornton.

Tämä yhteys oli niin voimakas, että se usein veti Thorntonin katseen puoleensa.

Sostuvo la mirada de Buck sin palabras, pero el amor brillaba claramente a través de ella.

Hän kohtasi Buckin katseen sanomatta sanaakaan, rakkaus säteili niiden läpi.

Durante mucho tiempo después de ser salvado, Buck nunca perdió de vista a Thornton.

Pelastumisensa jälkeen Buck ei päästänyt Thorntonia näkyvistä pitkään aikaan.

Cada vez que Thornton salía de la tienda, Buck lo seguía de cerca afuera.

Aina kun Thornton poistui teltasta, Buck seurasi häntä tiiviisti ulos.

Todos los amos severos de las Tierras del Norte habían hecho que Buck tuviera miedo de confiar.

Kaikki Pohjolan ankarat isännät olivat tehneet Buckin pelokkaaksi luottamaan heihin.

Temía que ningún hombre pudiera seguir siendo su amo durante más de un corto tiempo.

Hän pelkäsi, ettei kukaan voisi pysyä hänen isäntänään kuin lyhyen aikaa.

Temía que John Thornton desapareciera como Perrault y François.

Hän pelkäsi John Thorntonin katoavan Perraultin ja Françoisin tavoin.

Incluso por la noche, el miedo a perderlo acechaba el sueño inquieto de Buck.

Yölläkin Buckin levoton uni vaivasi pelko hänen menettämisestään.

Cuando Buck se despertó, salió a escondidas al frío y fue a la tienda de campaña.

Herättyään Buck ryömi ulos kylmään ja meni telttaan.

Escuchó atentamente el suave sonido de la respiración en su interior.

Hän kuunteli tarkasti sisällään kuuluvaa pehmeää hengitystä.

A pesar del profundo amor de Buck por John Thornton, lo salvaje siguió vivo.

Vaikka Buckin syvä rakkaus John Thorntonia kohtaan oli suuri, villieläin pysyi hengissä.

Ese instinto primitivo, despertado en el Norte, no desapareció.

Tuo pohjoisessa herännyt alkukantainen vaisto ei kadonnut.

El amor trajo devoción, lealtad y el cálido vínculo del fuego.

Rakkaus toi mukanaan omistautumista, uskollisuutta ja tulen ääreen luomaa lämmintä sidettä.

Pero Buck también mantuvo sus instintos salvajes, agudos y siempre alerta.

Mutta Buck säilytti myös villit vaistonsa, terävinä ja aina valppaina.

No era sólo una mascota domesticada de las suaves tierras de la civilización.

Hän ei ollut vain kesytetty lemmikki sivilisaation pehmeiltä mailta.

Buck era un ser salvaje que había venido a sentarse junto al fuego de Thornton.

Buck oli villi olento, joka oli tullut istumaan Thorntonin tulen ääreen.

Parecía un perro del Sur, pero en su interior vivía lo salvaje.

Hän näytti etelänkoiralta, mutta villiys asui hänen sisällään.

Su amor por Thornton era demasiado grande como para permitirle robarle algo.

Hänen rakkautensa Thorntonia kohtaan oli liian suuri salliakseen varastamisen mieheltä.

Pero en cualquier otro campamento, robaría con valentía y sin pausa.

Mutta missä tahansa muussa leirissä hän varastaisi rohkeasti ja taukoamatta.

Era tan astuto al robar que nadie podía atraparlo ni acusarlo.

Hän oli niin ovela varastamaan, ettei kukaan saanut häntä kiinni tai syyttämään.

Su rostro y su cuerpo estaban cubiertos de cicatrices de muchas peleas pasadas.

Hänen kasvonsa ja vartalonsa olivat täynnä arpia monista aiemmista taisteluista.

Buck seguía luchando con fiereza, pero ahora luchaba con más astucia.

Buck taisteli edelleen raivokkaasti, mutta nyt hän taisteli ovelammin.

Skeet y Nig eran demasiado amables para pelear, y eran de Thornton.

Skeet ja Nig olivat liian lempeitä taistelemaan, ja he olivat Thorntonin.

Pero cualquier perro extraño, por fuerte o valiente que fuese, cedía.

Mutta jokainen outo koira, olipa se kuinka vahva tai rohkea tahansa, antoi periksi.

De lo contrario, el perro se encontraría luchando contra Buck; luchando por su vida.

Muuten koira huomasi taistelevansa Buckin kanssa; taistelevansa hengestään.

Buck no tuvo piedad una vez que decidió pelear contra otro perro.

Buck ei tuntenut armoa, kun hän päätti taistella toista koiraa vastaan.

Había aprendido bien la ley del garrote y el colmillo en las Tierras del Norte.

Hän oli oppinut hyvin Pohjoisen nuijan ja hampaiden lain.

Él nunca renunció a una ventaja y nunca se retractó de la batalla.

Hän ei koskaan luopunut edustaan eikä koskaan perääntynyt taistelusta.

Había estudiado a los Spitz y a los perros más feroces del correo y de la policía.

Hän oli tutkinut pystykorvia ja postin ja poliisin hurjimpia koiria.

Sabía claramente que no había término medio en un combate salvaje.

Hän tiesi selvästi, ettei villissä taistelussa ole mitään keskitietä.

Él debía gobernar o ser gobernado; mostrar misericordia significaba mostrar debilidad.

Hänen täytyi hallita tai tulla hallituksi; armon osoittaminen tarkoitti heikkouden osoittamista.

Mercy era una desconocida en el crudo y brutal mundo de la supervivencia.

Armo oli tuntematonta selviytymisen raa'assa ja brutaalissa maailmassa.

Mostrar misericordia era visto como miedo, y el miedo conducía rápidamente a la muerte.

Armon osoittamista pidettiin pelkona, ja pelko johti nopeasti kuolemaan.

La antigua ley era simple: matar o ser asesinado, comer o ser comido.

Vanha laki oli yksinkertainen: tapa tai tule tapetuksi, syö tai tule syödyksi.

Esa ley vino desde las profundidades del tiempo, y Buck la siguió plenamente.

Tuo laki oli peräisin muinaisista ajoista, ja Buck noudatti sitä täysin.

Buck era mayor que su edad y el número de respiraciones que tomaba.

Buck oli ikäänsä ja hengitystensä määräänsä nähden vanhempi.

Conectó claramente el pasado antiguo con el momento presente.

Hän yhdisti menneisyyden selkeästi nykyhetkeen.

Los ritmos profundos de las épocas lo atravesaban como mareas.

Iän syvät rytmit liikkuivat hänen lävitseen kuin vuorovesi.

El tiempo latía en su sangre con la misma seguridad con la que las estaciones movían la tierra.
Aika sykki hänen veressään yhtä varmasti kuin vuodenajat liikuttivat maata.

Se sentó junto al fuego de Thornton, con el pecho fuerte y los colmillos blancos.
Hän istui Thorntonin tulen ääressä vahvarintaisena ja valkohampaisena.

Su largo pelaje ondeaba, pero detrás de él los espíritus de los perros salvajes observaban.
Hänen pitkä turkkinsa liehui, mutta hänen takanaan villikoirien henget tarkkailivat.

Lobos medio y lobos completos se agitaron dentro de su corazón y sus sentidos.
Puolisudet ja täysikasvuiset sudet liikkuivat hänen sydämessään ja aisteissaan.

Probaron su carne y bebieron la misma agua que él.
He maistoivat hänen lihaansa ja joivat samaa vettä kuin hänkin.

Olfatearon el viento junto a él y escucharon el bosque.
He nuuhkivat tuulta hänen rinnallaan ja kuuntelivat metsän ääniä.

Susurraron los significados de los sonidos salvajes en la oscuridad.
He kuiskasivat pimeydessä kuuluvien villien äänien merkityksiä.

Ellos moldearon sus estados de ánimo y guiaron cada una de sus reacciones tranquilas.
Ne muovasivat hänen mielialojaan ja ohjasivat jokaista hänen hiljaista reaktiotaan.

Se quedaron con él mientras dormía y se convirtieron en parte de sus sueños más profundos.
Ne makasivat hänen kanssaan hänen nukkuessaan ja niistä tuli osa hänen syvimpiä uniaan.

Soñaron con él, más allá de él, y constituyeron su propio espíritu.

He unelmoivat hänen kanssaan, hänen tuolla puolen, ja loivat hänen sielunsa.

Los espíritus de la naturaleza llamaron con tanta fuerza que Buck se sintió atraído.

Erämaan henget kutsuivat Buckia niin voimakkaasti, että se tuntui vierivän mukanaan.

Cada día, la humanidad y sus reivindicaciones se debilitaban más en el corazón de Buck.

Joka päivä ihmiskunta ja sen vaatimukset heikkenivät Buckin sydämessä.

En lo profundo del bosque, un llamado extraño y emocionante estaba por surgir.

Syvällä metsässä oli kajahtamaisillaan outo ja jännittävä kutsu.

Cada vez que escuchaba el llamado, Buck sentía un impulso que no podía resistir.

Joka kerta kun Buck kuuli kutsun, hän tunsi vastustamatonta halua.

Él iba a alejarse del fuego y de los caminos humanos trillados.

Hän aikoi kääntyä pois tulesta ja tallatuilta ihmisten poluilta.

Iba a adentrarse en el bosque, avanzando sin saber por qué.

Hän aikoi syöksyä metsään, jatkaa eteenpäin tietämättä miksi.

Él no cuestionó esta atracción porque el llamado era profundo y poderoso.

Hän ei kyseenalaistanut tätä vetoa, sillä kutsu oli syvä ja voimakas.

A menudo, alcanzaba la sombra verde y la tierra suave e intacta.

Usein hän saavutti vihreän varjon ja pehmeän koskemattoman maan

Pero entonces el fuerte amor por John Thornton lo atrajo de nuevo al fuego.

Mutta sitten voimakas rakkaus John Thorntonia kohtaan veti hänet takaisin tuleen.

Sólo John Thornton realmente pudo sostener en sus manos el corazón salvaje de Buck.

Vain John Thornton todella piti Buckin villiä sydäntä otteessaan.

El resto de la humanidad no tenía ningún valor o significado duradero para Buck.

Muulla ihmiskunnalla ei ollut Buckille pysyvää arvoa tai merkitystä.

Los extraños podrían elogiarlo o acariciar su pelaje con manos amistosas.

Muukalaiset saattavat kehua häntä tai silittää hänen turkkiaan ystävällisillä käsillään.

Buck permaneció impasible y se alejó por demasiado afecto.

Buck pysyi liikkumattomana ja käveli pois liiallisen kiintymyksen vaikutuksesta.

Hans y Pete llegaron con la balsa que habían esperado durante tanto tiempo.

Hans ja Pete saapuivat kauan odotetun lautan kanssa

Buck los ignoró hasta que supo que estaban cerca de Thornton.

Buck jätti heidät huomiotta, kunnes sai tietää, että he olivat lähellä Thorntonia.

Después de eso, los toleró, pero nunca les mostró total calidez.

Sen jälkeen hän sieti heitä, mutta ei koskaan osoittanut heille täyttä lämpöä.

Él aceptaba comida o gentileza de ellos como si les estuviera haciendo un favor.

Hän otti heiltä ruokaa tai ystävällisyyttä ikään kuin tekisi heille palveluksen.

Eran como Thornton: sencillos, honestos y claros en sus pensamientos.

He olivat kuin Thornton – yksinkertaisia, rehellisiä ja ajatuksiltaan selkeitä.

Todos juntos viajaron al aserradero de Dawson y al gran remolino.

Kaikki yhdessä he matkustivat Dawsonin sahalle ja suurelle pyörteelle

En su viaje aprendieron a comprender profundamente la naturaleza de Buck.

Matkallaan he oppivat ymmärtämään syvällisesti Buckin luonnetta.

No intentaron acercarse como lo habían hecho Skeet y Nig.

He eivät yrittäneet lähentyä toisiltaan, kuten Skeet ja Nig olivat tehneet.

Pero el amor de Buck por John Thornton solo se profundizó con el tiempo.

Mutta Buckin rakkaus John Thorntonia kohtaan vain syveni ajan myötä.

Sólo Thornton podía colocar una mochila en la espalda de Buck en el verano.

Vain Thornton kykeni panemaan rinkan Buckin selkään kesällä.

Cualquiera que fuera lo que Thornton ordenaba, Buck estaba dispuesto a hacerlo a cabalidad.

Mitä tahansa Thornton käski, Buck oli valmis tekemään täysin määrin.

Un día, después de que dejaron Dawson hacia las cabeceras del río Tanana,

Eräänä päivänä, lähdettyään Dawsonista Tananan alkulähteille,

El grupo se sentó en un acantilado que caía un metro hasta el lecho rocoso desnudo.

Ryhmä istui kalliolla, joka putosi metrin päähän paljaalle kallioperälle.

John Thornton se sentó cerca del borde y Buck descansó a su lado.

John Thornton istui lähellä reunaa ja Buck lepäsi hänen vieressään.

Thornton tuvo una idea repentina y llamó la atención de los hombres.

Thorntonille tuli äkillinen ajatus, ja hän kiinnitti miesten huomion.

Señaló hacia el otro lado del abismo y le dio a Buck una única orden.

Hän osoitti rotkon yli ja antoi Buckille yhden ainoan käskyn.

—¡Salta, Buck! —dijo, extendiendo el brazo por encima del precipicio.

"Hyppää, Buck!" hän sanoi heilauttaen kätensä pudotuksen yli.

En un momento, tuvo que agarrar a Buck, quien estaba saltando para obedecer.

Hetken kuluttua hänen oli pakko napata Buckin, joka hyppäsi totellakseen.

Hans y Pete corrieron hacia adelante y los pusieron a ambos a salvo.

Hans ja Pete ryntäsivät eteenpäin ja vetivät molemmat takaisin turvaan.

Cuando todo terminó y recuperaron el aliento, Pete habló.

Kaiken päätyttyä ja heidän vetäytyessään henkeä Pete puhui.

"El amor es extraño", dijo, conmocionado por la feroz devoción del perro.

"Rakkaus on outoa", hän sanoi järkyttyneenä koiran kiihkeästä omistautumisesta.

Thornton meneó la cabeza y respondió con seriedad y calma.

Thornton pudisti päätään ja vastasi tyynen vakavana.

"No, el amor es espléndido", dijo, "pero también terrible".

"Ei, rakkaus on ihanaa", hän sanoi, "mutta myös kamalaa."

"A veces, debo admitirlo, este tipo de amor me da miedo".

"Joskus, minun on myönnettävä, tällainen rakkaus pelottaa minua."

Pete asintió y dijo: "Odiaría ser el hombre que te toque".

Pete nyökkäsi ja sanoi: "En haluaisi olla se mies, joka koskee sinuun."

Miró a Buck mientras hablaba, serio y lleno de respeto.

Hän katsoi Buckia puhuessaan vakavana ja kunnioittavana.

—¡Py Jingo! —dijo Hans rápidamente—. Yo tampoco, señor.

– Voi herra! sanoi Hans nopeasti. – En minäkään, herra.

Antes de que terminara el año, los temores de Pete se hicieron realidad en Circle City.

Ennen vuoden loppua Peten pelko kävi toteen Circle Cityssä.

Un hombre cruel llamado Black Burton provocó una pelea en el bar.

Julma mies nimeltä Black Burton aloitti tappelun baarissa.

Estaba enojado y malicioso, arremetiendo contra un nuevo novato.

Hän oli vihainen ja ilkeämielinen ja hyökkäsi uuteen nurjaan.

John Thornton entró en escena, tranquilo y afable como siempre.

John Thornton astui esiin, tyynenä ja hyväntuulisena kuten aina.

Buck yacía en un rincón, con la cabeza gacha, observando a Thornton de cerca.

Buck makasi nurkassa pää painuksissa ja tarkkaili Thorntonia tarkasti.

Burton atacó de repente, y su puñetazo hizo que Thornton girara.

Burton iski yhtäkkiä, ja hänen lyöntinsä pyöräytti Thorntonia.

Sólo la barandilla de la barra evitó que se estrellara con fuerza contra el suelo.

Vain tangon kaide esti häntä putoamasta kovaa maahan.

Los observadores oyeron un sonido que no era un ladrido ni un aullido.

Tarkkailijat kuulivat äänen, joka ei ollut haukkumista tai ulvontaa

Un rugido profundo salió de Buck mientras se lanzaba hacia el hombre.

Buck karjaisi syvästi syöksyessään miestä kohti.

Burton levantó el brazo y apenas salvó su vida.

Burton nosti kätensä ilmaan ja pelasti hädin tuskin oman henkensä.

Buck se estrelló contra él y lo tiró al suelo.

Buck törmäsi häneen ja kaatoi hänet lattialle.

Buck mordió profundamente el brazo del hombre y luego se abalanzó sobre su garganta.

Buck puri syvälle miehen käsivarteen ja syöksyi sitten kurkkuun.

Burton sólo pudo bloquearlo parcialmente y su cuello quedó destrozado.

Burton pystyi torjumaan vain osittain, ja hänen niskansa repesi auki.

Los hombres se apresuraron a entrar, con los garrotes en alto, y apartaron a Buck del hombre sangrante.

Miehet ryntäsivät sisään nuijat pystyssä ja ajoivat Buckin pois verta vuotavan miehen selästä.

Un cirujano trabajó rápidamente para detener la fuga de sangre.

Kirurgi työskenteli nopeasti estääkseen veren vuotamisen.

Buck caminaba de un lado a otro y gruñía, intentando atacar una y otra vez.

Buck kuljeskeli edestakaisin ja murisi yrittäen hyökätä yhä uudelleen ja uudelleen.

Sólo los golpes con los palos le impidieron llegar hasta Burton.

Vain heiluttavat mailat estivät häntä pääsemästä Burtoniin.

Allí mismo se convocó y celebró una asamblea de mineros.

Kaivostyöläisten kokous kutsuttiin koolle ja pidettiin siellä paikan päällä.

Estuvieron de acuerdo en que Buck había sido provocado y votaron por liberarlo.

He olivat yhtä mieltä siitä, että Buckia oli provosoitu, ja äänestivät hänen vapauttamisensa puolesta.

Pero el feroz nombre de Buck ahora resonaba en todos los campamentos de Alaska.

Mutta Buckin hurja nimi kaikui nyt jokaisessa Alaskan leirissä.

Más tarde ese otoño, Buck salvó a Thornton nuevamente de una nueva manera.

Myöhemmin samana syksynä Buck pelasti Thorntonin jälleen uudella tavalla.

Los tres hombres guiaban un bote largo por rápidos agitados.

Kolme miestä ohjasivat pitkää venettä alas karuja koskia.

Thornton tripulaba el bote, gritando instrucciones para llegar a la costa.

Thornton ohjasi venettä ja huusi ohjeita rantaviivalle.

Hans y Pete corrieron por la tierra, sosteniendo una cuerda de árbol a árbol.

Hans ja Pete juoksivat maalla köysi kädessään puusta puuhun.

Buck seguía el ritmo en la orilla, siempre observando a su amo.

Buck pysytteli vauhdissa rannalla pitäen koko ajan silmällä isäntäänsä.

En un lugar desagradable, las rocas sobresalían bajo el agua rápida.

Yhdessä ikävässä paikassa kivet työntyivät esiin nopean veden alta.

Hans soltó la cuerda y Thornton dirigió el bote hacia otro lado.

Hans päästi köydestä irti, ja Thornton ohjasi veneen leveälle.

Hans corrió para alcanzar el barco nuevamente más allá de las rocas peligrosas.

Hans juoksi pikaisesti kiinni veneeseen vaarallisten kivien ohi.

El barco superó la cornisa pero se topó con una parte más fuerte de la corriente.

Vene ylitti reunan, mutta osui virran voimakkaampaan kohtaan.

Hans agarró la cuerda demasiado rápido y desequilibró el barco.

Hans tarttui köyteen liian nopeasti ja veti veneen pois tasapainosta.

El barco se volcó y se estrelló contra la orilla, boca abajo.

Vene pyörähti ympäri ja iskeytyi rantaan pohja ylöspäin.

Thornton fue arrojado y arrastrado hacia la parte más salvaje del agua.

Thornton heitettiin ulos ja pyyhkäistiin veden villimpään kohtaan.

Ningún nadador habría podido sobrevivir en esas aguas turbulentas y mortales.

Yksikään uimari ei olisi selvinnyt hengissä noissa tappavissa, kilpavedessä.

Buck saltó instantáneamente y persiguió a su amo río abajo.

Buck hyppäsi heti mukaan ja ajoi isäntäänsä takaa alas jokea.

Después de trescientos metros, llegó por fin a Thornton.

Kolmensadan jaardin jälkeen hän saapui viimein Thorntonin luo.

Thornton agarró la cola de Buck y Buck se giró hacia la orilla.

Thornton tarttui Buckin pyrstöön, ja Buck kääntyi rantaa kohti.

Nadó con todas sus fuerzas, luchando contra el arrastre salvaje del agua.

Hän ui täydellä voimallaan taistellen veden villiä vastusta vastaan.

Se movieron río abajo más rápido de lo que podían llegar a la orilla.

He liikkuivat alavirtaan nopeammin kuin ehtivät rantaan.

Más adelante, el río rugía cada vez más fuerte mientras caía en rápidos mortales.

Edessä joki pauhui kovempaa syöksyessään tappaviin koskiin.

Las rocas cortaban el agua como los dientes de un peine enorme.

Kivet viilsivät vettä kuin valtavan kamman piikit.

La atracción del agua cerca de la caída era salvaje e ineludible.

Veden vetovoima lähellä pisaraa oli raju ja väistämätön.

Thornton sabía que nunca podrían llegar a la costa a tiempo.

Thornton tiesi, etteivät he koskaan ehtisi rantaan ajoissa.

Raspó una roca, se estrelló contra otra,

Hän raapi yli yhden kiven, murskasi toisen,

Y entonces se estrelló contra una tercera roca, agarrándola con ambas manos.

Ja sitten hän törmäsi kolmanteen kiveen tarttuen siihen molemmilla käsillään.

Soltó a Buck y gritó por encima del rugido: "¡Vamos, Buck! ¡Vamos!".

Hän päästi irti Buckista ja huusi karjunnan yli: "Mene, Buck! Mene!"

Buck no pudo mantenerse a flote y fue arrastrado por la corriente.

Buck ei pysynyt pinnalla, ja virta vei hänet alas.

Luchó con todas sus fuerzas, intentando girar, pero no consiguió ningún progreso.

Hän taisteli kovasti, kamppaili kääntyäkseen, mutta ei edistynyt lainkaan.

Entonces escuchó a Thornton repetir la orden por encima del rugido del río.

Sitten hän kuuli Thorntonin toistavan käskyn joen pauhun yli.

Buck salió del agua y levantó la cabeza como para echar una última mirada.

Buck nousi vedestä ja nosti päätään ikään kuin vilkaistakseen viimeisen kerran.

Luego se giró y obedeció, nadando hacia la orilla con resolución.

sitten kääntyi ja totteli uiden päättäväisesti kohti rantaa.

Pete y Hans lo sacaron a tierra en el último momento posible.

Pete ja Hans vetivät hänet maihin viimeisellä mahdollisella hetkellä.

Sabían que Thornton podría aferrarse a la roca sólo por unos minutos más.

He tiesivät, että Thornton voisi roikkua kalliossa enää vain minuutteja.

Corrieron por la orilla hasta un lugar mucho más arriba de donde estaba colgado.

He juoksivat penkerettä ylös paikkaan, joka oli paljon korkeammalla kuin se paikka, jossa hän riippui.

Ataron la cuerda del bote al cuello y los hombros de Buck con cuidado.

He sitoivat veneen köyden huolellisesti Buckin kaulaan ja hartioihin.

La cuerda estaba ajustada pero lo suficientemente suelta para permitir la respiración y el movimiento.

Köysi oli tiukka, mutta silti tarpeeksi löysä hengittämistä ja liikkumista varten.

Luego lo lanzaron nuevamente al caudaloso y mortal río.

Sitten he heittivät hänet takaisin kuohuvaan, kuolettavaan jokeen.

Buck nadó con valentía, pero perdió su ángulo debido a la fuerza de la corriente.

Buck ui rohkeasti, mutta epäonnistui suunnassaan virran voimaan nähden.

Se dio cuenta demasiado tarde de que iba a dejar atrás a Thornton.

Hän tajusi liian myöhään, että oli ajautumassa Thorntonin ohi.

Hans tiró de la cuerda con fuerza, como si Buck fuera un barco que se hundía.

Hans nykäisi köyttä tiukalle, aivan kuin Buck olisi kaatumassa oleva vene.

La corriente lo arrastró hacia abajo y desapareció bajo la superficie.

Virtaus veti hänet pinnan alle, ja hän katosi.

Su cuerpo chocó contra el banco antes de que Hans y Pete pudieran sacarlo.

Hänen ruumiinsa osui penkereeseen ennen kuin Hans ja Pete vetivät hänet ylös.

Estaba medio ahogado y le sacaron el agua a golpes.

Hän oli puoliksi hukkunut, ja he hakkasivat veden hänestä pois.

Buck se puso de pie, se tambaleó y volvió a desplomarse en el suelo.

Buck nousi seisomaan, horjahti ja lysähti taas maahan.

Entonces oyeron la voz de Thornton llevada débilmente por el viento.

Sitten he kuulivat Thorntonin äänen, jonka tuuli kantoi vaimeasti.

Aunque las palabras no eran claras, sabían que estaba cerca de morir.

Vaikka sanat olivat epäselviä, he tiesivät hänen olevan lähellä kuolemaa.

El sonido de la voz de Thornton golpeó a Buck como una sacudida eléctrica.

Thorntonin ääni iski Buckiin kuin sähköisku.

Saltó y corrió por la orilla, regresando al punto de lanzamiento.

Hän hyppäsi ylös ja juoksi penkerettä ylös palaten lähtöpisteelle.

Nuevamente ataron la cuerda a Buck, y nuevamente entró al arroyo.

Jälleen he sitoivat köyden Buckiin, ja jälleen hän meni puroon.

Esta vez nadó directo y firmemente hacia el agua que palpitaba.

Tällä kertaa hän ui suoraan ja lujasti kuohuvaan veteen.

Hans soltó la cuerda con firmeza mientras Pete evitaba que se enredara.

Hans päästi köyden ulos tasaisesti samalla kun Pete esti sitä sotkeutumasta.

Buck nadó con fuerza hasta que estuvo alineado justo encima de Thornton.

Buck ui lujaa, kunnes oli linjassa juuri Thorntonin yläpuolella.

Luego se dio la vuelta y se lanzó hacia abajo como un tren a toda velocidad.

Sitten hän kääntyi ja syöksyi alas kuin täyttä vauhtia kulkeva juna.

Thornton lo vio venir, se preparó y le rodeó el cuello con los brazos.

Thornton näki hänen tulevan, kannatteli ja kietoi kätensä hänen kaulansa ympärille.

Hans ató la cuerda fuertemente alrededor de un árbol mientras ambos eran arrastrados hacia abajo.

Hans sitoi köyden tiukasti puun ympärille, kun molemmat vedettiin pinnan alle.

Cayeron bajo el agua y se estrellaron contra rocas y escombros del río.

Ne syöksyivät veden alle törmäillen kiviin ja joen roskiin.

En un momento Buck estaba arriba y al siguiente Thornton se levantó jadeando.

Yhtenä hetkenä Buck oli huipulla, seuraavana Thornton nousi henkeään haukkoen.

Maltratados y asfixiados, se desviaron hacia la orilla y se pusieron a salvo.

Hakattuina ja tukehtuessa he ajautuivat rannalle turvaan.

Thornton recuperó el conocimiento, acostado sobre un tronco a la deriva.

Thornton palasi tajuihinsa maaten ajotukilla.

Hans y Pete trabajaron duro para devolverle el aliento y la vida.

Hans ja Pete tekivät hänen kanssaan kovasti töitä saadakseen hengityksen ja elämän takaisin.

Su primer pensamiento fue para Buck, que yacía inmóvil y flácido.

Hänen ensimmäinen ajatuksensa oli Buck, joka makasi liikkumattomana ja velttona.

Nig aulló sobre el cuerpo de Buck y Skeet le lamió la cara suavemente.

Nig ulvoi Buckin ruumiin yli, ja Skeet nuoli hänen kasvojaan hellästi.

Thornton, dolorido y magullado, examinó a Buck con manos cuidadosas.

Thornton, kipeänä ja mustelmilla, tutki Buckia varovaisin käsin.

Encontró tres costillas rotas, pero ninguna herida mortal en el perro.

Hän löysi koiralta kolme murtunutta kylkiluuta, mutta ei kuolettavia vammoja.

"Eso lo resuelve", dijo Thornton. "Acamparemos aquí". Y así lo hicieron.

– Siinä se, Thornton sanoi. – Me leiriydymme täällä. Ja niin he tekivätkin.

Se quedaron hasta que las costillas de Buck sanaron y pudo caminar nuevamente.

He pysyivät, kunnes Buckin kylkiluut paranivat ja hän pystyi taas kävelemään.

Ese invierno, Buck realizó una hazaña que aumentó aún más su fama.

Sinä talvena Buck suoritti saavutuksen, joka nosti hänen
mainettaan entisestään.

**Fue menos heroico que salvar a Thornton, pero igual de
impresionante.**

Se oli vähemmän sankarillista kuin Thorntonin pelastaminen,
mutta aivan yhtä vaikuttavaa.

**En Dawson, los socios necesitaban suministros para un viaje
lejano.**

Dawsonissa kumppanit tarvitsivat tarvikkeita pitkää matkaa
varten.

**Querían viajar hacia el Este, hacia tierras vírgenes y
silvestres.**

He halusivat matkustaa itään, koskemattomille erämaa-
alueille.

**La escritura de Buck en el Eldorado Saloon hizo posible ese
viaje.**

Buckin tekemä Eldorado Saloonissa mahdollisti tuon matkan.

**Todo empezó con hombres alardeando de sus perros
mientras bebían.**

Se alkoi miesten kerskuessa koiristaan drinkkien äärellä.

La fama de Buck lo convirtió en blanco de desafíos y dudas.

Buckin maine teki hänestä haasteiden ja epäilysten kohteen.

**Thornton, orgulloso y tranquilo, se mantuvo firme en la
defensa del nombre de Buck.**

Thornton, ylpeänä ja tyynenä, puolusti lujasti Buckin nimeä.

**Un hombre dijo que su perro podía levantar doscientos
cincuenta kilos con facilidad.**

Eräs mies sanoi, että hänen koiransa pystyisi vetämään
helposti viisisataa paunaa.

Otro dijo seiscientos, y un tercero se jactó de setecientos.

Toinen sanoi kuusisataa, ja kolmas kerskui seitsemäsataa.

**"¡Pfft!" dijo John Thornton, "Buck puede tirar de un trineo
de mil libras".**

– Pöh! sanoi John Thornton. – Buck pystyy vetämään
tuhannen paunan reen.

**Matthewson, un Rey de Bonanza, se inclinó hacia delante y
lo desafió.**

Matthewson, Bonanza-kuningas, nojasi eteenpäin ja haastoi hänet.

¿Crees que puede poner tanto peso en movimiento?

"Luuletko, että hän pystyy liikuttamaan niin paljon painoa?"

"¿Y crees que puede tirar del peso cien yardas enteras?"

"Ja luuletko hänen vetävän painon kokonaiset sata jaardia?"

Thornton respondió con frialdad: «Sí. Buck es lo suficientemente bueno como para hacerlo».

Thornton vastasi kylmästi: "Kyllä. Buck on tarpeeksi koira tekemään sen."

"Pondrá mil libras en movimiento y las arrastrará cien yardas".

"Hän laittaa tuhannen punnan voiman liikkeelle ja vetää sitä sata metriä."

Matthewson sonrió lentamente y se aseguró de que todos los hombres escucharan sus palabras.

Matthewson hymyili hitaasti ja varmisti, että kaikki miehet kuulivat hänen sanansa.

Tengo mil dólares que dicen que no puede. Ahí está.

"Minulla on tuhat dollaria, joka kieltää hänen pääsynsä siihen. Tässä se on."

Arrojó un saco de polvo de oro del tamaño de una salchicha sobre la barra.

Hän paiskasi baaritiskille makkaran kokoisen säkin kultapölyä.

Nadie dijo una palabra. El silencio se hizo denso y tenso a su alrededor.

Kukaan ei sanonut sanaakaan. Hiljaisuus heidän ympärillään kävi raskaaksi ja jännittyneeksi.

El engaño de Thornton —si es que lo hubo— había sido tomado en serio.

Thorntonin bluffi – jos se sellainen oli – oli otettu vakavasti.

Sintió que el calor le subía a la cara mientras la sangre le subía a las mejillas.

Hän tunsi kuumuuden nousevan kasvoilleen veren noustessa poskilleen.

En ese momento su lengua se había adelantado a su razón.

Hänen kielensä oli mennyt sillä hetkellä järjen edelle.

Realmente no sabía si Buck podría mover mil libras.

Hän ei todellakaan tiennyt, pystyisikö Buck liikuttamaan tuhatta paunaa.

¡Media tonelada! Solo su tamaño le hacía sentir un gran peso en el corazón.

Puoli tonnia! Jo pelkkä sen koko sai hänen sydämensä tuntumaan raskaalta.

Tenía fe en la fuerza de Buck y creía que era capaz.

Hän luotti Buckin voimaan ja oli pitänyt tätä kyvykkäänä.

Pero nunca se había enfrentado a un desafío así, no de esta manera.

Mutta hän ei ollut koskaan kohdannut tällaista haastetta, ei tällaista.

Una docena de hombres lo observaban en silencio, esperando ver qué haría.

Kymmenkunta miestä katseli häntä hiljaa odottaen, mitä hän tekisi.

Él no tenía el dinero, ni tampoco Hans ni Pete.

Hänellä ei ollut rahaa – eikä Hansilla eikä Petelläkään.

"Tengo un trineo afuera", dijo Matthewson fría y directamente.

– Minulla on ulkona reki, Matthewson sanoi kylmästi ja suoraan.

"Está cargado con veinte sacos de cincuenta libras cada uno, todo de harina.

"Se on lastattu kahdellakymmenellä säkillä, viisikymmentä paunaa kukin, pelkkää jauhoa."

Así que no dejen que un trineo perdido sea su excusa ahora", añadió.

Joten älä anna kadonneen kelkan olla tekosyynäsi nyt", hän lisäsi.

Thornton permaneció en silencio. No sabía qué decir.

Thornton seisoi hiljaa. Hän ei tiennyt, mitä sanoja sanoisi.

Miró a su alrededor los rostros sin verlos con claridad.

Hän katseli ympärilleen kasvoja näkemättä niitä selvästi.

Parecía un hombre congelado en sus pensamientos, intentando reiniciarse.
Hän näytti mieheltä, joka oli jähmettynyt ajatuksiinsa ja yritti käynnistää elämänsä uudelleen.

Luego vio a Jim O'Brien, un amigo de la época de Mastodon.
Sitten hän näki Jim O'Brienin, ystävänsä Mastodon-ajoilta.

Ese rostro familiar le dio un coraje que no sabía que tenía.
Tuo tuttu kasvo antoi hänelle rohkeutta, jota hän ei tiennyt itsellään olevan.

Se giró y preguntó en voz baja: "¿Puedes prestarme mil?"
Hän kääntyi ja kysyi hiljaisella äänellä: "Voitko lainata minulle tuhat?"

"Claro", dijo O'Brien, dejando caer un pesado saco junto al oro.
– Totta kai, sanoi O'Brien pudottaen jo raskaan säkin kultaa kohti.

"Pero la verdad, John, no creo que la bestia pueda hacer esto".
"Mutta totta puhuen, John, en usko, että peto pystyy tähän."

Todos los que estaban en el Eldorado Saloon corrieron hacia afuera para ver el evento.
Kaikki Eldorado Saloonissa ryntäsivät ulos katsomaan tapahtumaa.

Abandonaron las mesas y las bebidas, e incluso los juegos se pausaron.
He poistuivat pöydistä ja juomista, ja jopa pelit keskeytettiin.

Comerciantes y jugadores acudieron para presenciar el final de la audaz apuesta.
Jakajat ja uhkapelurit tulivat todistamaan rohkean vedonlyönnin loppua.

Cientos de personas se reunieron alrededor del trineo en la calle helada y abierta.
Sadat ihmiset kokoontuivat pulkan ympärille jäiselle avoimelle kadulle.

El trineo de Matthewson estaba cargado con un montón de sacos de harina.
Matthewsonin reki seisoi täydessä kuormassa jauhosäkkejä.

El trineo había permanecido parado durante horas a temperaturas bajo cero.

Pulkka oli seissyt tuntikausia miinuslämpötiloissa.

Los patines del trineo estaban congelados y pegados a la nieve compacta.

Kelkan jalakset olivat jäätyneet tiukasti kiinni pakkautuneeseen lumeen.

Los hombres ofrecieron dos a uno de que Buck no podría mover el trineo.

Miehet tarjosivat kaksi yhteen -kertoimia sille, ettei Buck pystyisi liikuttamaan rekeä.

Se desató una disputa sobre lo que realmente significaba "break out".

Kiistaa syntyi siitä, mitä "break out" oikeastaan tarkoitti.

O'Brien dijo que Thornton debería aflojar la base congelada del trineo.

O'Brien sanoi, että Thorntonin pitäisi löysätä kelkan jäätynyttä pohjaa.

Buck pudo entonces "escapar" de un comienzo sólido e inmóvil.

Buck voisi sitten "murtautua esiin" vankasta, liikkumattomasta alusta.

Matthewson argumentó que el perro también debe liberar a los corredores.

Matthewson väitti, että koiran täytyy vapauttaa myös juoksijat.

Los hombres que habían escuchado la apuesta estuvieron de acuerdo con la opinión de Matthewson.

Vedonlyönnin kuulleet miehet olivat samaa mieltä Matthewsonin näkemyksestä.

Con esa decisión, las probabilidades aumentaron a tres a uno en contra de Buck.

Tuon päätöksen myötä kertoimet nousivat kolmeen yhteen Buckia vastaan.

Nadie se animó a asumir las crecientes probabilidades de tres a uno.

Kukaan ei astunut esiin ottaakseen kasvavaa kolmen yhteen - kerrointa.

Ningún hombre creyó que Buck pudiera realizar la gran hazaña.

Yksikään mies ei uskonut Buckin pystyvän tuohon suureen saavutukseen.

Thornton se había apresurado a hacer la apuesta, cargado de dudas.

Thornton oli kiirehditty vedonlyöntiin epäilysten vaivaamana.

Ahora miró el trineo y el equipo de diez perros que estaba a su lado.

Nyt hän katsoi rekeä ja sen vieressä olevaa kymmenen koiran valjakkoa.

Ver la realidad de la tarea la hizo parecer más imposible.

Tehtävän todellisuuden näkeminen sai sen tuntumaan entistä mahdottomammalta.

Matthewson estaba lleno de orgullo y confianza en ese momento.

Matthewson oli sillä hetkellä täynnä ylpeyttä ja itseluottamusta.

—¡Tres a uno! —gritó—. ¡Apuesto mil más, Thornton!

– Kolme yhteen! hän huusi. – Lyön vetoa vielä tuhannesta, Thornton!

"¿Qué dices?" añadió lo suficientemente alto para que todos lo oyeran.

"Mitä sanot?" hän lisäsi niin kovaa, että kaikki kuulivat.

El rostro de Thornton mostraba sus dudas, pero su ánimo se había elevado.

Thorntonin kasvoilla näkyi epäilyksiä, mutta hänen mielialansa oli noussut.

Ese espíritu de lucha ignoraba las probabilidades y no temía a nada en absoluto.

Tuo taistelutahto jätti välinpitämättömät kertoimet huomiotta eikä pelännyt mitään.

Llamó a Hans y Pete para que trajeran todo su dinero a la mesa.

Hän soitti Hansille ja Petelle tuodakseen kaikki rahansa pöytään.

Les quedaba poco: sólo doscientos dólares en total.

Heillä oli vähän jäljellä – yhteensä vain kaksisataa dollaria.

Esta pequeña suma constituía su fortuna total en tiempos difíciles.

Tämä pieni summa oli heidän koko omaisuutensa vaikeina aikoina.

Aún así, apostaron toda su fortuna contra la apuesta de Matthewson.

Silti he panivat koko omaisuuden Matthewsonin vetoa vastaan.

El equipo de diez perros fue desenganchado y se alejó del trineo.

Kymmenen koiran valjakko irrotettiin valjakosta ja siirtyi pois reen luota.

Buck fue colocado en las riendas, vistiendo su arnés familiar.

Buck laitettiin ohjaksiin ja hänellä oli tutut valjaat.

Había captado la energía de la multitud y sentía la tensión.

Hän oli vanginnut väkijoukon energian ja tuntenut jännityksen.

De alguna manera, sabía que tenía que hacer algo por John Thornton.

Jostain syystä hän tiesi, että hänen oli tehtävä jotain John Thorntonin hyväksi.

La gente murmuraba con admiración ante la orgullosa figura del perro.

Ihmiset kuiskasivat ihaillen koiran ylpeää hahmoa.

Era delgado y fuerte, sin un solo gramo de carne extra.

Hän oli laiha ja vahva, ilman ainuttakaan ylimääräistä lihanpalaa.

Su peso total de ciento cincuenta libras era todo potencia y resistencia.

Hänen sataviisikymmentä paunaa painava kokonaisuus oli pelkkää voimaa ja kestävyyttä.

El pelaje de Buck brillaba como la seda, espeso y saludable.

Buckin turkki kiilsi kuin silkki, paksuna terveydestä ja voimasta.

El pelaje a lo largo de su cuello y hombros pareció levantarse y erizarse.

Hänen kaulansa ja hartioidensa turkki tuntui kohoavan ja nousevan pörröiseksi.

Su melena se movía levemente, cada cabello vivo con su gran energía.

Hänen harjansa liikkui hieman, jokainen hiuskarva elossa hänen suuresta energiastaan.

Su pecho ancho y sus piernas fuertes hacían juego con su cuerpo pesado y duro.

Hänen leveä rintakehä ja vahvat jalat sopivat yhteen hänen raskaan ja sitkeän vartalonsa kanssa.

Los músculos se ondulaban bajo su abrigo, tensos y firmes como hierro.

Lihakset väreilivät hänen takkinsa alla, kireinä ja lujina kuin sidottu rauta.

Los hombres lo tocaron y juraron que estaba construido como una máquina de acero.

Miehet koskettivat häntä ja vannoivat, että hän oli kuin teräskone.

Las probabilidades bajaron levemente a dos a uno contra el gran perro.

Kertoimet laskivat hieman kahteen yhteen suurta koiraa vastaan.

Un hombre de los bancos Skookum se adelantó, tartamudeando.

Skookum-penkkien mies työntyi eteenpäin änkyttäen.

—¡Bien, señor! ¡Ofrezco ochocientas libras por él, antes del examen, señor!

"Hyvä, herra! Tarjoan hänestä kahdeksansataa – ennen koetta, herra!"

"¡Ochocientos, tal como está ahora mismo!" insistió el hombre.

"Kahdeksansataa, tässä kohtaa hän juuri nyt seisoo!" mies vaati.

Thornton dio un paso adelante, sonrió y meneó la cabeza con calma.

Thornton astui eteenpäin, hymyili ja pudisti rauhallisesti päätään.

Matthewson intervino rápidamente con una voz de advertencia y el ceño fruncido.

Matthewson astui nopeasti esiin varoittavalla äänellä ja rypisti otsaansa.

—Debes alejarte de él —dijo—. Dale espacio.

– Sinun täytyy astua pois hänen luotaan, hän sanoi. – Anna hänelle tilaa.

La multitud quedó en silencio; sólo los jugadores seguían ofreciendo dos a uno.

Väkijoukko hiljeni; vain uhkapelurit tarjosivat edelleen kaksi yhteen.

Todos admiraban la complexión de Buck, pero la carga parecía demasiado grande.

Kaikki ihailivat Buckin ruumiinrakennetta, mutta lasti näytti liian suurelta.

Veinte sacos de harina, cada uno de cincuenta libras de peso, parecían demasiados.

Kaksikymmentä säkkiä jauhoja – kukin viidenkymmenen paunan painoinen – tuntui aivan liialta.

Nadie estaba dispuesto a abrir su bolsa y arriesgar su dinero.

Kukaan ei ollut halukas avaamaan laukkuaan ja riskeeraamaan rahojaan.

Thornton se arrodilló junto a Buck y tomó su cabeza con ambas manos.

Thornton polvistui Buckin viereen ja otti hänen päänsä molempiin käsiinsä.

Presionó su mejilla contra la de Buck y le habló al oído.

Hän painoi poskensa Buckin poskea vasten ja puhui tämän korvaan.

Ya no había apretones juguetones ni susurros de insultos amorosos.

Ei enää leikkisää ravistelua tai kuiskattuja rakastavia loukkauksia.

Él sólo murmuró suavemente: "Tanto como me amas, Buck".

Hän vain kuiskasi hiljaa: "Niin paljon kuin rakastatkin minua, Buck."

Buck dejó escapar un gemido silencioso, su entusiasmo apenas fue contenido.

Buck päästi hiljaisen vinkaisun, intohimonsa tuskin hillittynä.

Los espectadores observaron con curiosidad cómo la tensión llenaba el aire.

Katsojat seurasivat uteliaina jännityksen täyttäessä ilman.

El momento parecía casi irreal, como algo más allá de la razón.

Hetki tuntui lähes epätodelliselta, joltain järjettömältä.

Cuando Thornton se puso de pie, Buck tomó suavemente su mano entre sus mandíbulas.

Kun Thornton nousi seisomaan, Buck otti hänen kätensä varovasti leukojensa väliin.

Presionó con los dientes y luego lo soltó lenta y suavemente.

Hän painoi hampaillaan alas ja päästi sitten irti hitaasti ja varovasti.

Fue una respuesta silenciosa de amor, no dicha, pero entendida.

Se oli rakkauden hiljainen vastaus, ei sanottu ääneen, vaan ymmärretty.

Thornton se alejó bastante del perro y dio la señal.

Thornton astui kauas koirasta ja antoi merkin.

—Ahora, Buck —dijo, y Buck respondió con calma y concentración.

"No niin, Buck", hän sanoi, ja Buck vastasi keskittyneen rauhallisesti.

Buck apretó las correas y luego las aflojó unos centímetros.

Buck kiristi köysiä ja löysäsi niitä sitten muutaman sentin.

Éste era el método que había aprendido; su manera de romper el trineo.

Tämän menetelmän hän oli oppinut; hänen tapansa rikkoa reki.

—¡Caramba! —gritó Thornton con voz aguda en el pesado silencio.

"Voi ei!" Thornton huusi terävällä äänellä raskaassa hiljaisuudessa.

Buck giró hacia la derecha y se lanzó con todo su peso.

Buck kääntyi oikealle ja syöksyi koko painollaan.

La holgura desapareció y la masa total de Buck golpeó las cuerdas apretadas.

Löysäys katosi, ja Buckin koko massa osui tiukkoihin köysiin.

El trineo tembló y los patines produjeron un crujido crujiente.

Reki tärisi ja jalaksista kuului napsahdus.

—¡Ja! —ordenó Thornton, cambiando nuevamente la dirección de Buck.

"Hau!" Thornton komensi ja muutti jälleen Buckin suuntaa.

Buck repitió el movimiento, esta vez tirando bruscamente hacia la izquierda.

Buck toisti liikkeen, tällä kertaa vetäen jyrkästi vasemmalle.

El trineo crujió más fuerte y los patines crujieron y se movieron.

Kelkka rätisi kovempaa, jalakset napsahtivat ja siirtyivät.

La pesada carga se deslizó ligeramente hacia un lado sobre la nieve congelada.

Raskas kuorma liukui hieman sivuttain jäätyneen lumen poikki.

¡El trineo se había soltado del sendero helado!

Kelkka oli irronnut jäisen polun otteesta!

Los hombres contenían la respiración, sin darse cuenta de que ni siquiera estaban respirando.

Miehet pidättivät hengitystään tietämättä, etteivät he edes hengittäneet.

—¡Ahora, TIRA! —gritó Thornton a través del silencio helado.

"Nyt, VEDÄ!" Thornton huusi jäätyneen hiljaisuuden läpi.

La orden de Thornton sonó aguda, como el chasquido de un látigo.

Thorntonin käsky kajahti terävästi, kuin ruoskan läiskähdys.

Buck se lanzó hacia adelante con una estocada feroz y estremecedora.

Buck syöksyi eteenpäin raivokkaalla ja rajulla syöksyllä.

Todo su cuerpo se tensó y se arrugó por la enorme tensión.

Koko hänen ruumiinsa jännittyi ja kouristeli valtavan rasituksen alla.

Los músculos se ondulaban bajo su pelaje como serpientes que cobraban vida.

Lihakset väreilivät hänen turkkinsa alla kuin eloon heräävät käärmeet.

Su gran pecho estaba bajo y la cabeza estirada hacia delante, hacia el trineo.

Hänen suuri rintakehä oli alhaalla, pää ojennettuna eteenpäin kohti rekeä.

Sus patas se movían como un rayo y sus garras cortaban el suelo helado.

Hänen käpälänsä liikkuivat kuin salama, kynnet viilsivät jäätynyttä maata.

Los surcos se abrieron profundos mientras luchaba por cada centímetro de tracción.

Urat leikattiin syviin, kun hän taisteli jokaisesta pidosta.

El trineo se balanceó, tembló y comenzó un movimiento lento e inquieto.

Reki keinui, tärisi ja alkoi liikkua hitaasti ja epävakaasti.

Un pie resbaló y un hombre entre la multitud gimió en voz alta.

Toinen jalka lipesi, ja mies väkijoukossa voihkaisi ääneen.

Entonces el trineo se lanzó hacia adelante con un movimiento brusco y espasmódico.

Sitten reki syöksyi eteenpäin nykivällä, karkealla liikkeellä.

No se detuvo de nuevo: media pulgada... una pulgada... dos pulgadas más.

Se ei pysähtynyt taas – puoli tuumaa... tuuma... viisi tuumaa lisää.

Los tirones se hicieron más pequeños a medida que el trineo empezó a ganar velocidad.

Nykäykset loivenivat kelkan alkaessa kiihtyä.

Pronto Buck estaba tirando con una potencia suave, uniforme y rodante.

Pian Buck veti tasaisesti ja pehmeästi.

Los hombres jadearon y finalmente recordaron respirar de nuevo.

Miehet haukkoivat henkeään ja muistivat vihdoin hengittää uudelleen.

No se habían dado cuenta de que su respiración se había detenido por el asombro.

He eivät olleet huomanneet hengityksensä pysähtyneen pelon vallassa.

Thornton corrió detrás, gritando órdenes breves y alegres.

Thornton juoksi perässä huutaen lyhyitä, iloisia käskyjä.

Más adelante había una pila de leña que marcaba la distancia.

Edessä oli polttopuiden pino, joka merkitsi etäisyyttä.

A medida que Buck se acercaba a la pila, los vítores se hacían cada vez más fuertes.

Buckin lähestyessä kasaa hurraaminen voimistui yhä.

Los aplausos aumentaron hasta convertirse en un rugido cuando Buck pasó el punto final.

Riemuhuuto paisui karjunnaksi Buckin ohittaessa päätepisteen.

Los hombres saltaron y gritaron, incluso Matthewson sonrió.

Miehet hyppivät ja huusivat, jopa Matthewson virnisti.

Los sombreros volaron por el aire y los guantes fueron arrojados sin pensar ni rumbo.

Hatut lensivät ilmaan, lapaset heiteltiin ajattelematta tai tähtäämättä.

Los hombres se abrazaron y se dieron la mano sin saber a quién.

Miehet tarttuivat toisiinsa ja kättelivät tietämättä ketä.

Toda la multitud vibró en una celebración salvaje y alegre.

Koko väkijoukko surisi villisti, iloisesti juhlien.

Thornton cayó de rodillas junto a Buck con manos temblorosas.

Thornton polvistui Buckin viereen vapisevin käsin.

Apretó su cabeza contra la de Buck y lo sacudió suavemente hacia adelante y hacia atrás.

Hän painoi päänsä Buckin päätä vasten ja ravisteli tätä hellästi edestakaisin.

Los que se acercaron le oyeron maldecir al perro con silencioso amor.

Lähestyjät kuulivat hänen kiroilevan koiraa hiljaisella rakkaudella.

Maldijo a Buck durante un largo rato, suavemente, cálidamente, con emoción.

Hän kirosi Buckille pitkään – hiljaa, lämpimästi ja liikuttuneesti.

—¡Bien, señor! ¡Bien, señor! —gritó el rey del Banco Skookum a toda prisa.

"Hyvä on, herra! Hyvä on, herra!" huudahti Skookum-penkin kuningas kiireesti.

—¡Le daré mil, no, mil doscientos, por ese perro, señor!

"Annan teille tuhat – ei, kaksitoistasataa – tuosta koirasta, herra!"

Thornton se puso de pie lentamente, con los ojos brillantes de emoción.

Thornton nousi hitaasti jaloilleen, silmät liikutuksesta säihkyen.

Las lágrimas corrían abiertamente por sus mejillas sin ninguna vergüenza.

Kyyneleet valuivat avoimesti hänen poskiaan pitkin ilman minkäänlaista häpeää.

"Señor", le dijo al rey del Banco Skookum, firme y firme.

"Herra", hän sanoi Skookum-penkin kuninkaalle vakaasti ja lujasti

—No, señor. Puede irse al infierno, señor. Esa es mi última respuesta.

"Ei, herra. Voitte painua helvettiin, herra. Se on lopullinen vastaukseni."

Buck agarró suavemente la mano de Thornton con sus fuertes mandíbulas.

Buck tarttui Thorntonin käteen hellästi vahvoilla leukoillaan.

Thornton lo sacudió juguetonamente; su vínculo era más profundo que nunca.

Thornton ravisteli häntä leikkisästi, heidän siteensä oli yhtä
syvä kuin aina ennenkin.

**La multitud, conmovida por el momento, retrocedió en
silencio.**

Hetken liikuttama väkijoukko astui taaksepäin hiljaa.

**Desde entonces nadie se atrevió a interrumpir tan sagrado
afecto.**

Siitä lähtien kukaan ei uskaltanut keskeyttää tuota pyhää
kiintymystä.

El sonido de la llamada
Kutsun ääni

Buck había ganado mil seiscientos dólares en cinco minutos.
Buck oli ansainnut kuusitoistasataa dollaria viidessä
minuutissa.
**El dinero permitió a John Thornton pagar algunas de sus
deudas.**
Rahan avulla John Thornton pystyi maksamaan osan
veloistaan.
Con el resto del dinero se dirigió al Este con sus socios.
Loput rahat hän suuntasi itään kumppaneidensa kanssa.
**Buscaban una legendaria mina perdida, tan antigua como el
país mismo.**
He etsivät tarunhohtoista kadonnutta kaivosta, yhtä vanhaa
kuin itse maa.
**Muchos hombres habían buscado la mina, pero pocos la
habían encontrado.**
Monet miehet olivat etsineet kaivosta, mutta harvat olivat sitä
koskaan löytäneet.
**Más de unos pocos hombres habían desaparecido durante la
peligrosa búsqueda.**
Useampi kuin yksi mies oli kadonnut vaarallisen tehtävän
aikana.
**Esta mina perdida estaba envuelta en misterio y vieja
tragedia.**
Tämä kadonnut kaivos oli kietoutunut sekä mysteerin että
vanhan tragedian sisään.
**Nadie sabía quién había sido el primer hombre que
encontró la mina.**
Kukaan ei tiennyt, kuka oli ollut ensimmäinen kaivoksen
löytänyt mies.
**Las historias más antiguas no mencionan a nadie por su
nombre.**
Vanhimmissa tarinoissa ei mainita ketään nimeltä.
**Siempre había habido allí una antigua y destartalada
cabaña.**

Siellä on aina ollut vanha, ränsistynyt mökki.

Los hombres moribundos habían jurado que había una mina al lado de aquella vieja cabaña.

Kuolevat miehet olivat vannoneet, että tuon vanhan mökin vieressä oli kaivos.

Probaron sus historias con oro como ningún otro en ningún otro lugar.

He todistivat tarinansa kullalla, jollaista ei löydetty mistään muualta.

Ningún alma viviente había jamás saqueado el tesoro de aquel lugar.

Yksikään elävä sielu ei ollut koskaan ryöstänyt aarretta siitä paikasta.

Los muertos estaban muertos, y los muertos no cuentan historias.

Kuolleet olivat kuolleita, eivätkä kuolleet kerro tarinoita.

Entonces Thornton y sus amigos se dirigieron al Este.

Niinpä Thornton ja hänen ystävänsä suuntasivat itään.

Pete y Hans se unieron, trayendo a Buck y seis perros fuertes.

Pete ja Hans liittyivät mukaan ja toivat Buckin ja kuusi vahvaa koiraa.

Se embarcaron en un camino desconocido donde otros habían fracasado.

He lähtivät tuntemattomalle polulle, jolla muut olivat epäonnistuneet.

Se deslizaron en trineo setenta millas por el congelado río Yukón.

He pulkkaisivat seitsemänkymmentä mailia jäätynyttä Yukon-jokea pitkin.

Giraron a la izquierda y siguieron el sendero hacia Stewart.

He kääntyivät vasemmalle ja seurasivat polkua Stewart-jokeen.

Pasaron Mayo y McQuestion y siguieron adelante.

He ohittivat Mayon ja McQuestionin ja jatkoivat matkaansa yhä pidemmälle.

El río Stewart se encogió y se convirtió en un arroyo, atravesando picos irregulares.

Stewart-joki kutistui puroksi, joka kiemurteli terävien huippujen läpi.

Estos picos afilados marcaban la columna vertebral del continente.

Nämä terävät huiput muodostivat mantereen selkärangan.

John Thornton exigía poco a los hombres y a la tierra salvaje.

John Thornton vaati miehiltä tai erämaalta vain vähän.

No temía a nada de la naturaleza y se enfrentaba a lo salvaje con facilidad.

Hän ei pelännyt mitään luonnossa ja kohtasi villin luonnon helposti.

Con sólo sal y un rifle, podría viajar a donde quisiera.

Vain suolan ja kiväärin avulla hän saattoi matkustaa minne halusi.

Al igual que los nativos, cazaba alimentos mientras viajaba.

Kuten alkuasukkaat, hän metsästi ruokaa matkansa aikana.

Si no pescaba nada, seguía adelante, confiando en que la suerte le acompañaría.

Jos hän ei saanut mitään kiinni, hän jatkoi matkaa luottaen onneen edessään.

En este largo viaje, la carne era lo principal que comían.

Tällä pitkällä matkalla liha oli heidän pääruokansa.

El trineo contenía herramientas y municiones, pero no un horario estricto.

Reessä oli työkaluja ja ammuksia, mutta ei tarkkaa aikataulua.

A Buck le encantaba este vagabundeo, la caza y la pesca interminables.

Buck rakasti tätä vaeltelua; loputonta metsästystä ja kalastusta.

Durante semanas estuvieron viajando día tras día.

Viikkokausia he matkustivat päivästä toiseen tasaisesti.

Otras veces montaban campamentos y permanecían allí durante semanas.

Toisinaan he leiriytyivät ja pysyivät paikoillaan viikkoja.

Los perros descansaron mientras los hombres cavaban en la tierra congelada.
Koirat lepäsivät miesten kaivaessa jäätynyttä maata.
Calentaron sartenes sobre el fuego y buscaron oro escondido.
He lämmittivät pannuja nuotioiden päällä ja etsivät piilotettua kultaa.
Algunos días pasaban hambre y otros días tenían fiestas.
Joinakin päivinä he näkivät nälkää, ja joinakin päivinä heillä oli juhlia.
Sus comidas dependían de la presa y de la suerte de la caza.
Heidän ateriansa riippuivat riistasta ja metsästysonnesta.
Cuando llegaba el verano, los hombres y los perros cargaban cargas sobre sus espaldas.
Kesän tullen miehet ja koirat pakkasivat taakkoja selälleen.
Navegaron por lagos azules escondidos en bosques de montaña.
He laskivat koskenlaskua vuoristometsien piilossa olevien sinisten järvien yli.
Navegaban en delgadas embarcaciones por ríos que ningún hombre había cartografiado jamás.
He purjehtivat hoikilla veneillä joilla, joita kukaan ei ollut koskaan kartoittanut.
Esos barcos se construyeron a partir de árboles que cortaban en la naturaleza.
Nuo veneet rakennettiin puista, joita he sahasivat luonnossa.

Los meses pasaron y ellos serpentearon por tierras salvajes y desconocidas.
Kuukaudet kuluivat, ja he kiertelivät tuntemattomien ja villien maiden halki.
No había hombres allí, aunque había rastros antiguos que indicaban que había habido hombres.
Siellä ei ollut miehiä, mutta vanhat jäljet viittasivat siihen, että miehiä oli ollut.
Si la Cabaña Perdida fue real, entonces otras personas habían pasado por allí alguna vez.

Jos Kadonnut mökki oli todellinen, niin muitakin oli joskus tullut tätä tietä.

Cruzaron pasos altos en medio de tormentas de nieve, incluso en verano.

He ylittivät korkeita solanpätkiä lumimyrskyissä, jopa kesällä.

Temblaban bajo el sol de medianoche en las laderas desnudas de las montañas.

He hytisivät keskiyön auringon alla paljailla vuorenrinteillä.

Entre la línea de árboles y los campos de nieve, subieron lentamente.

Puunrajan ja lumikenttien välissä he kiipesivät hitaasti.

En los valles cálidos, aplastaban nubes de mosquitos y moscas.

Lämpimissä laaksoissa ne läpsyttelivät hyttys- ja kärpäspilviä.

Recogieron bayas dulces cerca de los glaciares en plena floración del verano.

He poimivat makeita marjoja jäätiköiden läheltä täydessä kesäkukinnossa.

Las flores que encontraron eran tan hermosas como las de las Tierras del Sur.

Heidän löytämänsä kukat olivat yhtä ihania kuin Etelämaassa.

Ese otoño llegaron a una región solitaria llena de lagos silenciosos.

Sinä syksynä he saapuivat yksinäiselle seudulle, joka oli täynnä hiljaisia järviä.

La tierra estaba triste y vacía, una vez llena de pájaros y bestias.

Maa oli surullinen ja tyhjä, kerran täynnä lintuja ja eläimiä.

Ahora no había vida, sólo el viento y el hielo formándose en charcos.

Nyt ei ollut elämää, vain tuuli ja altaisiin muodostuva jää.

Las olas golpeaban las orillas vacías con un sonido suave y triste.

Aallot liplattivat tyhjiä rantoja vasten pehmeällä, surullisella äänellä.

Llegó otro invierno y volvieron a seguir los viejos y tenues senderos.

Uusi talvi tuli, ja he seurasivat jälleen vanhoja, himmeitä jälkiä.

Éstos eran los rastros de hombres que habían buscado mucho antes que ellos.

Nämä olivat niiden miesten jälkiä, jotka olivat etsineet jo kauan ennen heitä.

Un día encontraron un camino que se adentraba profundamente en el bosque oscuro.

Kerran he löysivät polun, joka johti syvälle pimeään metsään.

Era un sendero antiguo y sintieron que la cabaña perdida estaba cerca.

Se oli vanha polku, ja heistä tuntui, että kadonnut mökki oli lähellä.

Pero el sendero no conducía a ninguna parte y se perdía en el espeso bosque.

Mutta polku ei johtanut mihinkään ja katosi tiheään metsään.

Nadie sabe quién hizo el sendero ni por qué lo hizo.

Kuka polun oli tehnyt ja miksi, sitä ei tiennyt kukaan.

Más tarde encontraron los restos de una cabaña escondidos entre los árboles.

Myöhemmin he löysivät puiden välistä piilossa olevan majan rauniot.

Mantas podridas yacían esparcidas donde alguna vez alguien había dormido.

Mädäntyneet peitot lojuivat hajallaan paikoissa, joissa joku oli kerran nukkunut.

John Thornton encontró una pistola de chispa de cañón largo enterrada en el interior.

John Thornton löysi sisältä pitkäpiippuisen piilukon.

Sabía que se trataba de un cañón de la Bahía de Hudson desde los primeros días de su comercialización.

Hän tiesi, että kyseessä oli Hudson Bayn ase jo kaupankäynnin alkuajoilta.

En aquella época, estas armas se intercambiaban por montones de pieles de castor.

Noina päivinä tällaisia aseita vaihdettiin
majavannahkapinoihin.
**Eso fue todo: no quedó ninguna pista del hombre que
construyó el albergue.**
Siinä kaikki – majan rakentaneesta miehestä ei ollut jäljellä
mitään johtolankaa.

**Llegó nuevamente la primavera y no encontraron ninguna
señal de la Cabaña Perdida.**
Kevät tuli jälleen, eivätkä he löytäneet merkkiäkään
Kadonneesta Mökistä.
**En lugar de eso encontraron un valle amplio con un arroyo
poco profundo.**
Sen sijaan he löysivät leveän laakson, jossa oli matala puro.
**El oro se extendía sobre el fondo de las sartenes como
mantequilla suave y amarilla.**
Kulta lepäsi pannujen pohjilla kuin sileää, keltaista voita.
Se detuvieron allí y no buscaron más la cabaña.
He pysähtyivät siihen eivätkä etsineet mökkiä enempää.
Cada día trabajaban y encontraban miles en polvo de oro.
Joka päivä he työskentelivät ja löysivät tuhansia kultapölyä.
**Empaquetaron el oro en bolsas de piel de alce, de cincuenta
libras cada una.**
He pakkasivat kullan hirvennahkasäkkeihin, viisikymmentä
puntaa kappale.
**Las bolsas estaban apiladas como leña afuera de su pequeña
cabaña.**
Laukut oli pinottu kuin polttopuut heidän pienen majansa
ulkopuolella.
**Trabajaron como gigantes y los días pasaban como sueños
rápidos.**
He työskentelivät kuin jättiläiset, ja päivät kuluivat kuin
nopeasti unissa.
**Acumularon tesoros a medida que los días interminables
transcurrían rápidamente.**
He kasasivat aarteita loputtomien päivien vieridessä nopeasti.

Los perros no tenían mucho que hacer excepto transportar carne de vez en cuando.

Koirilla ei ollut juurikaan tekemistä, paitsi silloin tällöin kuljettaa lihaa.

Thornton cazó y mató el animal, y Buck se quedó tendido junto al fuego.

Thornton metsästi ja tappoi riistan, ja Buck makasi tulen ääressä.

Pasó largas horas en silencio, perdido en sus pensamientos y recuerdos.

Hän vietti pitkiä tunteja hiljaisuudessa, uppoutuneena ajatuksiinsa ja muistoihinsa.

La imagen del hombre peludo venía cada vez más a la mente de Buck.

Karvaisen miehen kuva tuli yhä useammin Buckin mieleen.

Ahora que el trabajo escaseaba, Buck soñaba mientras parpadeaba ante el fuego.

Nyt kun työtä oli vähän, Buck unelmoi räpytellen silmiään tulelle.

En esos sueños, Buck vagaba con el hombre en otro mundo.

Noissa unissa Buck vaelsi miehen kanssa toisessa maailmassa.

El miedo parecía el sentimiento más fuerte en ese mundo distante.

Pelko tuntui olevan voimakkain tunne tuossa kaukaisessa maailmassa.

Buck vio al hombre peludo dormir con la cabeza gacha.

Buck näki karvaisen miehen nukkuvan pää painuksissa.

Tenía las manos entrelazadas y su sueño era inquieto y entrecortado.

Hänen kätensä olivat ristissä, ja hänen unensa oli levotonta ja katkonaista.

Solía despertarse sobresaltado y mirar con miedo hacia la oscuridad.

Hän heräsi usein säpsähtäen ja tuijotti pelokkaasti pimeyteen.

Luego echaba más leña al fuego para mantener la llama brillante.

Sitten hän heitti lisää puuta tuleen pitääkseen liekin kirkkaana.

A veces caminaban por una playa junto a un mar gris e interminable.

Joskus he kävelivät hiekkarantaa pitkin harmaan, loputtoman meren äärellä.

El hombre peludo recogía mariscos y los comía mientras caminaba.

Karvainen mies poimi äyriäisiä ja söi niitä kävellessään.

Sus ojos buscaban siempre peligros ocultos en las sombras.

Hänen silmänsä etsivät aina varjoista piilossa olevia vaaroja.

Sus piernas siempre estaban listas para correr ante la primera señal de amenaza.

Hänen jalkansa olivat aina valmiina juoksemaan ensimmäisen uhkan merkistä.

Se arrastraron por el bosque, silenciosos y cautelosos, uno al lado del otro.

He hiipivät metsän läpi hiljaa ja varovaisesti, rinnakkain.

Buck lo siguió de cerca y ambos se mantuvieron alerta.

Buck seurasi hänen kannoillaan, ja molemmat pysyivät valppaina.

Sus orejas se movían y temblaban, sus narices olfateaban el aire.

Heidän korvansa nykivät ja liikkuivat, heidän nenänsä nuuhkivat ilmaa.

El hombre podía oír y oler el bosque tan agudamente como Buck.

Mies kuuli ja haistoi metsän yhtä tarkasti kuin Buck.

El hombre peludo se balanceó entre los árboles con una velocidad repentina.

Karvainen mies syöksyi puiden läpi äkillisellä vauhdilla.

Saltaba de rama en rama sin perder nunca su agarre.

Hän hyppi oksalta oksalle, otteestaan huolimatta.

Se movió tan rápido sobre el suelo como sobre él.

Hän liikkui yhtä nopeasti maanpinnan yläpuolella kuin sen päälläkin.

Buck recordó las largas noches bajo los árboles, haciendo guardia.

Buck muisti pitkät yöt puiden alla, jolloin hän piti vahtia.

El hombre dormía recostado en las ramas, aferrado fuertemente.

Mies nukkui oksissa tiukasti roikkuen yöllä.

Esta visión del hombre peludo estaba estrechamente ligada al llamado profundo.

Tämä karvaisen miehen näky oli läheisesti sidoksissa syvään kutsuun.

El llamado aún resonaba en el bosque con una fuerza inquietante.

Kutsu kaikui yhä metsän läpi aavemaisen voimakkaasti.

La llamada llenó a Buck de anhelo y una inquieta sensación de alegría.

Kutsu täytti Buckin kaipauksella ja levottomalla ilon tunteella.

Sintió impulsos y agitaciones extrañas que no podía nombrar.

Hän tunsi outoja mielitekoja ja tunteita, joita hän ei osannut nimetä.

A veces seguía la llamada hasta lo profundo del tranquilo bosque.

Joskus hän seurasi kutsua syvälle hiljaiseen metsään.

Buscó el llamado, ladrando suave o agudamente mientras caminaba.

Se etsi kutsuääntä haukkuen hiljaa tai terävästi kulkiessaan.

Olfateó el musgo y la tierra negra donde crecían las hierbas.

Hän nuuhki sammalta ja mustaa multaa, missä ruohot kasvoivat.

Resopló de alegría ante los ricos olores de la tierra profunda.

Hän huokaisi ihastuksesta syvän maan rikkaille tuoksuille.

Se agazapó durante horas detrás de troncos cubiertos de hongos.

Hän kyykistyi tuntikausia sienen peittämien runkojen takana.

Se quedó quieto, escuchando con los ojos muy abiertos cada pequeño sonido.

Hän pysyi paikallaan, kuunnellen silmät suurina jokaista pientä ääntä.

Quizás esperaba sorprender al objeto que le había hecho el llamado.

Hän on ehkä toivonut yllättävänsä sen, joka soitti.

Él no sabía por qué actuaba así: simplemente lo hacía.

Hän ei tiennyt, miksi hän toimi näin – hän yksinkertaisesti ymmärsi.

Los impulsos venían desde lo más profundo, más allá del pensamiento o la razón.

Ne himot tulivat syvältä sisimmästä, ajatuksen tai järjen tuolta puolen.

Impulsos irresistibles se apoderaron de Buck sin previo aviso ni razón.

Vastustamattomat halut valtasivat Buckin varoittamatta tai syytä.

A veces dormitaba perezosamente en el campamento bajo el calor del mediodía.

Välillä hän torkkui laiskasti leirissä keskipäivän kuumuudessa.

De repente, su cabeza se levantó y sus orejas se levantaron en alerta.

Yhtäkkiä hänen päänsä nousi ja korvat nousivat pystyyn valppaina.

Entonces se levantó de un salto y se lanzó hacia lo salvaje sin detenerse.

Sitten hän hyppäsi ylös ja syöksyi tauotta erämaahan.

Corrió durante horas por senderos forestales y espacios abiertos.

Hän juoksi tuntikausia metsäpolkuja ja avoimia paikkoja pitkin.

Le encantaba seguir los lechos de los arroyos secos y espiar a los pájaros en los árboles.

Hän rakasti seurata kuivia purouomia ja vakoilla lintuja puissa.

Podría permanecer escondido todo el día, mirando a las perdices pavonearse.

Hän voisi maata piilossa koko päivän ja katsella peltopyiden tepastelevan ympäriinsä.

Ellos tamborilearon y marcharon, sin percatarse de la presencia todavía de Buck.

He rummuttivat ja marssivat tietämättöminä Buckin yhä läsnäolosta.

Pero lo que más le gustaba era correr al atardecer en verano.

Mutta eniten hän rakasti juosta kesähämärässä.

La tenue luz y los sonidos soñolientos del bosque lo llenaron de alegría.

Hämärä valo ja uneliaat metsän äänet täyttivät hänet ilolla.

Leyó las señales del bosque tan claramente como un hombre lee un libro.

Hän luki metsän merkkejä yhtä selvästi kuin mies lukee kirjaa.

Y siempre buscaba aquella cosa extraña que lo llamaba.

Ja hän etsi aina sitä outoa asiaa, joka häntä kutsui.

Ese llamado nunca se detuvo: lo alcanzaba despierto o dormido.

Tuo kutsu ei koskaan lakannut – se tavoitti hänet sekä valveilla että nukkuessaan.

Una noche, se despertó sobresaltado, con los ojos alerta y las orejas alerta.

Eräänä yönä hän heräsi säpsähtäen, silmät terävät ja korvat pystyssä.

Sus fosas nasales se crisparon mientras su melena se erizaba en ondas.

Hänen sieraimensa nytkähtivät harjan aaltojen pörrössä.

Desde lo profundo del bosque volvió a oírse el sonido, el viejo llamado.

Syvältä metsästä kuului taas ääni, vanha kutsu.

Esta vez el sonido sonó claro, un aullido largo, inquietante y familiar.

Tällä kertaa ääni kaikui selkeästi, pitkä, kummitteleva, tuttu ulvonta.

Era como el grito de un husky, pero extraño y salvaje en tono.

Se oli kuin huskyn huuto, mutta ääneltään outo ja villi.

Buck reconoció el sonido al instante: había oído exactamente el mismo sonido hacía mucho tiempo.

Buck tunsi äänen heti – hän oli kuullut saman äänen kauan sitten.

Saltó a través del campamento y desapareció rápidamente en el bosque.

Hän hyppäsi leirin läpi ja katosi nopeasti metsään.

A medida que se acercaba al sonido, disminuyó la velocidad y se movió con cuidado.

Äänen lähestyessä hän hidasti vauhtia ja liikkui varovasti.

Pronto llegó a un claro entre espesos pinos.

Pian hän saapui aukiolle tiheiden mäntyjen väliin.

Allí, erguido sobre sus cuartos traseros, estaba sentado un lobo de bosque alto y delgado.

Siellä, kyykyssään pystyssä, istui pitkä, laiha puumainen susi.

La nariz del lobo apuntaba hacia el cielo, todavía haciendo eco del llamado.

Suden kuono osoitti taivasta kohti, yhä toistaen kutsua.

Buck no había emitido ningún sonido, pero el lobo se detuvo y escuchó.

Buck ei ollut päästänyt ääntäkään, mutta susi pysähtyi ja kuunteli.

Sintiendo algo, el lobo se tensó y buscó en la oscuridad.

Aistiessaan jotakin susi jännittyi ja etsi pimeyttä.

Buck apareció sigilosamente, con el cuerpo agachado y los pies quietos sobre el suelo.

Buck hiipi näkyviin, vartalo matalana, jalat liikkumatta maassa.

Su cola estaba recta y su cuerpo enroscado por la tensión.

Hänen häntänsä oli suora ja ruumis jännityksestä tiukasti kiertynyt.

Mostró al mismo tiempo una amenaza y una especie de amistad ruda.

Hän osoitti sekä uhkaa että eräänlaista karua ystävyyttä.

Fue el saludo cauteloso que compartían las bestias salvajes.

Se oli varovainen tervehdys, jonka villieläimet jakavat.

Pero el lobo se dio la vuelta y huyó tan pronto como vio a Buck.

Mutta susi kääntyi ja pakeni heti nähtyään Buckin.

Buck lo persiguió, saltando salvajemente, ansioso por alcanzarlo.

Buck lähti takaa-ajoon hyppien villisti, innokkaana saavuttamaan sen.

Siguió al lobo hasta un arroyo seco bloqueado por un atasco de madera.

Hän seurasi sutta kuivaan puroon, jonka puupato oli tukkinut.

Acorralado, el lobo giró y se mantuvo firme.

Nurkkaan ajettuna susi pyörähti ympäri ja pysyi ennallaan.

El lobo gruñó y mordió a su presa como un perro husky atrapado en una pelea.

Susi murahti ja ärähti kuin tappelussa loukkuun jäänyt huskykoira.

Los dientes del lobo chasquearon rápidamente y su cuerpo se erizó de furia salvaje.

Suden hampaat naksahtivat nopeasti, sen ruumis täynnä villiä raivoa.

Buck no atacó, sino que rodeó al lobo con cautelosa amabilidad.

Buck ei hyökännyt, vaan kiersi suden varovaisen ystävällisesti.

Intentó bloquear su escape con movimientos lentos e inofensivos.

Hän yritti estää pakoaan hitailla, vaarattomilla liikkeillä.

El lobo estaba cauteloso y asustado: Buck pesaba tres veces más que él.

Susi oli varovainen ja peloissaan – Buck oli sitä kolme kertaa painavampi.

La cabeza del lobo apenas llegaba hasta el enorme hombro de Buck.

Suden pää ulottui tuskin Buckin massiiviseen olkapäähän asti.

Al acecho de un hueco, el lobo salió disparado y la persecución comenzó de nuevo.

Susi tähyili aukkoa, karkasi ja takaa-ajo alkoi uudelleen.

Varias veces Buck lo acorraló y el baile se repitió.

Buck ajoi hänet nurkkaan useita kertoja, ja tanssi toistui.

El lobo estaba delgado y débil, de lo contrario Buck no podría haberlo atrapado.

Susi oli laiha ja heikko, tai muuten Buck ei olisi saanut sitä kiinni.

Cada vez que Buck se acercaba, el lobo giraba y lo enfrentaba con miedo.

Joka kerta kun Buck lähestyi, susi pyörähti ympäri ja kääntyi peloissaan häntä kohti.

Luego, a la primera oportunidad, se lanzó de nuevo al bosque.

Sitten ensimmäisen tilaisuuden tullen hän syöksyi jälleen metsään.

Pero Buck no se dio por vencido y finalmente el lobo comenzó a confiar en él.

Mutta Buck ei luovuttanut, ja lopulta susi alkoi luottaa häneen.

Olió la nariz de Buck y los dos se pusieron juguetones y alertas.

Hän nuuhki Buckin nenää, ja heistä tuli leikkisiä ja valppaita.

Jugaban como animales salvajes, feroces pero tímidos en su alegría.

Ne leikkivät kuin villieläimet, raivokkaita mutta ilossaan ujoja.

Después de un rato, el lobo se alejó trotando con calma y propósito.

Hetken kuluttua susi ravaili pois rauhallisen määrätietoisena.

Le demostró claramente a Buck que tenía la intención de que lo siguieran.

Hän osoitti selvästi Buckille, että tätä seurattiin.

Corrieron uno al lado del otro a través de la penumbra del crepúsculo.

He juoksivat rinnakkain hämärän hämärtyessä.

Siguieron el lecho del arroyo hasta el desfiladero rocoso.

He seurasivat purouomaa ylös kallioiseen rotkoon.

Cruzaron una divisoria fría donde había comenzado el arroyo.

He ylittivät kylmän vedenjakajan siitä, mistä virta oli alkanut.
**En la ladera más alejada encontraron un extenso bosque y
numerosos arroyos.**
Kaukaiselta rinteeltä he löysivät laajan metsän ja monia
puroja.
Por esta vasta tierra corrieron durante horas sin parar.
Tämän valtavan maan halki he juoksivat tuntikausia
pysähtymättä.
**El sol salió más alto, el aire se calentó, pero ellos siguieron
corriendo.**
Aurinko nousi korkeammalle, ilma lämpeni, mutta he
jatkoivat juoksuaan.
**Buck estaba lleno de alegría: sabía que estaba respondiendo
a su llamado.**
Buck oli täynnä iloa – hän tiesi vastaavansa kutsumukseensa.
**Corrió junto a su hermano del bosque, más cerca de la fuente
del llamado.**
Hän juoksi metsäveljensä rinnalla, lähemmäs kutsun lähdettä.
**Los viejos sentimientos regresaron, poderosos y difíciles de
ignorar.**
Vanhat tunteet palasivat, voimakkaina ja vaikeasti
sivuutettavissa.
**Éstas eran las verdades detrás de los recuerdos de sus
sueños.**
Nämä olivat totuudet hänen uniemuistojensa takana.
**Todo esto ya lo había hecho antes, en un mundo distante y
sombrío.**
Hän oli tehnyt kaiken tämän aiemminkin kaukaisessa ja
varjoisassa maailmassa.
**Ahora lo hizo de nuevo, corriendo salvajemente con el cielo
abierto encima.**
Nyt hän teki tämän taas, juosten villisti avoimen taivaan alla.
**Se detuvieron en un arroyo para beber del agua fría que
fluía.**
He pysähtyivät puroon juomaan kylmää, virtaavaa vettä.
Mientras bebía, Buck de repente recordó a John Thornton.
Juodessaan Buck muisti yhtäkkiä John Thorntonin.

Se sentó en silencio, desgarrado por la atracción de la lealtad y el llamado.

Hän istuutui hiljaa, uskollisuuden ja kutsumuksen hurmaamana.

El lobo siguió trotando, pero regresó para impulsar a Buck a seguir adelante.

Susi jatkoi ravaamistaan, mutta palasi takaisin kannustamaan Buckia eteenpäin.

Le olisqueó la nariz y trató de convencerlo con gestos suaves.

Hän nuuhkaisi tämän nenää ja yritti houkutella tätä pehmeillä eleillä.

Pero Buck se dio la vuelta y comenzó a regresar por donde había venido.

Mutta Buck kääntyi ympäri ja lähti takaisin samaa tietä.

El lobo corrió a su lado durante un largo rato, gimiendo silenciosamente.

Susi juoksi pitkään hänen vierellään hiljaa vinkuen.

Luego se sentó, levantó la nariz y dejó escapar un largo aullido.

Sitten hän istuutui alas, nosti kuonoaan ja päästi pitkän ulvonnan.

Fue un grito triste, que se suavizó cuando Buck se alejó.

Se oli surullinen huuto, joka pehmeni Buckin kävellessä pois.

Buck escuchó mientras el sonido del grito se desvanecía lentamente en el silencio del bosque.

Buck kuunteli, kuinka huudon ääni hitaasti vaimeni metsän hiljaisuuteen.

John Thornton estaba cenando cuando Buck irrumpió en el campamento.

John Thornton söi päivällistä, kun Buck ryntäsi leiriin.

Buck saltó sobre él salvajemente, lamiéndolo, mordiéndolo y haciéndolo caer.

Buck hyökkäsi villisti hänen kimppuunsa nuoleskellen, purren ja kaataen häntä.

Lo derribó, se subió encima y le besó la cara.

Hän kaatoi hänet, kiipesi hänen päälleen ja suukotti hänen kasvojaan.

Thornton lo llamó con cariño "hacer el tonto en general".
Thornton kutsui tätä kiintymyksellä "yleisen typeryksen leikkimiseksi".

Mientras tanto, maldijo a Buck suavemente y lo sacudió de un lado a otro.
Koko ajan hän kirosi Buckia lempeästi ja ravisteli tätä edestakaisin.

Durante dos días y dos noches enteras, Buck no abandonó el campamento ni una sola vez.
Kahteen kokonaiseen päivään ja yöhön Buck ei poistunut leiristä kertaakaan.

Se mantuvo cerca de Thornton y nunca lo perdió de vista.
Hän pysytteli lähellä Thorntonia eikä koskaan päästänyt tätä näkyvistä.

Lo siguió mientras trabajaba y lo observó mientras comía.
Hän seurasi häntä tämän työskennellessä ja katseli häntä syödessään.

Acompañaba a Thornton con sus mantas por la noche y lo salía cada mañana.
Hän näki Thorntonin peittojensa sisällä öisin ja ulkona joka aamu.

Pero pronto el llamado del bosque regresó, más fuerte que nunca.
Mutta pian metsän kutsu palasi, kovempana kuin koskaan ennen.

Buck volvió a inquietarse, agitado por los pensamientos del lobo salvaje.
Buck levottomaksi tuli jälleen, ajatusten herättämänä villisusesta.

Recordó el terreno abierto y correr uno al lado del otro.
Hän muisti avoimen maan ja rinnakkain juoksemisen.

Comenzó a vagar por el bosque una vez más, solo y alerta.
Hän alkoi jälleen vaeltaa metsään, yksin ja valppaana.

Pero el hermano salvaje no regresó y el aullido no se escuchó.
Mutta villiveli ei palannut, eikä ulvontaa kuulunut.

Buck comenzó a dormir a la intemperie, manteniéndose alejado durante días.

Buck alkoi nukkua ulkona, pysyen poissa päiväkausia kerrallaan.

Una vez cruzó la alta divisoria donde había comenzado el arroyo.

Kerran hän ylitti korkean vedenjakajan, josta puro oli alkanut.

Entró en la tierra de la madera oscura y de los arroyos anchos y fluidos.

Hän astui tumman puun ja leveiden purojen maahan.

Durante una semana vagó en busca de señales del hermano salvaje.

Viikon ajan hän vaelteli etsien merkkejä villistä veljestään.

Mataba su propia carne y viajaba con pasos largos e incansables.

Hän teurasti oman saaliinsa ja kulki pitkin, väsymättömin askelin.

Pescaba salmón en un ancho río que llegaba al mar.

Hän kalasti lohta leveässä joessa, joka ulottui mereen.

Allí luchó y mató a un oso negro enloquecido por los insectos.

Siellä hän taisteli ja tappoi ötököiden raivostuttaman mustakarhun.

El oso estaba pescando y corrió ciegamente entre los árboles.

Karhu oli kalastanut ja juossut sokkona puiden läpi.

La batalla fue feroz y despertó el profundo espíritu de lucha de Buck.

Taistelu oli raju ja herätti Buckin syvän taistelutahtoisuuden.

Dos días después, Buck regresó y encontró glotones en su presa.

Kaksi päivää myöhemmin Buck palasi ja löysi saaliiltaan ahmoja.

Una docena de ellos se pelearon con furia y ruidosidad por la carne.

Tusina heistä riiteli lihasta äänekkäästi ja raivokkaasti.

Buck cargó y los dispersó como hojas en el viento.

Buck hyökkäsi ja hajotti heidät kuin lehdet tuuleen.

Dos lobos permanecieron atrás, silenciosos, sin vida e inmóviles para siempre.

Kaksi sutta jäi jäljelle – hiljaa, elottomasti ja liikkumatta ikuisesti.

La sed de sangre se hizo más fuerte que nunca.

Verenhimo voimistui entisestään.

Buck era un cazador, un asesino, que se alimentaba de criaturas vivas.

Buck oli metsästäjä, tappaja, joka söi eläviä olentoja.

Sobrevivió solo, confiando en su fuerza y sus sentidos agudos.

Hän selvisi yksin, luottaen voimiinsa ja teräviin aisteihinsa.

Prosperó en la naturaleza, donde sólo los más resistentes podían vivir.

Hän viihtyi luonnossa, jossa vain kestävimmät pystyivät elämään.

A partir de esto, un gran orgullo surgió y llenó todo el ser de Buck.

Tästä nousi suuri ylpeys ja täytti koko Buckin olemuksen.

Su orgullo se reflejaba en cada uno de sus pasos, en el movimiento de cada músculo.

Hänen ylpeytensä näkyi jokaisella askeleella, jokaisen lihaksen väreilyssä.

Su orgullo era tan claro como sus palabras, y se reflejaba en su manera de comportarse.

Hänen ylpeytensä oli yhtä selkeä kuin sanat, ja se näkyi hänen käyttäytymisessään.

Incluso su grueso pelaje parecía más majestuoso y brillaba más.

Jopa hänen paksu turkkinsa näytti majesteettisemmalta ja kiilsi kirkkaammin.

Buck podría haber sido confundido con un lobo gigante.

Buckia olisi voitu erehtyä luulemaan jättimäiseksi metsäsudeksi.

A excepción del color marrón en el hocico y las manchas sobre los ojos.

Paitsi ruskea kuonossa ja täplät silmien yläpuolella.

Y la raya blanca de pelo que corría por el centro de su pecho.

Ja valkoinen karvajuova, joka kulki hänen rintansa keskeltä.

Era incluso más grande que el lobo más grande de esa feroz raza.

Hän oli jopa suurempi kuin tuon raivokkaan rodun suurin susi.

Su padre, un San Bernardo, le dio tamaño y complexión robusta.

Hänen isänsä, bernhardiinikoira, antoi hänelle koon ja rotevan rungon.

Su madre, una pastora, moldeó esa masa hasta darle forma de lobo.

Hänen äitinsä, paimen, muovasi tuon massan suden kaltaiseksi.

Tenía el hocico largo de un lobo, aunque más pesado y ancho.

Hänellä oli suden pitkä kuono, vaikkakin painavampi ja leveämpi.

Su cabeza era la de un lobo, pero construida en una escala enorme y majestuosa.

Hänen päänsä oli suden, mutta rakennettu massiiviseen, majesteettiseen mittakaavaan.

La astucia de Buck era la astucia del lobo y de la naturaleza.

Buckin viekkaus oli suden ja erämaan viekkautta.

Su inteligencia provenía tanto del pastor alemán como del san bernardo.

Hänen älykkyytensä tuli sekä saksanpaimenkoiralta että bernhardiinkoiralta.

Todo esto, más la dura experiencia, lo convirtieron en una criatura temible.

Kaikki tämä ja karut kokemukset tekivät hänestä pelottavan olennon.

Era tan formidable como cualquier bestia que vagaba por las tierras salvajes del norte.

Hän oli yhtä pelottava kuin mikä tahansa pohjoisen erämaassa vaeltava peto.

Viviendo sólo de carne, Buck alcanzó el máximo nivel de su fuerza.

Pelkästään lihaa syöden Buck saavutti voimiensa huipun.

Rebosaba poder y fuerza masculina en cada fibra de él.

Hän pursui voimaa ja miehistä voimaa jokaisessa solussaan.

Cuando Thornton le acarició la espalda, sus pelos brillaron con energía.

Kun Thornton silitti hänen selkäänsä, karvat leimahtivat energiasta.

Cada cabello crujió, cargado con el toque de un magnetismo vivo.

Jokainen hius rätinöi, latautuneena elävän magnetismin kosketuksesta.

Su cuerpo y su cerebro estaban afinados al máximo nivel posible.

Hänen kehonsa ja aivonsa olivat viritetty parhaalle mahdolliselle sävelkorkeudelle.

Cada nervio, fibra y músculo trabajaba en perfecta armonía.

Jokainen hermo, säie ja lihas toimivat täydellisessä harmoniassa.

Ante cualquier sonido o visión que requiriera acción, él respondía instantáneamente.

Kaikkiin ääniin tai näkyihin, jotka vaativat toimenpiteitä, hän reagoi välittömästi.

Si un husky saltaba para atacar, Buck podía saltar el doble de rápido.

Jos husky hyppäsi hyökkäämään, Buck pystyi hyppäämään kaksi kertaa nopeammin.

Reaccionó más rápido de lo que los demás pudieron verlo o escuchar.

Hän reagoi nopeammin kuin muut ehtivät nähdä tai kuulla.

La percepción, la decisión y la acción se produjeron en un momento fluido.

Havainto, päätös ja toiminta tapahtuivat kaikki yhdessä sulavassa hetkessä.

En realidad, estos actos fueron separados, pero demasiado rápidos para notarlos.

Todellisuudessa nämä teot olivat erillisiä, mutta liian nopeita
huomatakseen.

**Los intervalos entre estos actos fueron tan breves que
parecían uno solo.**

Näiden tekojen väliset tauot olivat niin lyhyitä, että ne
tuntuivat yhdeltä.

**Sus músculos y su ser eran cómo resortes fuertemente
enrollados.**

Hänen lihaksensa ja olemuksensa olivat kuin tiukasti
kierrettyjä jousia.

Su cuerpo rebosaba de vida, salvaje y alegre en su poder.

Hänen ruumiinsa sykki elämää, villinä ja iloisena voimassaan.

**A veces sentía como si la fuerza fuera a estallar fuera de él
por completo.**

Välillä hänestä tuntui kuin voima purkautuisi hänestä
kokonaan.

"Nunca vi un perro así", dijo Thornton un día tranquilo.

"Ei ole koskaan ollut sellaista koiraa", Thornton sanoi yhtenä
hiljaisena päivänä.

**Los socios observaron a Buck alejarse orgullosamente del
campamento.**

Parit katselivat Buckin astelevan ylpeänä leiristä ulos.

**"Cuando lo crearon, cambió lo que un perro puede ser", dijo
Pete.**

"Kun hänet luotiin, hän muutti sitä, mitä koira voi olla", Pete
sanoi.

**—¡Por Dios! Yo también lo creo —respondió Hans
rápidamente.**

"Jeesuksen nimeen! Luulenpa niin itsekin", Hans myönsi
nopeasti.

Lo vieron marcharse, pero no el cambio que vino después.

He näkivät hänen marssivan pois, mutta eivät sitä muutosta,
joka tapahtui sen jälkeen.

**Tan pronto como entró en el bosque, Buck se transformó por
completo.**

Metsään astuttuaan Buck muuttui täysin.

Ya no marchaba, sino que se movía como un fantasma salvaje entre los árboles.

Hän ei enää marssinut, vaan liikkui kuin villi aave puiden keskellä.

Se quedó en silencio, con pasos de gato, un destello que pasaba entre las sombras.

Hänestä tuli hiljainen, kissanjalkainen, välähdys välähti varjojen läpi.

Utilizó la cubierta con habilidad, arrastrándose sobre su vientre como una serpiente.

Hän käytti suojaa taitavasti ryömimällä vatsallaan kuin käärme.

Y como una serpiente, podía saltar hacia adelante y atacar en silencio.

Ja käärmeen tavoin hän saattoi hypätä eteenpäin ja iskeä hiljaa.

Podría robar una perdiz nival directamente de su nido escondido.

Hän voisi varastaa kiirunan suoraan sen piilopesästä.

Mató conejos dormidos sin hacer un solo sonido.

Hän tappoi nukkuvia kaneja äänettömästi.

Podía atrapar ardillas en el aire cuando huían demasiado lentamente.

Hän voisi napata maaoravat ilmassa, kun ne pakenivat liian hitaasti.

Ni siquiera los peces en los estanques podían escapar de sus ataques repentinos.

Edes kalat lammikoissa eivät voineet välttyä hänen äkillisiltä iskuiltaan.

Ni siquiera los castores más inteligentes que arreglaban presas estaban a salvo de él.

Edes patoja korjaavat ovelat majavat eivät olleet turvassa häneltä.

Él mataba por comida, no por diversión, pero prefería matar a sus propias víctimas.

Hän tappoi ruoakseen, ei huvikseen – mutta piti eniten omista tappamisistaan.

Aun así, un humor astuto impregnaba algunas de sus cacerías silenciosas.
Silti ovela huumori leijui hänen hiljaisten metsästystensä läpi.
Se acercó sigilosamente a las ardillas, pero las dejó escapar.
Hän hiipi aivan oravien lähelle, vain päästääkseen ne karkuun.
Iban a huir hacia los árboles, parloteando con terrible indignación.
He aikoivat paeta puiden sekaan, lörpötellen kauhuissaan ja raivoissaan.
A medida que llegaba el otoño, los alces comenzaron a aparecer en mayor número.
Syksyn saapuessa hirviä alkoi näkyä runsain määrin.
Avanzaron lentamente hacia los valles bajos para encontrarse con el invierno.
He siirtyivät hitaasti mataliin laaksoihin kohtaamaan talven.
Buck ya había derribado a un ternero joven y perdido.
Buck oli jo kaatanut yhden nuoren, harhailevan vasikan.
Pero anhelaba enfrentarse a presas más grandes y peligrosas.
Mutta hän kaipasi suurempaa ja vaarallisempaa saalista.
Un día, en la divisoria, a la altura del nacimiento del arroyo, encontró su oportunidad.
Eräänä päivänä virran latvalla, hän löysi tilaisuutensa.
Una manada de veinte alces había cruzado desde tierras boscosas.
Metsäisiltä mailta oli ylittänyt tien kaksikymmentä hirveä.
Entre ellos había un poderoso toro; el líder del grupo.
Heidän joukossaan oli mahtava härkä; ryhmän johtaja.
El toro medía más de seis pies de alto y parecía feroz y salvaje.
Härkä oli yli kaksi metriä korkea ja näytti raivoisalta ja villiltä.
Lanzó sus anchas astas, con catorce puntas ramificándose hacia afuera.
Hän heitti leveät sarvensa, joista neljätoista haarautui ulospäin.
Las puntas de esas astas se extendían siete pies de ancho.
Noiden sarvien kärjet ulottuivat seitsemän jalan levyisiksi.

Sus pequeños ojos ardieron de rabia cuando vio a Buck cerca.

Hänen pienet silmänsä paloivat raivosta, kun hän huomasi Buckin lähellä.

Soltó un rugido furioso, temblando de furia y dolor.

Hän päästi raivoisan karjaisun, täristen raivosta ja tuskasta.

Una punta de flecha sobresalía cerca de su flanco, emplumada y afilada.

Läheltä hänen kylkeään törrötti höyhenpeitteinen ja terävä nuolenpää.

Esta herida ayudó a explicar su humor salvaje y amargado.

Tämä haava auttoi selittämään hänen rajua, katkeraa mielialaansa.

Buck, guiado por su antiguo instinto de caza, hizo su movimiento.

Muinaisen metsästysvaiston ohjaamana Buck teki siirtonsa.

Su objetivo era separar al toro del resto de la manada.

Hän pyrki erottamaan härän muusta laumasta.

No fue una tarea fácil: requirió velocidad y una astucia feroz.

Tämä ei ollut helppo tehtävä – se vaati nopeutta ja hurjaa oveluutta.

Ladró y bailó cerca del toro, fuera de su alcance.

Hän haukkui ja tanssi härän lähellä, juuri kantaman ulkopuolella.

El alce atacó con enormes pezuñas y astas mortales.

Hirvi syöksyi eteenpäin valtavilla kavioilla ja tappavilla sarvilla.

Un golpe podría haber acabado con la vida de Buck en un instante.

Yksi isku olisi voinut lopettaa Buckin hengen silmänräpäyksessä.

Incapaz de dejar atrás la amenaza, el toro se volvió loco.

Koska härkä ei pystynyt jättämään uhkaa taakseen, se suuttui.

Él cargó con furia, pero Buck siempre se le escapaba.

Hän hyökkäsi raivoissaan, mutta Buck livahti aina karkuun.

Buck fingió debilidad, lo que lo alejó aún más de la manada.

Buck teeskenteli heikkoutta houkutellen hänet kauemmas laumasta.

Pero los toros jóvenes estaban a punto de atacar para proteger al líder.

Mutta nuoret sonnit aikoivat rynnätä takaisin suojellakseen johtajaa.

Obligaron a Buck a retirarse y al toro a reincorporarse al grupo.

He pakottivat Buckin perääntymään ja härän liittymään takaisin ryhmään.

Hay una paciencia en lo salvaje, profunda e imparable.

Villissä on kärsivällisyyttä, syvää ja pysäyttämätöntä.

Una araña espera inmóvil en su red durante incontables horas.

Hämähäkki odottaa liikkumatta verkossaan lukemattomia tunteja.

Una serpiente se enrosca sin moverse y espera hasta que llega el momento.

Käärme kiemurtelee nykimättä ja odottaa, kunnes on aika.

Una pantera acecha hasta que llega el momento.

Pantteri väijyy, kunnes hetki koittaa.

Ésta es la paciencia de los depredadores que cazan para sobrevivir.

Tämä on selviytyäkseen metsästävien saalistajien kärsivällisyyttä.

Esa misma paciencia ardía dentro de Buck mientras se quedaba cerca.

Sama kärsivällisyys paloi Buckin sisällä hänen pysytellessään lähellä.

Se quedó cerca de la manada, frenando su marcha y sembrando el miedo.

Hän pysytteli lauman lähellä hidastaen sen kulkua ja herättäen pelkoa.

Provocaba a los toros jóvenes y acosaba a las vacas madres.

Hän kiusoitteli nuoria sonneja ja ahdisteli emolehmiä.

Empujó al toro herido hacia una rabia más profunda e impotente.

Hän ajoi haavoittuneen härän syvemmälle, avuttomampaan raivoon.

Durante medio día, la lucha se prolongó sin descanso alguno.

Puoli päivää taistelu jatkui ilman minkäänlaista lepoa.

Buck atacó desde todos los ángulos, rápido y feroz como el viento.

Buck hyökkäsi joka suunnasta, nopeasti ja raivokkaasti kuin tuuli.

Impidió que el toro descansara o se escondiera con su manada.

Hän esti härkää lepäämästä tai piiloutumasta laumansa kanssa.

Buck desgastó la voluntad del alce más rápido que su cuerpo.

Buck kulutti hirven tahdon nopeammin kuin sen ruumis.

El día transcurrió y el sol se hundió en el cielo del noroeste.

Päivä kului ja aurinko laski matalalle luoteistaivaalla.

Los toros jóvenes regresaron más lentamente para ayudar a su líder.

Nuoret sonnit palasivat hitaammin auttamaan johtajaansa.

Las noches de otoño habían regresado y la oscuridad ahora duraba seis horas.

Syksyn yöt olivat palanneet, ja pimeys kesti nyt kuusi tuntia.

El invierno los estaba empujando cuesta abajo hacia valles más seguros y cálidos.

Talvi painoi heitä alamäkeen turvallisempiin, lämpimämpiin laaksoihin.

Pero aún así no pudieron escapar del cazador que los retenía.

Mutta silti he eivät päässeet pakoon metsästäjää, joka pidätteli heitä.

Sólo una vida estaba en juego: no la de la manada, sino la de su líder.

Vain yhden ihmisen henki oli vaakalaudalla – ei lauman, vaan sen johtajan.

Eso hizo que la amenaza fuera distante y no su preocupación urgente.

Se teki uhkasta etäisen eikä heidän kiireellisestä huolenaiheestaan.

Con el tiempo, aceptaron ese coste y dejaron que Buck se llevara al viejo toro.

Ajan myötä he hyväksyivät tämän hinnan ja antoivat Buckin ottaa vanhan härän.

Al caer la tarde, el viejo toro permanecía con la cabeza gacha.

Hämärän laskeutuessa vanha härkä seisoi pää painuksissa.

Observó cómo la manada que había guiado se desvanecía en la luz que se desvanecía.

Hän katseli, kuinka hänen johdattamansa lauma katosi himmenevään valoon.

Había vacas que había conocido, terneros que una vez había engendrado.

Siellä oli lehmiä, jotka hän oli tuntenut, vasikoita, jotka hän oli kerran siittänyt.

Había toros más jóvenes con los que había luchado y gobernado en temporadas pasadas.

Hän oli taistellut nuorempia sonneja vastaan ja hallinnut niitä menneinä kausina.

No pudo seguirlos, pues frente a él estaba agazapado nuevamente Buck.

Hän ei voinut seurata heitä – sillä hänen edessään kyykistyi Buck jälleen.

El terror despiadado con colmillos bloqueó cualquier camino que pudiera tomar.

Armoton, hampaiden peittämä kauhu esti kaikki hänen tiensä.

El toro pesaba más de trescientos kilos de densa potencia.

Härkä painoi yli kolmesataa kiloa tiheää voimaa.

Había vivido mucho tiempo y luchado con ahínco en un mundo de luchas.

Hän oli elänyt kauan ja taistellut lujasti kamppailun täyttämässä maailmassa.

Pero ahora, al final, la muerte vino de una bestia muy inferior a él.

Silti nyt, lopussa, kuolema tuli petoeläimen luota, joka oli paljon hänen alapuolellaan.

La cabeza de Buck ni siquiera llegó a alcanzar las enormes rodillas del toro.

Buckin pää ei edes noussut härän valtavien, rystysten peittämien polvien tasolle.

A partir de ese momento, Buck permaneció con el toro noche y día.

Siitä hetkestä lähtien Buck pysyi härän luona yötä päivää.

Nunca le dio descanso, nunca le permitió pastar ni beber.

Hän ei koskaan antanut hänelle lepoa, ei koskaan antanut hänen laiduntaa tai juoda.

El toro intentó comer brotes tiernos de abedul y hojas de sauce.

Härkä yritti syödä nuoria koivunversoja ja pajunlehtiä.

Pero Buck lo ahuyentó, siempre alerta y siempre atacando.

Mutta Buck ajoi hänet pois, aina valppaana ja aina hyökkäävänä.

Incluso ante arroyos que goteaban, Buck bloqueó cada intento de sed.

Jopa tihkuvien purojen kohdalla Buck torjui kaikki janoiset yritykset.

A veces, desesperado, el toro huía a toda velocidad.

Joskus härkä pakeni epätoivoissaan täyttä vauhtia.

Buck lo dejó correr, trotando tranquilamente detrás, nunca muy lejos.

Buck antoi hänen juosta, loikki rauhallisesti aivan takana, ei koskaan kaukana.

Cuando el alce se detuvo, Buck se acostó, pero se mantuvo listo.

Kun hirvi pysähtyi, Buck kävi makuulle, mutta pysyi valmiina.

Si el toro intentaba comer o beber, Buck atacaba con toda furia.

Jos härkä yritti syödä tai juoda, Buck iski täydellä raivolla.

La gran cabeza del toro se hundió aún más bajo sus enormes astas.

Härän suuri pää painui alemmas valtavien sarviensa alle.

Su paso se hizo más lento, el trote se hizo pesado, un paso
tambaleante.

Hänen vauhtinsa hidastui, ravi muuttui raskaaksi,
kompuroivaksi kävelyksi.

A menudo se quedaba quieto con las orejas caídas y la nariz
pegada al suelo.

Hän seisoi usein paikallaan korvat painuksissa ja kuono
maassa.

Durante esos momentos, Buck se tomó tiempo para beber y
descansar.

Noina hetkinä Buck otti aikaa juoda ja levätä.

Con la lengua afuera y los ojos fijos, Buck sintió que la tierra
estaba cambiando.

Kieli ulkona, silmät kiinteästi, Buck aisti maan muuttuvan.

Sintió algo nuevo moviéndose a través del bosque y el cielo.

Hän tunsi jotain uutta liikkuvan metsän ja taivaan halki.

A medida que los alces regresaban, también lo hacían otras
criaturas salvajes.

Hirvien palatessa palasivat myös muut villieläimet.

La tierra se sentía viva, con presencia, invisible pero
fuertemente conocida.

Maa tuntui elävältä ja läsnäolevalta, näkymättömältä mutta
vahvasti tunnetulta.

No fue por el sonido, ni por la vista, ni por el olfato que
Buck supo esto.

Buck ei tiennyt tätä kuulo-, näkö- eikä hajuaistimuksen
perusteella.

Un sentimiento más profundo le decía que nuevas fuerzas
estaban en movimiento.

Syvempi aisti kertoi hänelle, että uusia voimia oli liikkeellä.

Una vida extraña se agitaba en los bosques y a lo largo de los
arroyos.

Outoa elämää kuhisi metsissä ja purojen varrella.

Decidió explorar este espíritu, después de que la caza se
completara.

Hän päätti tutkia tätä henkeä metsästyksen päätyttyä.

Al cuarto día, Buck finalmente logró derribar al alce.

Neljäntenä päivänä Buck sai viimein hirven kaatumaan.

Se quedó junto a la presa durante un día y una noche enteros, alimentándose y descansando.

Hän pysyi saaliin luona koko päivän ja yön, syöden ja leväten.

Comió, luego durmió, luego volvió a comer, hasta que estuvo fuerte y lleno.

Hän söi, nukkui ja söi taas, kunnes oli vahva ja kylläinen.

Cuando estuvo listo, regresó hacia el campamento y Thornton.

Kun hän oli valmis, hän kääntyi takaisin leiriä ja Thorntonia kohti.

Con ritmo constante, inició el largo viaje de regreso a casa.

Tasaisella vauhdilla hän aloitti pitkän paluumatkan kotiin.

Corría con su incansable galope, hora tras hora, sin desviarse jamás.

Hän juoksi väsymätöntä loitsuaan tunti toisensa jälkeen, kertaakaan harhautumatta.

A través de tierras desconocidas, se movió recto como la aguja de una brújula.

Tuntemattomien maiden läpi hän kulki suoraan kuin kompassin neula.

Su sentido de la orientación hacía que el hombre y el mapa parecieran débiles en comparación.

Hänen suuntavaistonsa sai ihmisen ja kartan näyttämään heikoilta verrattuna niihin.

A medida que Buck corría, sentía con más fuerza la agitación en la tierra salvaje.

Juostessaan Buckin tunsi yhä voimakkaammin villin maan hälinän.

Era un nuevo tipo de vida, diferente a la de los tranquilos meses de verano.

Se oli uudenlaista elämää, toisin kuin tyynien kesäkuukausien aikana.

Este sentimiento ya no llegaba como un mensaje sutil o distante.

Tämä tunne ei enää tullut hienovaraisena tai etäisenä viestinä.

Ahora los pájaros hablaban de esta vida y las ardillas parloteaban sobre ella.

Nyt linnut puhuivat tästä elämästä ja oravat höpöttivät siitä.

Incluso la brisa susurraba advertencias a través de los árboles silenciosos.

Tuulikin kuiskasi varoituksia hiljaisten puiden läpi.

Varias veces se detuvo y olió el aire fresco de la mañana.

Useita kertoja hän pysähtyi haistelemaan raikasta aamuilmaa.

Allí leyó un mensaje que le hizo avanzar más rápido.

Hän luki sieltä viestin, joka sai hänet hyppäämään eteenpäin nopeammin.

Una fuerte sensación de peligro lo llenó, como si algo hubiera salido mal.

Raskas vaaran tunne täytti hänet, aivan kuin jokin olisi mennyt pieleen.

Temía que se avecinara una calamidad, o que ya hubiera ocurrido.

Hän pelkäsi, että onnettomuus oli tulossa – tai oli jo tullut.

Cruzó la última cresta y entró en el valle de abajo.

Hän ylitti viimeisen harjanteen ja astui alla olevaan laaksoon.

Se movió más lentamente, alerta y cauteloso con cada paso.

Hän liikkui hitaammin, valppaammin ja varovaisemmin jokaisella askeleella.

A tres millas de distancia encontró un nuevo rastro que lo hizo ponerse rígido.

Kolmen mailin päässä hän löysi uuden polun, joka kangisti hänet.

El cabello de su cuello se onduló y se erizó en señal de alarma.

Hänen kaulansa hiukset aaltoilivat ja nousivat pystyyn pelästyksestä.

El sendero conducía directamente al campamento donde Thornton esperaba.

Polku johti suoraan leiriin, jossa Thornton odotti.

Buck se movió más rápido ahora, su paso era silencioso y rápido.

Buck liikkui nyt nopeammin, hänen askeleensa oli sekä hiljainen että nopea.

Sus nervios se tensaron al leer señales que otros no verían.

Hänen hermonsa kiristyivät, kun hän luki merkkejä, jotka muut tulisivat olemaan huomaamatta.

Cada detalle del recorrido contaba una historia, excepto la pieza final.

Jokainen polun yksityiskohta kertoi tarinan – paitsi viimeinen pala.

Su nariz le contaba sobre la vida que había transcurrido por allí.

Hänen nenänsä kertoi hänelle elämästä, joka oli kulunut tällä tiellä.

El olor le dio una imagen cambiante mientras lo seguía de cerça.

Tuoksu muutti hänen mielikuvaansa hänen seuratessaan aivan kannoilla.

Pero el bosque mismo había quedado en silencio; anormalmente quieto.

Mutta metsä itse oli hiljentynyt; luonnottoman liikkumaton.

Los pájaros habían desaparecido, las ardillas estaban escondidas, silenciosas y quietas.

Linnut olivat kadonneet, oravat olivat piilossa, hiljaa ja liikkumatta.

Sólo vio una ardilla gris, tumbada sobre un árbol muerto.

Hän näki vain yhden harmaaoravan, makaamassa kuolleella puulla.

La ardilla se mimetizó, rígida e inmóvil como una parte del bosque.

Orava sulautui joukkoon, jäykkänä ja liikkumattomana kuin osa metsää.

Buck se movía como una sombra, silencioso y seguro entre los árboles.

Buck liikkui kuin varjo, hiljaa ja varmasti puiden läpi.

Su nariz se movió hacia un lado como si una mano invisible la tirara.

Hänen nenänsä nytkähti sivulle aivan kuin näkymätön käsi
olisi vetänyt häntä.

**Se giró y siguió el nuevo olor hasta lo profundo de un
matorral.**

Hän kääntyi ja seurasi uutta tuoksua syvälle pensaikkoon.

**Allí encontró a Nig, que yacía muerto, atravesado por una
flecha.**

Sieltä hän löysi Nigin makaamasta kuolleena, nuolen
lävistämänä.

La flecha atravesó su cuerpo y aún se le veían las plumas.

Nuoli lävisti hänen ruumiinsa, höyhenet yhä näkyvissä.

**Nig se arrastró hasta allí, pero murió antes de llegar para
recibir ayuda.**

Nig oli raahannut itsensä sinne, mutta kuoli ennen kuin ehti
apuun.

**Cien metros más adelante, Buck encontró otro perro de
trineo.**

Sadan jaardin päässä Buck löysi toisen rekikoiran.

Era un perro que Thornton había comprado en Dawson City.

Se oli koira, jonka Thornton oli ostanut Dawson Citystä.

**El perro se encontraba en una lucha a muerte, agitándose con
fuerza en el camino.**

Koira kävi kuolemanvaaraa ja rimpuili lujaa polulla.

**Buck pasó a su alrededor, sin detenerse, con los ojos fijos
hacia adelante.**

Buck ohitti hänet pysähtymättä, katse eteenpäin tuijotettuna.

**Desde la dirección del campamento llegaba un canto
distante y rítmico.**

Leirin suunnalta kuului kaukainen, rytmikäs laulu.

**Las voces subían y bajaban en un tono extraño, inquietante y
cantarín.**

Äänet nousivat ja laskivat oudolla, aavemaisella, laulavalla
sävyllä.

Buck se arrastró hacia el borde del claro en silencio.

Buck ryömi hiljaa aukion reunalle.

**Allí vio a Hans tendido boca abajo, atravesado por muchas
flechas.**

Siellä hän näki Hansin makaavan kasvot alaspäin, monien nuolien lävistämänä.

Su cuerpo parecía el de un puercoespín, erizado de plumas.

Hänen ruumiinsa näytti piikkisialta, täynnä höyhenpeitteisiä varsia.

En ese mismo momento, Buck miró hacia la cabaña en ruinas.

Samalla hetkellä Buck katsoi raunioitunutta majaa kohti.

La visión hizo que se le erizara el pelo de la nuca y de los hombros.

Näky sai hiukset jäykiksi nousemaan pystyyn hänen niskallaan ja hartioillaan.

Una tormenta de furia salvaje recorrió todo el cuerpo de Buck.

Villin raivon myrsky pyyhkäisi läpi koko Buckin ruumiin.

Gruñó en voz alta, aunque no sabía que lo había hecho.

Hän murahti ääneen, vaikka ei tiennyt sitä.

El sonido era crudo, lleno de furia aterradora y salvaje.

Ääni oli raaka, täynnä kauhistuttavaa, villiä raivoa.

Por última vez en su vida, Buck perdió la razón ante la emoción.

Viimeisen kerran elämässään Buck menetti järkensä tunteiden tieltä.

Fue el amor por John Thornton lo que rompió su cuidadoso control.

Rakkaus John Thorntonia kohtaan mursi hänen huolellisen itsehillintänsä.

Los Yeehats estaban bailando alrededor de la cabaña de abetos en ruinas.

Yeehatit tanssivat raunioituneen kuusimajan ympärillä.

Entonces se escuchó un rugido y una bestia desconocida cargó hacia ellos.

Sitten kuului karjunta – ja tuntematon peto ryntäsi heitä kohti.

Era Buck; una furia en movimiento; una tormenta viviente de venganza.

Se oli Buck; liikkeessä oleva raivo; elävä kostonhimoinen myrsky.

Se arrojó en medio de ellos, loco por la necesidad de matar.
Hän heittäytyi heidän keskelleen, hulluna tappamisen tarpeesta.

Saltó hacia el primer hombre, el jefe Yeehat, y acertó.
Hän hyppäsi ensimmäisen miehen, yeehat-päällikön, kimppuun ja osui naulan kantaan.

Su garganta fue desgarrada y la sangre brotó a chorros.
Hänen kurkkunsa revittiin auki ja veri pursui virtana.

Buck no se detuvo, sino que desgarró la garganta del siguiente hombre de un salto.
Buck ei pysähtynyt, vaan repäisi yhdellä loikalla seuraavan miehen kurkun irti.

Era imparable: desgarraba, cortaba y nunca se detenía a descansar.
Hän oli pysäyttämätön – repi, viilsi, eikä koskaan pysähtynyt lepäämään.

Se lanzó y saltó tan rápido que sus flechas no pudieron tocarlo.
Hän syöksyi ja hyppäsi niin nopeasti, etteivät heidän nuolensa osuneet häneen.

Los Yeehats estaban atrapados en su propio pánico y confusión.
Yeehatit olivat oman paniikkinsa ja hämmennyksensä vallassa.

Sus flechas no alcanzaron a Buck y se alcanzaron entre sí.
Heidän nuolensa osuivat toisiinsa ohi Buckin.

Un joven le lanzó una lanza a Buck y golpeó a otro hombre.
Yksi nuori heitti keihään Buckiin ja osui toiseen mieheen.

La lanza le atravesó el pecho y la punta le atravesó la espalda.
Keihäs lävisti hänen rintansa ja iski selkäänsä.

El terror se apoderó de los Yeehats y se retiraron por completo.
Kauhu valtasi Yeehatit, ja he murtautuivat täyteen perääntymiseen.

Gritaron al Espíritu Maligno y huyeron hacia las sombras del bosque.

He huusivat Pahaa Henkeä ja pakenivat metsän varjoihin.

En verdad, Buck era como un demonio mientras perseguía a los Yeehats.

Buck oli todellakin kuin demoni ajaessaan Yeehateja takaa.

Él los persiguió a través del bosque, derribándolos como si fueran ciervos.

Hän juoksi heidän perässään metsän läpi ja kaatoi heidät kuin peurat.

Se convirtió en un día de destino y terror para los asustados Yeehats.

Siitä tuli kohtalon ja kauhun päivä peloissaan oleville Yeehateille.

Se dispersaron por toda la tierra, huyendo lejos en todas direcciones.

He hajaantuivat pitkin maata, pakenivat kauas joka suuntaan.

Pasó una semana entera antes de que los últimos supervivientes se reunieran en un valle.

Kokonainen viikko kului ennen kuin viimeiset eloonjääneet tapasivat laaksossa.

Sólo entonces contaron sus pérdidas y hablaron de lo sucedido.

Vasta sitten he laskivat tappionsa ja puhuivat tapahtuneesta.

Buck, después de cansarse de la persecución, regresó al campamento en ruinas.

Väsyttyään takaa-ajosta Buck palasi raunioituneeseen leiriin.

Encontró a Pete, todavía en sus mantas, muerto en el primer ataque.

Hän löysi Peten, yhä huopissaan, kuolleena ensimmäisessä hyökkäyksessä.

Las señales de la última lucha de Thornton estaban marcadas en la tierra cercana.

Thorntonin viimeisen kamppailun merkit näkyivät läheisessä mullassa.

Buck siguió cada rastro, olfateando cada marca hasta un punto final.

Buck seurasi jokaista jälkeä ja nuuhki jokaisen merkin viimeiseen pisteeseen asti.

En el borde de un estanque profundo, encontró al fiel Skeet, tumbado inmóvil.

Syvän lammen reunalla hän löysi uskollisen Skeetin makaamasta liikkumatta.

La cabeza y las patas delanteras de Skeet estaban en el agua, inmóviles por la muerte.

Skeetin pää ja etutassut olivat vedessä, liikkumattomina kuollessa.

La piscina estaba fangosa y contaminada por el agua que salía de las compuertas.

Uima-allas oli mutainen ja tahraantunut sulkulaatikoiden valumavesistä.

Su superficie nublada ocultaba lo que había debajo, pero Buck sabía la verdad.

Sen pilvinen pinta peitti alleen sen, mitä sen alla oli, mutta Buck tiesi totuuden.

Siguió el rastro del olor de Thornton hasta la piscina, pero el olor no lo condujo a ningún otro lugar.

Hän seurasi Thorntonin hajua altaaseen asti – mutta haju ei johtanut minnekään muualle.

No había ningún olor que indicara que salía, solo el silencio de las aguas profundas.

Ulos ei kuulunut hajua – vain syvän veden hiljaisuus.

Buck permaneció todo el día cerca de la piscina, paseando de un lado a otro del campamento con tristeza.

Koko päivän Buck pysytteli altaan lähellä ja käveli edestakaisin leirissä surun murtamana.

Vagaba inquieto o permanecía sentado en silencio, perdido en pesados pensamientos.

Hän vaelteli levottomasti tai istui hiljaa, vaipuneena raskaisiin ajatuksiin.

Él conocía la muerte; el fin de la vida; la desaparición de todo movimiento.

Hän tunsi kuoleman; elämän lopun; kaiken liikkeen katoamisen.

Comprendió que John Thornton se había ido y que nunca regresaría.

Hän ymmärsi, että John Thornton oli poissa eikä koskaan palaisi.

La pérdida dejó en él un vacío que palpitaba como el hambre.

Menetys jätti häneen tyhjän tilan, joka jyskyttää kuin nälkä.

Pero ésta era un hambre que la comida no podía calmar, por mucho que comiera.

Mutta ruoka ei voinut helpottaa tätä nälkää, vaikka hän söisi kuinka paljon tahansa.

A veces, mientras miraba a los Yeehats muertos, el dolor se desvanecía.

Ajoittain, kun hän katsoi kuolleita Yeehateja, kipu laantui.

Y entonces un orgullo extraño surgió dentro de él, feroz y completo.

Ja sitten hänen sisällään nousi outo ylpeys, raju ja täydellinen.

Había matado al hombre, la presa más alta y peligrosa de todas.

Hän oli tappanut ihmisen, korkeimman ja vaarallisimman pelin kaikista.

Había matado desafiando la antigua ley del garrote y el colmillo.

Hän oli tappanut uhmaten muinaista nuijan ja hampaiden lakia.

Buck olió sus cuerpos sin vida, curioso y pensativo.

Buck nuuhki heidän elottomia ruumiitaan uteliaana ja mietteliäänä.

Habían muerto con tanta facilidad, mucho más fácil que un husky en una pelea.

Ne olivat kuolleet niin helposti – paljon helpommin kuin husky taistelussa.

Sin sus armas, no tenían verdadera fuerza ni representaban una amenaza.

Ilman aseitaan heillä ei ollut todellista voimaa tai uhkaa.

Buck nunca volvería a temerles, a menos que estuvieran armados.

Buck ei koskaan enää peläisi heitä, elleivät he olisi aseistettuja.

Sólo tenía cuidado cuando llevaban garrotes, lanzas o flechas.

Vain silloin, kun heillä oli nuijat, keihäät tai nuolet, hän varoi.

Cayó la noche y la luna llena se elevó por encima de las copas de los árboles.

Yö laskeutui, ja täysikuu nousi korkealle puiden latvojen yläpuolelle.

La pálida luz de la luna bañaba la tierra con un resplandor suave y fantasmal, como el del día.

Kuun haalea valo kylpi maan pehmeässä, aavemaisessa loisteessa kuin päivällä.

A medida que la noche avanzaba, Buck seguía de luto junto al estanque silencioso.

Yön pimetessä Buck suri yhä hiljaisen lammen rannalla.

Entonces se dio cuenta de que había un movimiento diferente en el bosque.

Sitten hän huomasi metsässä erilaisen hälinän.

El movimiento no provenía de los Yeehats, sino de algo más antiguo y más profundo.

Liian voimakas ääni ei tullut Yeehatien suvusta, vaan jostakin vanhemmasta ja syvemmästä.

Se puso de pie, con las orejas levantadas y la nariz palpando la brisa con cuidado.

Hän nousi seisomaan, korvat pystyssä, nenä testasi varovasti tuulta.

Desde lejos llegó un grito débil y agudo que rompió el silencio.

Kaukaa kuului heikko, terävä kiljahdus, joka rikkoi hiljaisuuden.

Luego, un coro de gritos similares siguió de cerca al primero.

Sitten samanlaisten huutojen kuoro seurasi aivan ensimmäisen perässä.

El sonido se acercaba cada vez más y se hacía más fuerte a cada momento que pasaba.

Ääni lähestyi, voimistuen hetki hetkeltä.

Buck conocía ese grito: venía de ese otro mundo en su memoria.

Buck tunsi tämän huudon – se tuli tuosta toisesta maailmasta, joka oli hänen muistoissaan.

Caminó hasta el centro del espacio abierto y escuchó atentamente.

Hän käveli avoimen tilan keskelle ja kuunteli tarkkaan.

El llamado resonó, múltiple y más poderoso que nunca.

Kutsu kajahti, moniäänisenä ja voimakkaampana kuin koskaan.

Y ahora, más que nunca, Buck estaba listo para responder a su llamado.

Ja nyt, enemmän kuin koskaan ennen, Buck oli valmis vastaamaan kutsuunsa.

John Thornton había muerto y ya no tenía ningún vínculo con el hombre.

John Thornton oli kuollut, eikä hänessä ollut enää mitään sidettä ihmiseen.

El hombre y todos sus derechos humanos habían desaparecido: él era libre por fin.

Ihminen ja kaikki inhimilliset vaatimukset olivat poissa – hän oli vihdoin vapaa.

La manada de lobos estaba persiguiendo carne como lo hicieron alguna vez los Yeehats.

Susilauma jahtasi lihaa kuten Yeehatit aikoinaan.

Habían seguido a los alces desde las tierras boscosas.

He olivat seuranneet hirviä alas metsämailta.

Ahora, salvajes y hambrientos de presa, cruzaron hacia su valle.

Nyt he ylittivät laaksonsa, villinä ja saalista nälkäisinä.

Llegaron al claro iluminado por la luna, fluyendo como agua plateada.

Kuun valaisemaan aukioon ne saapuivat, virtaten kuin hopeinen vesi.

Buck permaneció quieto en el centro, inmóvil y esperándolos.

Buck seisoi keskellä liikkumattomana ja odotti heitä.

Su tranquila y gran presencia dejó a la manada en un breve silencio.

Hänen tyyni, suuri läsnäolonsa hiljensi lauman hetkeksi.

Entonces el lobo más atrevido saltó hacia él sin dudarlo.

Sitten rohkein susi hyppäsi suoraan häntä kohti epäröimättä.

Buck atacó rápidamente y rompió el cuello del lobo de un solo golpe.

Buck iski nopeasti ja mursi suden kaulan yhdellä iskulla.

Se quedó inmóvil nuevamente mientras el lobo moribundo se retorcía detrás de él.

Hän seisoi jälleen liikkumattomana, kuoleva susi kiertyi hänen takanaan.

Tres lobos más atacaron rápidamente, uno tras otro.

Kolme muuta sutta hyökkäsi nopeasti, yksi toisensa jälkeen.

Todos retrocedieron sangrando, con la garganta o los hombros destrozados.

Jokainen perääntyi verta vuotaen, kurkku tai hartiat viillettyinä.

Eso fue suficiente para que toda la manada se lanzara a una carga salvaje.

Se riitti laukaisemaan koko lauman villiin rynnäköön.

Se precipitaron juntos, demasiado ansiosos y apiñados para golpear bien.

He ryntäsivät sisään yhdessä, liian innokkaina ja tungoksissa iskeäkseen hyvin.

La velocidad y habilidad de Buck le permitieron mantenerse por delante del ataque.

Buckin nopeus ja taito antoivat hänelle mahdollisuuden pysyä hyökkäyksen edellä.

Giró sobre sus patas traseras, chasqueando y golpeando en todas direcciones.

Hän pyörähti takajaloillaan, napsahti ja iski joka suuntaan.

Para los lobos, esto parecía como si su defensa nunca se abriera ni flaqueara.

Susien mielestä tämä tuntui siltä, ettei hänen puolustuslinjansa koskaan avautunut tai horjunut.

Se giró y atacó tan rápido que no pudieron alcanzarlo.

Hän kääntyi ja iski niin nopeasti, etteivät he päässeet hänen taakseen.

Sin embargo, su número le obligó a ceder terreno y retroceder.

Siitä huolimatta heidän lukumääränsä pakotti hänet antamaan periksi ja perääntymään.

Pasó junto a la piscina y bajó al lecho rocoso del arroyo.

Hän ohitti altaan ja laskeutui kiviseen purouomaan.

Allí se topó con un empinado banco de grava y tierra.

Siellä hän törmäsi jyrkkään sora- ja maapenkereeseen.

Se metió en un rincón cortado durante la antigua excavación de los mineros.

Hän livahti nurkkaan kaivostyöläisten vanhan kaivun aikana.

Ahora, protegido por tres lados, Buck se enfrentaba únicamente al lobo frontal.

Nyt kolmelta suunnalta suojattuna Buck kohtasi vain etummaisen suden.

Allí se mantuvo a raya, listo para la siguiente ola de asalto.

Siinä hän seisoi loitolla, valmiina seuraavaan hyökkäysaaltoon.

Buck se mantuvo firme con tanta fiereza que los lobos retrocedieron.

Buck piti pintansa niin raivokkaasti, että sudet vetäytyivät.

Después de media hora, estaban agotados y visiblemente derrotados.

Puolen tunnin kuluttua he olivat uupuneita ja näkyvästi tappion kokeneita.

Sus lenguas colgaban y sus colmillos blancos brillaban a la luz de la luna.

Heidän kielensä roikkuivat ulkona, heidän valkoiset kulmahampaansa loistivat kuunvalossa.

Algunos lobos se tumbaron, con la cabeza levantada y las orejas apuntando hacia Buck.

Muutamat sudet makasivat alas päät pystyssä, korvat höröllään Buckia kohti.

Otros permanecieron inmóviles, alertas y observando cada uno de sus movimientos.

Muut seisoivat paikoillaan, valppaina ja tarkkailivat hänen jokaista liikettään.

Algunos se acercaron a la piscina y bebieron agua fría.

Muutama käveli uima-altaalle ja joi kylmää vettä.

Entonces un lobo gris, largo y delgado, se acercó sigilosamente.

Sitten yksi pitkä, laiha harmaa susi hiipi lempeästi eteenpäin.

Buck lo reconoció: era el hermano salvaje de antes.

Buck tunnisti hänet – se oli se villi veli edelliseltä päivältä.

El lobo gris gimió suavemente y Buck respondió con un gemido.

Harmaa susi vinkui hiljaa, ja Buck vastasi vinkumalla.

Se tocaron las narices, en silencio y sin amenaza ni miedo.

He koskettivat neniään hiljaa ja ilman uhkaa tai pelkoa.

Luego vino un lobo más viejo, demacrado y lleno de cicatrices por muchas batallas.

Seuraavaksi tuli vanhempi susi, laiha ja monien taisteluiden arpeuttama.

Buck empezó a gruñir, pero se detuvo y olió la nariz del viejo lobo.

Buck alkoi murahtaa, mutta pysähtyi ja nuuhki vanhan suden kuonoa.

El viejo se sentó, levantó la nariz y aulló a la luna.

Vanha istuutui, nosti kuonoaan ja ulvoi kuulle.

El resto de la manada se sentó y se unió al largo aullido.

Loput laumasta istuutuivat alas ja liittyivät pitkään ulvontaan.

Y ahora el llamado llegó a Buck, inconfundible y fuerte.

Ja nyt kutsu tuli Buckille, kiistatta ja voimakkaasti.

Se sentó, levantó la cabeza y aulló con los demás.

Hän istuutui alas, nosti päätään ja ulvoi muiden kanssa.

Cuando terminaron los aullidos, Buck salió de su refugio rocoso.

Kun ulvonta lakkasi, Buck astui ulos kivisestä suojastaan.

La manada se cerró a su alrededor, olfateando con amabilidad y cautela.

Lauma sulkeutui hänen ympärilleen nuuhkien sekä ystävällisesti että varovaisesti.

Entonces los líderes dieron un grito y salieron corriendo hacia el bosque.

Sitten johtajat kiljahtivat ja syöksyivät metsään.

Los demás lobos los siguieron, aullando a coro, salvajes y rápidos en la noche.

Muut sudet seurasivat perässä kuorossa ulvoen, villisti ja nopeasti yössä.

Buck corrió con ellos, al lado de su hermano salvaje, aullando mientras corría.

Buck juoksi heidän kanssaan, villin veljensä rinnalla, ulvoen juostessaan.

Aquí la historia de Buck llega bien a su fin.

Tässä Buckin tarina päättyy hyvin.

En los años siguientes, los Yeehat notaron lobos extraños.

Seuraavina vuosina Yeehatit huomasivat outoja susia.

Algunos tenían la cabeza y el hocico de color marrón y el pecho de color blanco.

Joillakin oli ruskea päässä ja kuonossa, valkoinen rinnassa.

Pero aún más temían una figura fantasmal entre los lobos.

Mutta vielä enemmän he pelkäsivät susien joukossa olevaa aavemaista hahmoa.

Hablaban en susurros del Perro Fantasma, líder de la manada.

He puhuivat kuiskaten Aavekoirasta, lauman johtajasta.

Este perro fantasma tenía más astucia que el cazador Yeehat más audaz.

Tällä aavekoiralla oli enemmän oveluutta kuin rohkeimmallakaan Yeehat-metsästäjällä.

El perro fantasma robó de los campamentos en pleno invierno y destrozó sus trampas.

Aavekoira varasteli leireiltä syvän talven aikana ja repi niiden ansat auki.

El perro fantasma mató a sus perros y escapó de sus flechas sin dejar rastro.

Aavekoira tappoi heidän koiransa ja pakeni heidän nuoliensa läpi jäljettömiin.

Incluso sus guerreros más valientes temían enfrentarse a este espíritu salvaje.

Jopa heidän urheimmat soturinsa pelkäsivät kohdata tämän villin hengen.

No, la historia se vuelve aún más oscura a medida que pasan los años en la naturaleza.

Ei, tarina synkkenee entisestään vuosien vieriessä erämaassa.

Algunos cazadores desaparecen y nunca regresan a sus campamentos distantes.

Jotkut metsästäjät katoavat eivätkä koskaan palaa kaukaisiin leireihinsä.

Otros aparecen con la garganta abierta, muertos en la nieve.

Toiset löydetään kurkku auki revittyinä, surmattuina lumesta.

Alrededor de sus cuerpos hay huellas más grandes que las que cualquier lobo podría dejar.

Niiden ruumiiden ympärillä on jälkiä – suurempia kuin mikään susi pystyisi tekemään.

Cada otoño, los Yeehats siguen el rastro del alce.

Joka syksy yeehatit seuraavat hirven jälkiä.

Pero evitan un valle con el miedo grabado en lo profundo de sus corazones.

Mutta he välttelevät yhtä laaksoa, jonka pelko on kaiverrettu syvälle heidän sydämiinsä.

Dicen que el valle fue elegido por el Espíritu Maligno para vivir.

He sanovat, että Paha Henki on valinnut laakson kodikseen.

Y cuando se cuenta la historia, algunas mujeres lloran junto al fuego.

Ja kun tarina kerrotaan, jotkut naiset itkevät tulen ääressä.

Pero en verano, un visitante llega a ese tranquilo valle sagrado.

Mutta kesällä yksi vierailija saapuu tuohon hiljaiseen, pyhään laaksoon.

Los Yeehats no saben de él, ni tampoco pueden entenderlo.

Yeehatit eivät tiedä hänestä eivätkä voineet ymmärtää.

El lobo es grande, revestido de gloria, como ningún otro de su especie.

Susi on suuri, loistokkaasti pukeutunut, ainutlaatuinen.
Él solo cruza el bosque verde y entra en el claro.
Hän yksin ylittää vihreän metsän ja astuu metsäaukiolle.
Allí, el polvo dorado de los sacos de piel de alce se filtra en el suelo.
Siellä hirvennahkasäkeistä tihkuu kultaista pölyä maaperään.
La hierba y las hojas viejas han ocultado el amarillo al sol.
Ruoho ja vanhat lehdet ovat peittäneet keltaisen auringolta.
Aquí, el lobo permanece en silencio, pensando y recordando.
Tässä susi seisoo hiljaa, miettii ja muistelee.
Aúlla una vez, largo y triste, antes de darse la vuelta para irse.
Hän ulvoo kerran – pitkään ja murheellisesti – ennen kuin kääntyy lähteäkseen.
Pero no siempre está solo en la tierra del frío y la nieve.
Silti hän ei ole aina yksin kylmän ja lumen maassa.
Cuando las largas noches de invierno descienden sobre los valles inferiores.
Kun pitkät talviyöt laskeutuvat alempien laaksojen ylle.
Cuando los lobos persiguen a la presa a través de la luz de la luna y las heladas.
Kun sudet seuraavat riistaa kuunvalossa ja pakkasessa.
Luego corre a la cabeza del grupo, saltando alto y salvajemente.
Sitten hän juoksee lauman kärjessä hyppien korkealle ja villisti.
Su figura se eleva sobre las demás y su garganta está llena de canciones.
Hänen hahmonsa kohoaa muiden yläpuolelle, kurkku elossa laulusta.
Es la canción del mundo más joven, la voz de la manada.
Se on nuoremman maailman laulu, lauman ääni.
Canta mientras corre: fuerte, libre y eternamente salvaje.
Hän laulaa juostessaan – vahvana, vapaana ja ikuisesti villinä.

www.ingramcontent.com/pod-product-compliance
Lightning Source LLC
Chambersburg PA
CBHW011729020426
42333CB00024B/2802